다이입뽀
독학 일본어 첫걸음

예빈우
도서출판

머리말

일본어 교재를 집필한지 30년이 넘었다. 수많은 교재를 집필했지만, 출판 후에는 늘 아쉬움이 많이 남았다. 더 좋은 문장, 더 이해하기 쉬운 글귀로 학습자들이 충분히 만족할 수 있는 교재에 대한 목마름은 늘 사막의 오아시스를 찾는 것이었다. 그런 염려 덕분인지, 나름 스스로가 만족하는 교재를 계속해서 집필하고 있다. 지금까지는 일본어시험 위주의 교재를 집필해 왔지만, 요 몇 년간, 비즈니스일본어나 기초일본어 등에도 흥미를 가지고 집필해 왔다. 그런데, 뭐라고 할까? 교재만으로는 뭔가의 아쉬움이 남고, 학습자분들께 죄송한 마음이 들기 시작했다. 그래서, 필자는 나름 큰 꿈을 가지고, 이번 교재의 프로젝트를 진행했다.

혼자서 완전기초부터 공부할 수 있는 교재, 그것을 뒷받침할 수 있는 무료동영상, 저자의 전문적인 강의, 에니메이션을 통해서 본문의 내용파악, 일본 현지유투버를 통한 부드러운 일본생활이해 등, 이 모든 것을 한 권의 교재와 영상으로 제공한다면 학습자들은 누구보다도 행복하게 일본어를 공부할 수 있을 것이다. 그 누구도 가보지 못한 길을 저자와 저희 출판사임직원이 가보고자 한다. 그 길이 힘들고 어렵더라도 묵묵히, 오로지 일본어를 공부하려는 학습자들을 위해서 한 걸음씩 나아갈 것이다.

요즘 6살 된 아들이 유투브를 시작했다. 저자인 애비를 흉내내며 일본어 강의를 한다. 이래서 피는 못 속이는 것 같다. 어린 아들에게 일본어를 가르치는 심정으로 정성껏 교재를 준비하였다.

여러분들이, 교재를 공부하면서 흐뭇한 표정을 짓는 모습을 상상하며, 저자의 머리말을 가름한다.

저자 **이장우**

교 재 구 성

일본 문자와 발음 완벽 마스터!

부록 〈일본 문자와 발음 / 가나쓰기 노트〉로!

교재를 본격적으로 학습해 나가기에 앞서, 일본어 글자를 본 교재의 부록편 〈일본어 문자와 발음 / 가나 쓰기 노트〉를 이용하여 여러 번 듣고 쓰는 연습을 반복하면서 일본어 글자를 완벽하게 마스터하도록 합니다.

간편한 QR 시청으로 혼공을 어렵지않게~

포인트 워밍업 / 본문 애니메이션 / 본격 저자 직강 (유튜브 채널 시청 가능 : 「다이입뽀」 검색) YouTube

혼자서도 체계적인 일본어 학습이 가능하도록 매Unit마다 스스로 학습을 체크할 수 있도록 짜인 혼공 플랜과 간단히 QR로 시청 가능한 포인트 워밍업 인강(튜터 이세진) / 본문 애니메이션 (말해보기 연습 포함) / 일본어 1타 강사 본격 저자 직강(강사 이장우)의 동영상이 제공되므로 제시된 순서대로 학습을 진행하다 보면 어느덧 일본어에 자신감이 붙게 될 거예요~

포인트 워밍업 (튜터 이세진)

친근한 매력 만점~! 이세진 튜터의
머리에 쏙쏙~ 들어오는 포인트 인강~
아무리 혼공이라도 이젠 외롭지 않아요!

회화 본문 애니메이션

그동안 MP3로 듣기만 하던 기존 학습 방법에서 벗어나
귀염뽀작~! 애니메이션과 함께하는 즐기는 혼공~
본인이 직접 주인공이 되어 말해보는 말하기 연습도
포함되어 있어, 듣고 말하기 실력이 동시에 향상됩니다.

본격 저자 직강 (강사 이장우)

일본어 전국 1타 강사 이장우 샘의
카리스마 본격 강의~ 장우 샘 강의에 한번 발을 들여놓으시면...
아마 공부안하시고는 못배기실 거예요~ ^^

혼자서 하는 독학은 학습 순서가 중요합니다!

일본어 교육 전문가가 제안하는 〈듣기〉보다 〈말하기〉를 우선시~!

외국어 공부... 열심히 해서 들리는 것 같긴 하는데... 말하기가 안된다구요? 공부 순서가 잘못된 학습법입니다.
우선 기본적인 어휘, 문법의 기반을 쌓고, 무엇보다 말하기 연습이 중요~! 말하기 연습을 우선시하시다보면... 자연히 들리게 되어있어요~

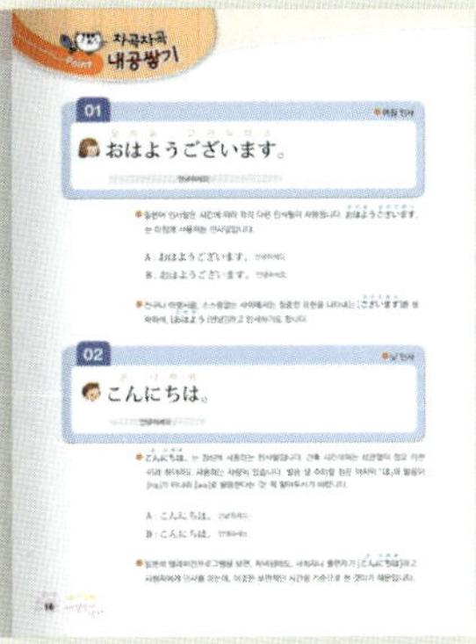

차곡차곡 내공쌓기 (어휘, 문법 Point)

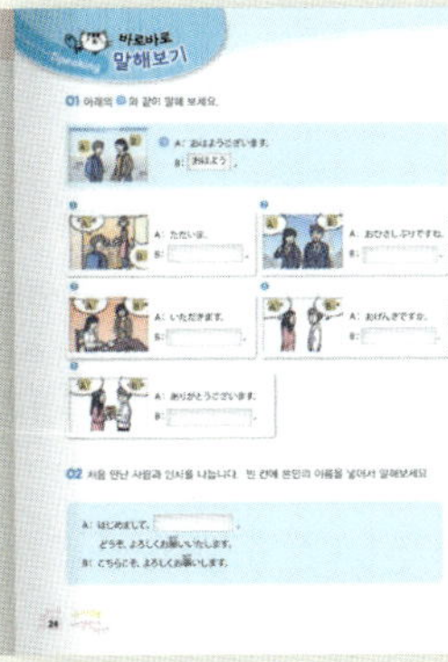

바로바로 말해보기 (Speaking)

회화 뽀개기 (Conversation)

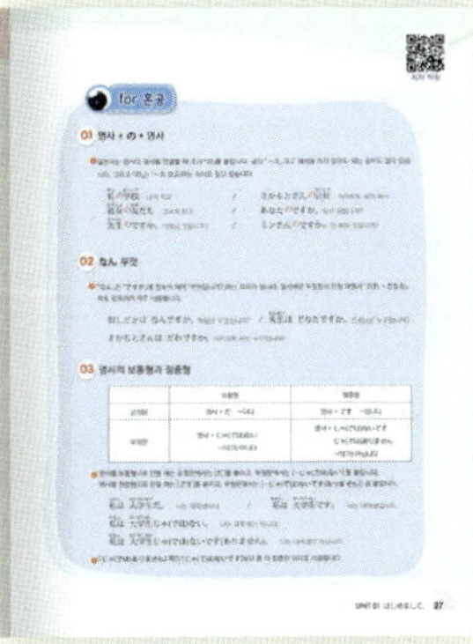

For 혼공 (보충 학습)

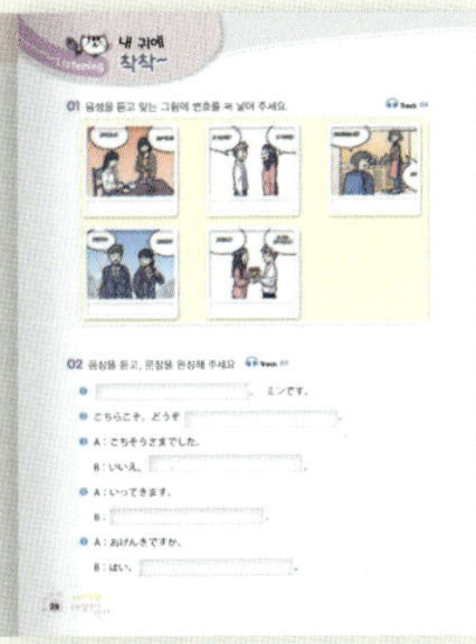

내 귀에 착착~ (Listening)

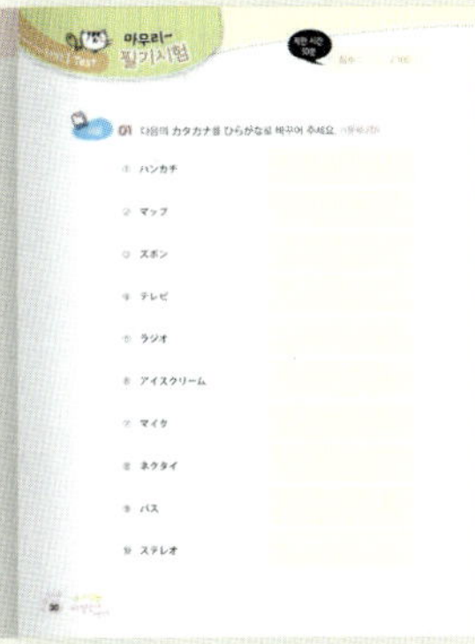

마무리 필기시험 (Test)

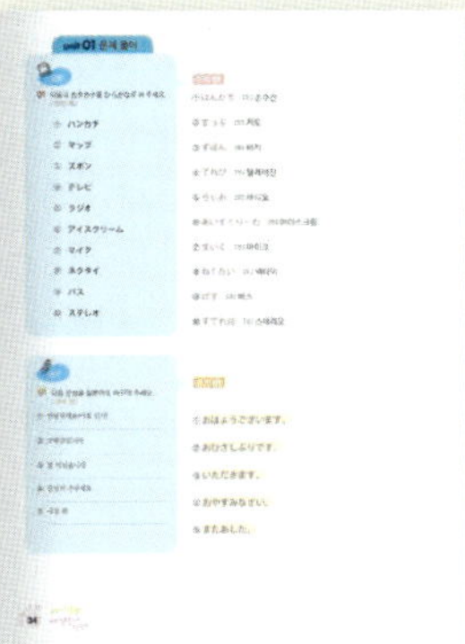

정답 및 해설

떠나라 일본~ (일본 여행 Tip)

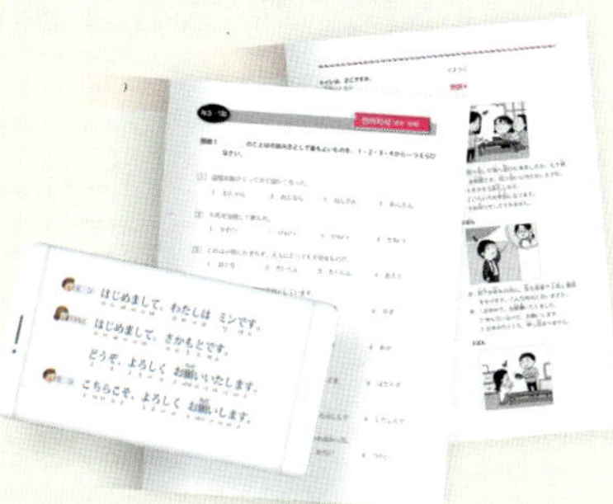

짜투리 시간 복습 PDF / JLPT 시험 도전

학습 자료 다운로드 해당 학습 자료는 출판사 홈페이지 자료실에서 무료로 다운받으실 수 있습니다. (http://www.yebinwoo.com)

- 본문 회화 MP3 / 말하기 연습 MP3
- PDF 회화 본문 / 단어장
- PDF 과별 어휘 / 확인 문제
- PDF JLPT 시험 도전

목차

하루 1시간 1달 완성~!

혼공플랜

1주차

	月 日	月 日	月 日	月 日	月 日	月 日	月 日
	1Day	2Day	3Day	4Day	5Day	6Day	7Day
발음 / 글자	☐ 히라가나	☐ 가타카나					
포인트 인강			☐ Unit 01		☐ Unit 02		☐ Unit 03
교재			☐ 10~21p	☐ 22~25p	☐ 32~41p	☐ 42~45p	☐ 50~61p
애니메이션			☐ Unit 01		☐ Unit 02	☐	☐ Unit 03
저자 인강				☐ Unit 01		☐ Unit 02	
말하기 연습				☐ S_01		☐ S_02	
필기 시험				☐ 26~29p		☐ 46~49p	
복습		☐ 히라가나	☐ 가타카나	☐ 10~21p	☐ 22~25p	☐ 32~41p	☐ 42~45p

2주차

	月 日	月 日	月 日	月 日	月 日	月 日	月 日
	8Day	9Day	10Day	11Day	12Day	13Day	14Day
포인트 인강		☐ Unit 04		☐ Unit 05		☐ Unit 06	
교재	☐ 62~65p	☐ 72~81p	☐ 82~85p	☐ 90~101p	☐ 102~105p	☐ 112~125p	☐ 126~129p
애니메이션		☐ Unit 04		☐ Unit 05		☐ Unit 06	
저자 인강	☐ Unit 03		☐ Unit 04		☐ Unit 05		☐ Unit 06
말하기 연습	☐ S_03		☐ S_04		☐ S_05		☐ S_06
필기 시험	☐ 66~69p		☐ 86~89p		☐ 106~109p		☐ 130~133p
복습	☐ 50~61p	☐ 62~65p	☐ 72~81p	☐ 82~85p	☐ 90~101p	☐ 102~105p	☐ 112~125p

응모 방법

미션 1 교재 후기 온라인 서점 게재 (최초 1회 의무 게재)

미션 2 후기 URL과 학습 진도 인증샷 출판사 홈페이지 이벤트 게시판에 업로드 <http://www.yebinwoo.com>

3주차

	月 日	月 日	月 日	月 日	月 日	月 日	月 日
	15Day	16Day	17Day	18Day	19Day	20Day	21Day
포인트 인강	☐ Unit 07		☐ Unit 08		☐ Unit 09		☐ Unit 10
교재	☐ 134~143p	☐ 144~147p	☐ 154~169p	☐ 170~173p	☐ 178~189p	☐ 190~193p	☐ 200~209p
애니메이션	☐ Unit 07		☐ Unit 08		☐ Unit 09		☐ Unit 10
저자 인강		☐ Unit 07		☐ Unit 08		☐ Unit 09	
말하기 연습		☐ S_07		☐ S_08		☐ S_09	
필기 시험		☐ 148~151p		☐ 174~177p		☐ 194~197p	
복습	☐ 126~129p	☐ 134~143p	☐ 144~147p	☐ 154~169p	☐ 170~173p	☐ 178~189p	☐ 190~193p

4주차

	月 日	月 日	月 日	月 日	月 日	月 日	月 日
	22Day	23Day	24Day	25Day	26Day	27Day	28Day
포인트 인강		☐ Unit11		☐ Unit 12	☐ Unit 13	☐ Unit 14	☐ Unit 15
교재	☐ 210~213p	☐ 218~231p	☐ 232~235p	☐ 242~259p	☐ 264~279p	☐ 286~305p	☐ 310~325p
애니메이션		☐ Unit11		☐ Unit 12	☐ Unit 13	☐ Unit 14	☐ Unit 15
저자 인강	☐ Unit 10		☐ Unit11	☐ Unit 12	☐ Unit 13	☐ Unit 14	☐ Unit 15
말하기 연습	☐ S_10		☐ S_11	☐ S_12	☐ S_13	☐ S_14	☐ S_15
필기 시험	☐ 214~217p		☐ 236~239p	☐ 260~263p	☐ 280~283p	☐ 306~309p	☐ 326~329p
복습	☐ 200~209p	☐ 210~213p	☐ 218~231p	☐ 232~235p	☐ 242~259p	☐ 264~279p	☐ 286~305p

* 2개월 완성 플랜은 1일 분량을 2일에 나눠서 학습하세요~!

unit. 1

하 지 메 마 시 떼

はじめまして。

QR Animation

이것 만은 꼭! **학습사항**

1. 아침 인사
2. 낮 인사
3. 저녁 인사
4. 취침 인사
5. 외출 인사
6. 귀가 인사
7. 감사 표현
8. 사과 표현
9. 헤어질 때 인사
10. 안부 인사
11. 오랜만에 만날 때
12. 처음 만날 때
13. 식사 인사

나혼자 한다! **혼공 Plan**

학습 체크 ☑1회 ☑2회 ☑3회
포인트 강의 01 (10분)
튜터 이세진

학습 체크 ☑1회 ☑2회 ☑3회
저자 직강 01 (15분)
강사 이장우

학습 체크 ☑1회 ☑2회 ☑3회
차곡차곡 내공쌓기 (15분)
Point (12~19p)

학습 체크 ☑1회 ☑2회 ☑3회
바로바로 말해보기 (15분)
Speaking (20~21p)

학습 체크 ☑1회 ☑2회 ☑3회
회화 뽀개기 (15분)
Conversation (22~23p)

학습 체크 ☑1회 ☑2회 ☑3회
내 귀에 착착~ (15분)
Listening (24p~25p)

학습 체크 ☑1회 ☑2회 ☑3회
듣고 말하기 훈련 (15분)
MP3 S_01

학습 체크 ☑1회 ☑2회 ☑3회
1과 마무리 시험 (30분)
(26~29p)

차곡차곡 내공쌓기 Point

01

아침 인사

오 하 요 - 고 자 이 마 스
おはようございます。

안녕하세요 .

일본어 인사말은 시간에 따라 각각 다른 인사말이 사용됩니다. おはようございます(오하요-고자이마스)。는 아침에 사용하는 인사말입니다.

A : おはようございます。 안녕하세요.

B : おはようございます。 안녕하세요.

친구나 아랫사람, 스스럼없는 사이에서는 정중한 표현을 나타내는 [ございます(고자이마스)]를 생략하여, [おはよう(오하요-) (안녕)]라고 인사하기도 합니다.

02

낮 인사

곤 니 찌 와
こんにちは。

안녕하세요 .

こんにちは(곤니찌와)。는 점심에 사용하는 인사말입니다. 간혹 시간대와는 상관없이 정오 이전이라 하더라도 사용하는 사람이 있습니다. 발음 상 주의할 점은 마지막 「は」의 발음이 [ha]가 아니라 [wa]로 발음한다는 것! 꼭 알아두시기 바랍니다.

A : こんにちは。 안녕하세요.

B : こんにちは。 안녕하세요.

일본의 텔레비전프로그램을 보면, 저녁임에도, 사회자나 출연자가 [こんにちは(곤니찌와)]라고 시청자에게 인사를 하는데, 이것은 보편적인 시간을 기준으로 한 것이기 때문입니다.

03

저녁 인사

곰 방 와
こんばんは。

안녕하세요 .

「こんばんは(곰 방 와)」는 저녁에 사용하는 인사말입니다. 여기서도 마지막 「は」의 발음이 [ha]가 아니라 [wa]로 발음한다는 것! 기억하세요~!

A : こんばんは。 안녕하세요.

B : こんばんは。 안녕하세요.

04

취침 인사

오 야 스 미 나 사 이
おやすみなさい。

안녕히 주무세요 .

「おやすみなさい(오야스미나사이)」는 잠잘 때 사용하는 인사말입니다.

A : おやすみなさい。 안녕히 주무세요.

B : おやすみなさい。 안녕히 주무세요.

친구나 아랫사람, 스스럼없는 사이에서는 [なさい(나사이)]를 생략하여, [おやすみ(오야스미) 잘 자]라고 인사합니다.

05

외출

잇 떼 끼 마 스

いってきます。

다녀오겠습니다.

* いってきます。(잇 떼 끼 마 스)는 외출할 때 사용하는 인사말 '다녀오겠습니다'에 해당합니다. 외출하는 상대방을 배웅하는 인사말 '다녀오세요'는 いってらっしゃい。(잇 떼 랏 샤 이)로 인사합니다.

A : いってきます。 다녀오겠습니다.

B : いってらっしゃい。 다녀오세요.

* 친구나 아랫사람, 스스럼없는 사이에서는 [いってくるね(잇 떼 쿠 루 네) 다녀올게] [いってくるよ(잇 떼 쿠 루 요) 다녀올게] 라고 하며, [いってらっしゃい(잇 떼 랏 샤 이)] 는 누구에게나 사용되는 스스럼없는 표현, 즉 [다녀 와]라는 의미도 지니고 있습니다.

06

귀가

다 다 이 마

ただいま。

다녀왔습니다.

* ただいま。(다 다 이 마)는 귀가할 때 사용하는 인사말 '다녀왔습니다'에 해당합니다. 귀가하는 상대방에게 '다녀오셨어요'는 おかえりなさい。(오 카 에 리 나 사 이)로 인사합니다.

* [ただいま(다 다 이 마)]는 [いってらっしゃい(잇 떼 랏 샤 이)]와 마찬가지로 누구에게나 사용할 수 있는 표현으로서, [갔다왔어!, 다녀왔어!] 라는 의미도 있습니다. 친구나 아랫사람, 스스럼없는 사이에서는 [なさい(나 사 이)]를 생략하여, [おかえり(오 카 에 리) 갔다왔어? 다녀왔어?] 라고 표현합니다.

07

❀ 감사 표현

아 리 가 또 - 고 자 이 마 스

ありがとうございます。

감사합니다.

❀ 감사함을 표현할 때는 ありがとうございます。(아 리 가 또 - 고 자 이 마 스) 를 사용하며, 〈고맙다, 미안하다〉 등의 말을 들었을 경우에는 보통 どういたしまして。(도 - 이 따 시 마 시 떼) (천만에요) 로 대답합니다.

A : ありがとうございます。 감사합니다.

B : いいえ、どういたしまして。 아뇨, 천만에요.

❀ 친구나 아랫사람, 스스럼없는 사이에서는 정중한 표현을 나타내는 [ございます(고 자 이 마 스)]를 생략하여, [ありがとう(아 리 가 또 -) 고마워] 라고 표현합니다.

08

❀ 사과 표현

스 미 마 셍

すみません。

죄송합니다.

❀ 상대방에게 사과를 할 때에는 すみません。(스 미 마 셍) (죄송합니다, 미안합니다)라는 표현을 사용합니다.

A : すみません。 죄송합니다 / 미안합니다.

B : いいえ、どういたしまして。 아뇨, 천만에요.

❀ [すみません(스 미 마 셍)]은 사과 표현 이외에도, 부탁을 할 때 [저기요, 실례합니다], 감사함을 표할 때 [감사합니다] 등의 의미로도 사용합니다.

차곡차곡 내공쌓기
Point

09

헤어질 때

소 레 쟈 마 따
それじゃ、また。

그럼, 또 (봐).

- 친구사이에는 [じゃあね(쟈-네) 그럼] [またね(마따네) 또 봐] 로 사용합니다. 그리고 내일이나 다음 주를 나타내는 [あした(아시따)] [らいしゅう(라이슈-)]를 사용하여, [またあした(마따아시따) 내일 또 보자] [またらいしゅう(마따라이슈-) 다음 주에 또 보자]라고도 표현합니다.

- [さようなら(사요-나라) 안녕, 안녕히 계세요] 는 두 번 다시 만나지 않을 때, 오랫동안 만나지 못할 때 사용하는 표현으로서, 매일같이 만나는 같은 반 친구 등에게는 사용하지 않습니다.

10

안부 인사

오 겡 끼 데 스 까
おげんきですか。

잘 지내세요?

- 오랜만에 안부를 묻는 인사로 [おげんきですか(오겡끼데스까) 안녕하세요? 잘 지내세요?] 를 사용합니다.

A : おげんきですか。 안녕하세요? (잘 지내세요?)

B : はい、おかげさまで。 예, 덕분에요.

- 친구 사이에서는 [げんき(겡끼) 안녕? 잘 지내?] 라고 표현합니다.

11

오랜만에 만날 때

오 히 사 시 부 리 데 스 네

おひさしぶりですね。

오랜만이네요 .

'오랜만이네요'의 인사로 おひさしぶりですね(오 히 사 시 부 리 데 스 네)。가 있습니다.

A : おひさしぶりですね。 오랜만이네요.

B : はい、おひさしぶりです。 예, 오랜만입니다.

스스럼없는 사이는 [(お)ひさしぶり(오 히 사 시 부 리) 오랜만이야] 라고 말하며, 대답도 [うん(응)、(お)ひさしぶり(오 히 사 시 부 리) 응, 오랜만이야] 라고 합니다.

12

처음 만날 때

하 지 메 마 시 떼

はじめまして。

처음 뵙겠습니다 .

처음 만났을 때의 인사로는 [はじめまして(하 지 메 마 시 떼) 처음 뵙겠습니다] 를 사용합니다.

- □ ~です ~입니다
- □ こちらこそ 저야말로

A : はじめまして。ミンです。どうぞ、よろしくお願(ねが)いいたします。

처음 뵙겠습니다. 민입니다. 잘 부탁합니다.

B : こちらこそ、よろしくお願(ねが)いします。 저야말로 잘 부탁합니다.

[どうぞ、よろしくお願いいたします(도- 조 요 로 시 꾸 오 네가 이 이 따 시 마 스)] 는 [どうぞ、よろしく(도- 조 요 로 시 꾸)] 라고 표현해도 됩니다.

13

식사 인사

いただきます。

잘 먹겠습니다.

- 음식을 먹기 전에는 [いただきます(이따다끼마스) 잘 먹겠습니다] 를, 음식을 먹고 나서는 [ごちそうさまでした(고찌소-사마데시다) 잘 먹었습니다] 를 사용합니다.

A : どうぞ。 드세요.

B : いただきます。 잘 먹겠습니다.

B : ごちそうさまでした。 잘 먹었습니다.

A : いいえ、おそまつさまでした。 아뇨, 변변치 않았습니다.

- [どうぞ(도-죠)] 는 여러 장면에서 광범위하게 사용하는 일본어 표현이므로, 꼭 알아둡시다!

1. 정중하게 부탁할 때
2. 마음에서 염원할 때
3. 상대방에서 권유하거나 승낙, 허락을 할 때

사용하는 표현입니다.

그 밖의 자주 쓰는 인사 표현

- [しつれいします]는 여러가지 의미로 사용되는 인사말입니다. [지금부터 실례하겠습니다]의 의미로, 타인의 집을 방문하거나 다른 사람이 기거하는 장소에 들어갈 때 사용됩니다. 이것과 같은 표현으로는 [おじゃまします : 폐를 끼치겠습니다]가 있습니다.

  [しつれいします] 앞에 [そろそろ(슬슬)]를 붙여서 작별인사로도 사용됩니다.

  そろそろ しつれいします。 이만 실례하겠습니다.

- [おやすみなさい]는 [안녕히 주무세요]라는 의미로 실제로 잠자리에 들기 전에 사용하는 인사말이지만, 작별 인사로도 사용합니다. 예를 들어 밤늦은 시간 귀가할 때나 밤에 전화를 끊을 때 작별 인사로도 사용합니다.

- [おめでとうございます]는 [축하합니다]라는 의미로 생일, 입학, 졸업, 취직 등 축하할 일이 있을 때 사용되는 인사말입니다. [새해 복 많이 받으세요]라는 새해 인사를 [あけまして おめでとうございます]라고 하는데 직역을 하면 [새해가 밝아서 축하합니다]라는 의미가 됩니다.

- [いろいろ おせわになりました]는 [여러모로 신세졌습니다]라는 의미로 연말에 평소 신세를 진 지인들에게 자주 사용하는 인사말입니다.

Speaking 바로바로 말해보기

01 아래의 예 와 같이 말해 보세요.

예 A：おはようございます。

B：おはよう。

❶

A：ただいま。

B：＿＿＿＿＿。

❷

A：おひさしぶりですね。

B：＿＿＿＿＿。

❸

A：いただきます。

B：＿＿＿＿＿。

❹

A：おげんきですか。

B：＿＿＿＿＿。

❺

A：ありがとうございます。

B：＿＿＿＿＿。

02 처음 만난 사람과 인사를 나눕니다. 빈 칸에 본인의 이름을 넣어서 말해보세요.

A：はじめまして。＿＿＿＿＿。

どうぞ、よろしくお願(ねが)いいたします。

B：こちらこそ、よろしくお願(ねが)いします。

해석 & 해답 01 Track 01

듣고말하기훈련 MP3 S_01

❶ A：ただいま。 다녀왔습니다

B：おかえりなさい。 어서 와

❷ A：おひさしぶりですね。 오랜만이네요

B：はい、おひさしぶりです。 예, 오랜만입니다

❸ A：いただきます。 잘 먹겠습니다

B：どうぞ。 드세요

❹ A：おげんきですか。 잘 지내세요?

B：はい、おかげさまで。 예, 덕분에

❺ A：ありがとうございます。 감사합니다

B：いいえ、どういたしまして。 아뇨, 천만에요

해석 & 해답 02 Track 02

A：はじめまして。ミンです。 처음 뵙겠습니다. 민입니다.

どうぞ、よろしくお願(ねが)いいたします。 잘 부탁합니다.

B：こちらこそ、よろしくお願(ねが)いします。 저야 말로 잘 부탁합니다.

□ ~です ~입니다

□ こちらこそ 저야말로

QR Animation

Track 03

ミン　はじめまして。わたしは　ミンです。
하지메마시떼　와따시와　민데스

さかもと　はじめまして。さかもとです。
하지메마시떼　사카모또데스

どうぞ、よろしく　お願(ねが)いいたします。
도-조　요로시꾸　오네가이이따시마스

ミン　こちらこそ、よろしく　お願(ねが)いします。
고찌라꼬소　요로시꾸　오네가이시마스

민	처음 뵙겠습니다. 저는 민입니다.
사카모토	처음 뵙겠습니다. 사카모토입니다. 아무쪼록 잘 부탁합니다.
민	저야말로 잘 부탁합니다.

어휘 표현

- はじめまして 처음 뵙겠습니다
- わたしは 저는
- ~です ~입니다
- さかもと 사카모토(일본인의 성씨)
- どうぞ、よろしくお願(ねが)いいたします 아무쪼록 잘 부탁합니다
- こちらこそ 저야말로

저자 직강

for 혼공

01 ～です　~입니다

✿ 다양한 품사와 함께 접속이 되어, 상대방에게 정중한 마음을 나타냅니다.

わたしです。　저(나)입니다

キムです。　김입니다.

やまだです。야마다입니다.

さかもとです。 사카모토입니다.

02 どうぞ　무엇

✿ 여러 장면에서 다양한 의미로 사용되는 표현입니다.

どうぞ。앉으세요. (권할 때)　/　どうぞ。하세요. (승낙할 때)

どうぞ。드세요. (권할 때)　/　どうぞ。 부탁해요. (부탁할 때)

03 お願(ねが)いします

✿「お願(ねが)いいたします」는「お願(ねが)いいたします」보다 겸양표현(자기를 낮추는 표현)입니다. 의미는 같습니다.

どうぞ、よろしくお願(ねが)いいたします。 아무쪼록, 잘 부탁합니다.

Listening 내 귀에 착착~

01 음성을 듣고 맞는 그림에 번호를 써 넣어 주세요. Track 04

02 음성을 듣고, 문장을 완성해 주세요 Track 05

❶ ________。 ミンです。

❷ こちらこそ。どうぞ ________。

❸ A：ごちそうさまでした。

B：いいえ、________。

❹ A：いってきます。

B：________。

❺ A：おげんきですか。

B：はい、________。

해석 & 해답 01

❶ ❹ いただきます。잘 먹겠습니다.
どうぞ。어서 먹으렴.

❷ ❷ おげんきですか。잘 지내셨죠?
はい、おかげさまで。네, 덕분에요.

❸ ❶ ただいま。다녀왔습니다.
おかえりなさい。어서 와.

❹ ❺ また あした。내일 보자.
うん、また あした。응, 내일 봐.

❺ ❸ ありがとうございます。감사합니다.
いいえ、どういたしまして。아뇨, 천만에요.

해석 & 해답 02

❶ はじめまして。ミンです。처음 뵙겠습니다. 민입니다.

❷ こちらこそ。どうぞ よろしくお願(ねが)いします。저야말로 잘 부탁합니다.

❸ A：ごちそうさまでした。잘 먹었습니다.
B：いいえ、おそまつさまでした。아뇨, 변변치 않았습니다.

❹ A：いってきます。다녀오겠습니다.
B：いってらっしゃい。다녀오세요.

❺ A：おげんきですか。안녕하세요? (잘 지내세요?)
B：はい、おかげさまで。예, 덕분에.

마무리~ 필기시험

제한 시간 30분

점수 : / 100

어휘 **01** 다음의 カタカナ를 ひらがな로 바꾸어 주세요. (1문제 3점)

① ハンカチ

② マップ

③ ズボン

④ テレビ

⑤ ラジオ

⑥ アイスクリーム

⑦ マイク

⑧ ネクタイ

⑨ バス

⑩ ステレオ

쓰기

01 다음 문장을 일본어로 바꾸어 주세요. (1문제 3점)

① 안녕하세요(아침 인사) ______

② 오랜만입니다 ______

③ 잘 먹었습니다 ______

④ 안녕히 주무세요 ______

⑤ 내일 봐 ______

02 다음 문장을 한국어로 바꾸어 주세요. (1문제 5점)

① おげんきですか ______

② いただきます ______

③ こちらこそ ______

④ すみません ______

⑤ どういたしまして ______

듣기

Test 01

01 문장을 듣고 받아 써 보세요. (1문제 6점)

① ______

② ______

③ ______

④ ______

⑤ ______

unit 01 문제 풀이

어휘

01 다음의 カタカナ를 ひらがな로 바꾸어 주세요. (1문제 3점)

① ハンカチ

② マップ

③ ズボン

④ テレビ

⑤ ラジオ

⑥ アイスクリーム

⑦ マイク

⑧ ネクタイ

⑨ バス

⑩ ステレオ

어휘 01

① はんかち [뜻] 손수건

② まっぷ [뜻] 지도

③ ずぼん [뜻] 바지

④ てれび [뜻] 텔레비전

⑤ らじお [뜻] 라디오

⑥ あいすくりーむ [뜻] 아이스크림

⑦ まいく [뜻] 마이크

⑧ ねくたい [뜻] 넥타이

⑨ ばす [뜻] 버스

⑩ すてれお [뜻] 스테레오

쓰기

01 다음 문장을 일본어로 바꾸어 주세요. (1문제 3점)

① 안녕하세요(아침 인사)

② 오랜만입니다

③ 잘 먹었습니다

④ 안녕히 주무세요

⑤ 내일 봐

쓰기 01

① おはようございます。

② おひさしぶりです。

③ ごちそうさまでした。

④ おやすみなさい。

⑤ またあした。

쓰기

02 다음 문장을 한국어로 바꾸어 주세요. (1문제 5점)

① おげんきですか

② いただきます

③ こちらこそ

④ すみません

⑤ どういたしまして

쓰기 02

①안녕하세요?

②잘 먹겠습니다

③저야말로

④죄송합니다, 미안합니다

⑤천만에요

듣기

01 문장을 듣고 받아 써 보세요.(1문제 6점)

① 。

② 。

③ 。

④ 。

⑤ 。

듣기 01 Test 01

①こんばんは 안녕하세요(저녁 인사)

②ありがとうございます 감사합니다

③それじゃ、また 그럼, 다음에 봐요

④いいえ、おそまつさまでした 아뇨, 변변치 않았습니다

⑤おげんきですか 안녕하세요? 잘 지내세요?

한국인이 좋아할만한

일본 여행선물 베스트 10

의약부외품편

여행을 가면 바쁜 일정 속에서도 귀국 후 주변 지인들에게 선물할 여행 선물들을 꼭꼭 챙기게 마련인데요... 혹시 여행 일정에 쫓기다 마지막 날, 공항 면세점에 진열되어있는 걸 대충 골라 오셨던 경험들이 없으신가요? 이왕이면 선물을 하는 본인도 선물을 받는 주변 분들도 모두 만족할 선물이라면 더할나위없겠죠? 일본 여행 전에 한국인들이 좋아할 만한 일본의 머스트해브 여행선물들을 미리 체크해 두신다면... 시간도 절약하고 주변으로부터 센스작열이라는 찬사를 받게 될 수도~ 있지않을까 합니다. 여러분께 도움이 될만한 일본 여행선물 잇템들을 선별하여 하나 하나 공개해 드리겠습니다. 그럼, 우선 이번에는 일본 여행선물 〈의약부외품편〉입니다.

휴족시간

등산이나 여행, 운동 등으로 지친 다리의 피로를 풀어주는 휴족시간. 파스와도 같이 붙이는 시트지로 되어있어, 종아리나 발바닥 등에 붙여서 사용하실 수 있습니다. 한장 정도는 일본 여행 마지막날 돌아오는 비행기 안에서 본인의 수고한 다리를 위해 살짝 붙여줘도 괜찮지 않을까요? (¥798~)

1

동전파스

동전만한 동그란 모양의 동전파스. 크기가 작아 원하는 부위에 알맞게 붙일 수 있어 편리합니다. 후끈한 핫타입의 로이히쯔보코의 제품과 쿨타입의 네모난 샤론파스도 일본에서는 국민파스로 불릴 정도로 아주 인기있는 파스입니다. 부모님 선물로도 안성맞춤! (¥618~)

2

3

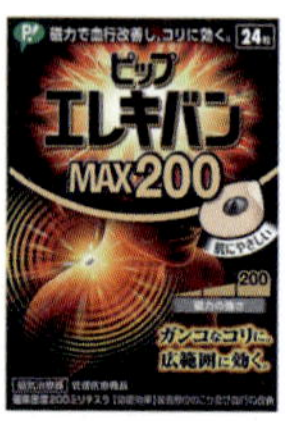

자석파스

위에서 동전파스에 대하여 소개를 드렸는데요... 그와 비슷한 효능이 있는 자석파스입니다. 어깨결림 등에 잘 듣고요... 박스에 숫자가 써있는데, 숫자가 높을 수록 더 강력한 효능이 있다고 하네요. 단 숫자가 높을수록 가격은 점점 비싸진답니다. (¥1,480~)

4

호빵맨 모기 패치

어린 아이를 둔 엄마들의 잇템. 모기나 벌레에 물린 부위에 붙이는 동그란 밴드타입으로 붓기나 가려움을 완화해주는 효능이 있다고 합니다. 특히 어린아이들은 벌레에 물리면 가려움을 잘 참지 못하고 긁어서 상처를 내기가 쉬운데요... 어린 아이가 있는 집에서는 하나쯤 응급처방용으로 보관하고 있으면 좋을 것 같네요. 상자에 호빵맨의 캐릭터가 그려져 있어 제품을 찾기도 쉬울 것 같죠? (¥494~)

5

열내리는 시트

감기 등으로 갑자기 고열이 날 때... 물수건으로 이마의 열을 식혀주곤 하는데요... 이 역시 붙이는 시트타입의 열내리는 시트가 나와있어요. 일정 시간 차가운 온도로 유지시켜준다니, 물수건을 지속적으로 빨아서 얹어놓을 필요가 없어 편리합니다. 그래도... 한편으론... 우리네 어머니가 얹어주시던 물수건의 정감이 사라지는 건 아닌지... 서글퍼지기도 한다는... ㅠㅠ 어른용도 있어요~ㅎ (¥498~)

6

위 영양제 (캬베진)

양배추를 원료로하여 만들어진 위 영양제로 우리나라에도 정식 수입되어 판매되고 있는 제품입니다. 일본 여행시에 구입을 해두시면 가격적인 면에서도 저렴하고 좋지 않을까요? 위염, 식도염 등에 효과가 있다고 하니 술을 자주 드시는 아버지나 남친을 위한 선물용으로 당신은 이미 센스짱~ (¥1,480~)

가스빼는 약 (가스피탄)

배가 더부룩하고 배에 가스가 많이 찬다고 느끼시는 분들께 강추합니다. 명절 등에 기름진 음식을 많이 드셨거나 회식 자리 이후에 배에 가스가 많이 차있을 경우에 사용하면 좋을 것 같아요. 이거 한 알이면... 배안의 모든 가스가~~ㅎ 다만... 주의해야 될 건... 되도록 혼자 계실 때 복용하시는 걸 추천... 드립니다. ㅋ

7

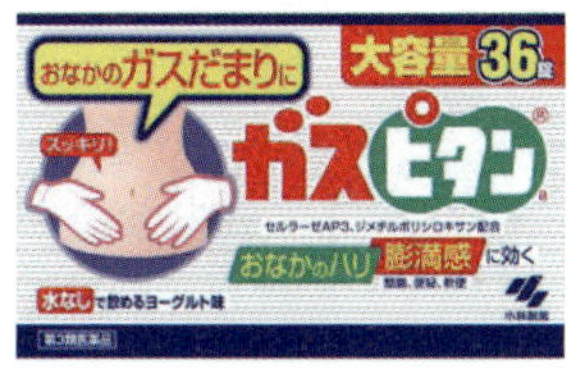

소화제 (오오타)

흰색 가루로되어 있어 스픈으로 한 숟가락 떠먹는 소화제입니다. 한 숟갈만으로 신기하게 소화가 싹~!! 정말 신기해요. 본인은 소화가 잘 안되는 타입인데요... 이 오오타 소화제를 만난 후론 그 효과에 놀라... 일본에 가게되면 한통정도는 꼭 쟁여오게 되는 신통방기한 아이랍니다. 강추~! 강추! (¥800~)

8

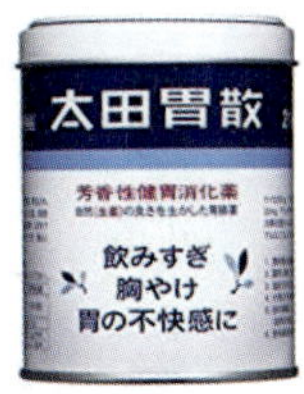

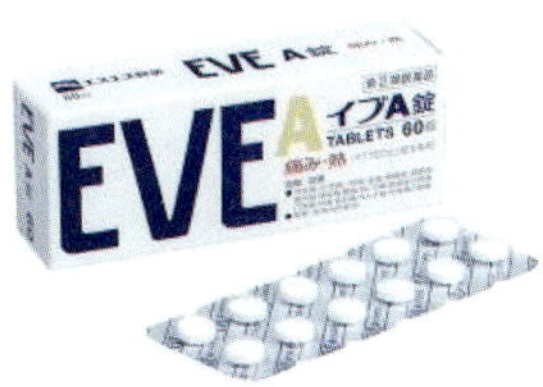

9

진통제 (이브)

각종 진통과 해열에 효과가 있는 이브 진통제. 일본에서도 꽤 유명한 제품으로 인기가 많답니다. 진통제하면... 게** 이나 타이**을 떠올리기 쉬운데... 가끔은 이웃나라 진통제로 아픈 곳을 살살 달래봐 주시는 것도... 괜찮지 않을까요? 아픈거에는 국경이 없답니다~ ㅎ (¥595)

10

안약 (아이봉)

컴퓨터 업무와 스마트폰으로 하루종일 시달리는 현대인의 눈. 사용법은 전용컵에 액체를 담아 눈을 몇번 깜빡거리는 식으로 사용을 하면 되는데요... 눈 안의 이물질도 씻어주고 눈에 좋은 각종 비타민 등도 채워준다고 하니... 하나 쯤 책상 위 컴퓨터 옆에 놓고 사용하셔도 좋을 것 같네요. (¥998)

unit. 2

와따시 모 가이 샤 인 데 스

私も 会社員です。

わたし かいしゃいん

QR Animation

이것 만은 꼭! 학습사항

1. 인칭대명사 / ～は　～です ~은 ~입니다
2. ～も ~(도)
3. ～さん／～くん／～ちゃん ~씨／~군／~짱 /～ですか ~입니까?
4. ～と ~와(과)
5. ～では(じゃ)ありません ~이(가) 아닙니다

나혼자 한다! 혼공 Plan

학습 체크 □1회 □2회 □3회
포인트 강의 02 (10분)
튜터 이세진

학습 체크 □1회 □2회 □3회
저자 직강 02 (15분)
강사 이장우

학습 체크 □1회 □2회 □3회
차곡차곡 내공쌓기 (15분)
Point (34~37p)

학습 체크 □1회 □2회 □3회
바로바로 말해보기 (15분)
Speaking (38~41p)

학습 체크 □1회 □2회 □3회
회화 뽀개기 (15분)
Conversation (42~43p)

학습 체크 □1회 □2회 □3회
내 귀에 착착~ (15분)
Listening (44~45p)

학습 체크 □1회 □2회 □3회
듣고 말하기 훈련 (15분)
MP3 S_02

학습 체크 □1회 □2회 □3회
2과 마무리 평가 (30분)
(46~49p)

Point 차곡차곡 내공쌓기

01

✿ 인칭대명사 ✿ ~は です ~은 ~입니다

와따시 와 다이 각 쎄 - 데 스

私は 大学生です。

わたし だい がく せい

저는 대학생입니다.

- □ 私(わたし) 나, 저
- □ ~は ~은(는)
- □ 大学生(だいがくせい) 대학생
- □ ~です ~입니다

✿ 「私(わたし)」는 자신을 가리키는 1인칭 대명사입니다. 일본어의 대명사는 인칭대명사, 사물지시대명사, 장소지시대명사 이렇게 세 종류로 나눌 수 있습니다. 아래에 일본어의 인칭대명사에 대하여 정리해 두었으니 꼭 알아두도록 합시다.

1인칭	私(わたし)	나, 저
	ぼく・おれ	나
2인칭	あなた	당신
	おまえ	너
	君(きみ)	자네, 너
3인칭	彼(かれ)	그
	彼女(かのじょ)	그녀
부정칭	だれ・どなた	누구, 어느 분

✿ 「ぼく・おれ」는 남성 용어로서 격식을 차린 자리에서는 사용하지 않는 편이 좋습니다. 하지만, 「ぼく」의 경우에는 비즈니스 장면이나, 가벼운 모임 등에서도 자주 사용됩니다.

✿ 「おまえ・君(きみ)」는 단어의 의미에서도 알 수 있듯이, 손윗사람에게 사용하는 것은 좋지 않습니다.

✿ 「あなた」 역시 손윗사람에게는 사용하지 않는 편이 좋습니다.

✽ [~は] 는 우리나라 말의 [~은/~는] 에 해당하는 주격 조사이며, [は]는 발음상 [ha]이지만, 조사로 사용할 경우에는 [wa]로 발음하므로 주의하도록 합시다.

✽ [~です]는 [~입니다] 라는 의미입니다. 보통어는 [~だ: ~이다]입니다.

- □ はいゆう 배우
- □ 会社員(かいしゃいん) 회사원

私(わたし)は　はいゆうです。 저는 배우입니다.

彼(かれ)は　会社員(かいしゃいん)です。 그는 회사원입니다.

✽ [~です: ~입니다]의 보통어는 [~だ: ~이다]입니다. 그래서 위의 예문을 보통어로 나타내면, 〈私(わたし)は　はいゆうだ。 나는 배우이다〉, 〈彼(かれ)は　会社員(かいしゃいん)だ。 그는 회사원이다〉 가 됩니다.

02

✽ ~も ~(도)

가레 모　가이 샤 인 데 스

彼(かれ)も　会社員(かいしゃいん)です。

그도　회사원입니다.

- □ 彼(かれ) 그
- □ モデル 모델
- □ 銀行員(ぎんこういん) 은행원

✽ 「も」는 우리말의 '~도 '라는 뜻의 조사입니다.

私(わたし)も　モデルです。 저도 모델입니다.

あべさんも　銀行員(ぎんこういん)です。 아베 씨도 은행원입니다.

차곡차곡 내공쌓기 Point

03

❀ ~さん／~くん／~ちゃん ~씨／~군／~짱 ❀ ~ですか ~입니까?

민 상 와 다이 각 쎄- 데 스 까

ミンさんは 大学生（だいがくせい）ですか。

민 씨는 대학생입니까?

□ ~さん ~씨

□ ~は ~은(는)

□ 大学生（だいがくせい） 대학생

□ ~ですか ~입니까?

❀ [～さん]은 우리말의 [～님, ～씨] 의 의미로, 제 3자의 이름이나 성에 붙여서 상대를 높여주는 표현입니다.

❀ [～くん]은 남자 중고생의 이름이나 성에 붙여서 사용하는 경우가 많으며, [~ちゃん]은 남녀 어린 아이에게 사용하는 경우가 많습니다. 하지만, 성인이라도 여성을 부를 때나 지칭 할 때, 이 [～ちゃん]을 붙여 친근함을 나타내기도 합니다.

さかもとさん ・ ミンさん 사카모토 씨 / 민 씨

すみたくん ・ カンくん 스미타 군 / 강 군

みどりちゃん ・ えなちゃん 미도리 양 / 에나 양

❀ [か]는 의문을 나타내는 조사입니다. 의문을 나타내므로, 문장의 끝에 붙여서 사용합니다. 하지만, 일본어의 경우에는 의문문이라 하더라도 마지막에 [물음표: ?] 를 사용하지 않고, 일본어의 마침표 [。]를 사용합니다.

あなたは 大学生（だいがくせい）ですか。 당신은 대학생입니까?

彼女（かのじょ）は デザイナーですか。 그녀는 디자이너입니까?

□ 彼女（かのじょ） 그녀

□ デザイナー 디자이너

04

~と ~와(과)

와따시 또　가노 죠 와　강 코꾸 진 데 스

私と　彼女は　韓国人です。

わたし　かのじょ　かんこくじん

저와　그녀는　한국인입니다.

- □ 彼女(かのじょ) 그녀
- □ 韓国人(かんこくじん) 한국인
- □ 彼(かれ) 그
- □ ふうふ 부부
- □ 歌手(かしゅ) 가수

「と」는 우리말의 '~와, ~과 '라는 뜻의 조사입니다.

彼(かれ)と 彼女(かのじょ)は ふうふです。그와 그녀는 부부입니다.

のむらさんと さちこさんは 歌手(かしゅ)です。노무라 씨와 사치꼬 씨는 가수입니다.

05

~では(じゃ)ありません。~이(가) 아닙니다

와따시 와　다이 각 쎄- 데 와　아 리 마 셍

私は　大学生では　ありません。

わたし　だいがくせい

저는　대학생이　아닙니다.

- □ 日本人(にほんじん) 일본인
- □ 男の人(おとこのひと) 남자

「~です(입니다)」의 부정 표현은 「~では　ありません(~이/가 아닙니다)」이 됩니다. [では] 대신에 [じゃ] 를 사용할 수 있으며, [ありません] 대신에 [ないです]를 사용할 수도 있습니다. 회화체에서는 「~ じゃ ありません」 쪽이 더 많이 쓰이므로 잘 익혀 두세요.

「~では ありません」에서의 「は」 발음의 경우에도 하[ha]가 아니라 와[wa]로 발음해야 하므로 주의하도록 합시다.

はい、日本人(にほんじん)です。예, 일본인입니다.

いいえ、男の人(おとこのひと)じゃないです。아뇨, 남자가 아닙니다.

[はい] 는 긍정을 나타내는 [예] 라는 의미이고, [いいえ] 는 부정을 나타내는 [아뇨] 라는 의미입니다.

Speaking 바로바로 말해보기

01 아래의 예 와 같이 말해 보세요.

ミンさんは 韓国人(かんこくじん)ですか。

A はい、私(わたし)は 韓国人(かんこくじん)です。

B いいえ、私(わたし)は 韓国人(かんこくじん)では ありません。

❶

かいしゃいん

❷

せんせい

❸

こうむいん

❹

アナウンサー

❺

こうこうせい

해석 & 해답 01 Track 06

듣고말하기훈련 MP3 S_02

예 ミンさんは 韓国人(かんこくじん)ですか。 민 씨는 한국인입니까?

A：はい、私(わたし)は 韓国人(かんこくじん)です。 네, 저는 한국인입니다.

B：いいえ、私(わたし)は 韓国人(かんこくじん)ではありません。 아니오, 저는 한국인이 아닙니다.

❶ ミンさんは 会社員(かいしゃいん)ですか。 민 씨는 회사원입니까?

A：はい、私(わたし)は 会社員(かいしゃいん)です。 네, 저는 회사원입니다.

B：いいえ、私(わたし)は 会社員(かいしゃいん)ではありません。

아뇨, 저는 회사원이 아닙니다.

❷ ミンさんは 先生(せんせい)ですか。 민 씨는 선생님입니까?

A：はい、私(わたし)は 先生(せんせい)です。 네, 저는 선생님입니다.

B：いいえ、私(わたし)は 先生(せんせい)ではありません。

아뇨, 저는 선생님이 아닙니다.

❸ ミンさんは こうむいんですか。 민 씨는 공무원입니까?

A：はい、私(わたし)は こうむいんです。 네, 저는 공무원입니다.

B：いいえ、私(わたし)は こうむいんではありません。

아뇨, 저는 공무원이 아닙니다.

❹ ミンさんは アナウンサーですか。 민 씨는 아나운서입니까?

A：はい、私(わたし)は アナウンサーです。 네, 저는 아나운서입니다.

B：いいえ、私(わたし)は アナウンサーではありません。

아뇨, 저는 아나운서가 아닙니다.

❺ ミンさんは 高校生(こうこうせい)ですか。 민 씨는 고등학생입니까?

A：はい、私(わたし)は 高校生(こうこうせい)です。 네, 저는 고등학생입니다.

B：いいえ、私(わたし)は 高校生(こうこうせい)ではありません。

아뇨, 저는 고등학생이 아닙니다.

- □ 会社員(かいしゃいん) 회사원
- □ 先生(せんせい) 선생님

※ 일본어에서는 직책에 존칭을 나타내는 「さん」을 붙이지 않습니다.

- □ こうむいん 공무원
- □ アナウンサー 아나운서
- □ 高校生(こうこうせい) 고등학생

바로바로 말해보기
Speaking

02 아래의 예 와 같이 말해 보세요.

ミンさんと カンさんは 韓国人(かんこくじん)ですか。

A はい、私(わたし)も カンさんも 韓国人(かんこくじん) です。

B いいえ、私(わたし)も カンさんも 韓国人(かんこくじん)ではありません。

❶

医者(いしゃ)

❷

歌手(かしゅ)

❸

中国人(ちゅうごくじん)

❹

デザイナー

❺

はいゆう

해석 & 해답 02 Track 07

예 ミンさんと カンさんは 韓国人(かんこくじん)ですか。민 씨와 강 씨는 한국인입니까?
A：はい、私(わたし)も カンさんも 韓国人(かんこくじん)です。네, 저도 강 씨도 한국인입니다.
B：いいえ、私(わたし)も カンさんも 韓国人(かんこくじん)ではありません。아뇨, 저도 강 씨도 한국인이 아닙니다.

❶ ミンさんと カンさんは 医者(いしゃ)ですか。민 씨와 강 씨는 의사입니까?
A：はい、私(わたし)も カンさんも 医者(いしゃ)です。예, 저도 강 씨도 의사입니다.
B：いいえ、私(わたし)も カンさんも 医者(いしゃ)ではありません。
아뇨, 저도 강 씨도 의사가 아닙니다.

❷ ミンさんと カンさんは 歌手(かしゅ)ですか。민 씨와 강 씨는 가수입니까?
A：はい、私(わたし)も カンさんも 歌手(かしゅ)です。예, 저도 강 씨도 가수입니다.
B：いいえ、私(わたし)も カンさんも 歌手(かしゅ)ではありません。
아뇨, 저도 강 씨도 가수가 아닙니다.

❸ ミンさんと カンさんは 中国人(ちゅうごくじん)ですか。민 씨와 강 씨는 중국인입니까?
A：はい、私(わたし)も カンさんも 中国人(ちゅうごくじん)です。예, 저도 강 씨도 중국인입니다.
B：いいえ、私(わたし)も カンさんも 中国人(ちゅうごくじん)ではありません。
아뇨, 저도 강 씨도 중국인이 아닙니다.

❹ ミンさんと カンさんは デザイナーですか。민 씨와 강 씨는 디자이너입니까?
A：はい、私(わたし)も カンさんも デザイナーです。예, 저도 강 씨도 디자이너입니다.
B：いいえ、私(わたし)も カンさんも デザイナーではありません。
아뇨, 저도 강 씨도 디자이너가 아닙니다.

❺ ミンさんと カンさんは はいゆうですか。민 씨와 강 씨는 배우입니까?
A：はい、私(わたし)も カンさんも はいゆうです。예, 저도 강 씨도 배우입니다.
B：いいえ、私(わたし)も カンさんも はいゆうではありません。
아뇨, 저도 강 씨도 배우가 아닙니다.

- □ ～と ～와(과)
- □ 医者(いしゃ) 의사
- □ ～も ～も ～도 ～도

※「～も」는 한국어의「～도」해당하는 조사입니다. 이 조사는 두 사람이나 그 이상의 사람에도 붙여서 사용할 수 있고, 사물에도 붙여 사용할 수도 있습니다.

- □ 歌手(かしゅ) 가수
- □ 中国人(ちゅうごくじん) 중국인
- □ デザイナー 디자이너
- □ はいゆう 배우

Conversation 회화 뽀개기

QR Animation

Track 08

さかもと　ミンさん、おはようございます。
민 상 오하요-고자이마스

ミン　さかもとさん、おはようございます。
사카모또 상 오하요-고자이마스

さかもと　ミンさんは 大学生(だいがくせい)ですか。
민 상 와 다이각세- 데스까

ミン　いいえ、私(わたし)は 大学生(だいがくせい)ではありません。会社員(かいしゃいん)です。
이-에 와따시와 다이각세- 데와 아리마셍 가이샤인 데스

さかもと　会社員(かいしゃいん)ですか。
가이샤인 데스까

ミン　あ、はい。さかもとさんのおしごとは なんですか。
아 하이 사카모또 상 노 오시고또와 난 데스까

さかもと　私(わたし)も 会社員(かいしゃいん)です。
와따시모 가이샤인 데스

사카모토　민 씨, 안녕하세요.

민　사카모토 씨, 안녕하세요.

사카모토　민 씨는 대학생입니까?

민　아뇨, 저는 대학생이 아닙니다. 회사원입니다.

사카모토　회사원입니까?

민　아, 예. 사카모토 씨의 직업은 무엇입니까?

사카모토　저도 회사원입니다.

어휘 표현

- さん ~씨
- おはようございます 안녕하세요(아침 인사)
- 大学生(だいがくせい) 대학생
- ~ですか ~입니까
- いいえ 아뇨
- 私(わたし) 나, 저
- ~は ~은(는)
- ~ではありません ~이 아닙니다
- 会社員(かいしゃいん) 회사원
- はい 예
- ~の ~의
- おしごと 직업
- なん 무엇
- ~も ~도

저자 직강

for 혼공

01 명사 + の + 명사

✽ 일본어는 명사와 명사를 연결할 때 조사「の」를 붙입니다. 굳이「~의」라고 해석을 하지 않아도 되는 경우도 많이 있습니다. 그리고「の」는「~의 것」이라는 의미도 갖고 있습니다.

私(わたし)の学校(がっこう) 나의 학교 / さかもとさんの会社(かいしゃ) 사카모토 씨의 회사

彼女(かのじょ)の友(とも)だち 그녀의 친구 / あなたのですか。 당신 것입니까?

先生(せんせい)のですか。 선생님 것입니까? / ミンさんのですか。 민 씨의 것입니까?

02 なん 무엇

✽「なん」은「ですか」에 접속이 되어「무엇입니까?」라는 의미가 됩니다.「ですか」는 앞서 배운 부정칭의 인칭 대명사「だれ・どなた」와도 접속하여 사용됩니다.

おしごとは なんですか。 직업은 무엇입니까? / 先生(せんせい)は どなたですか。 선생님은 누구입니까?

さかもとさんは だれですか。 사카모토 씨는 누구입니까?

03 명사의 보통형과 정중형

	보통형	정중형
긍정문	명사 + だ ~이다	명사 + です ~입니다
부정문	명사 + じゃ(では)ない ~이(가) 아니다	명사 + じゃ(では)ないです じゃ(では)ありません ~이(가) 아닙니다

✽ 명사를 보통형으로 만들 때는 긍정문에서는 [だ]를 붙이고, 부정문에서는 [~じゃ(では)ない] 를 붙입니다. 명사를 정중형으로 만들 때는 [です]를 붙이고, 부정문에서는 [~じゃ(では)ないです(ありません)] 을 붙입니다.

私(わたし)は 大学生(だいがくせい)だ。 나는 대학생이다. / 私(わたし)は 大学生(だいがくせい)です。 나는 대학생입니다.

私(わたし)は 大学生(だいがくせい)じゃ(では)ない。 나는 대학생이 아니다.

私(わたし)は 大学生(だいがくせい)じゃ(では)ないです(ありません)。 나는 대학생이 아닙니다.

✽ [じゃ(では)ありません] 쪽이 [じゃ(では)ないです]보다 좀 더 정중한 의미로 사용됩니다.

내 귀에 착착~ Listening

01 음성을 듣고 맞는 그림에 번호를 써 넣어 주세요. Track 09

02 음성을 듣고, 문장을 완성해 주세요 Track 10

❶ のむらくんは ＿＿＿＿＿＿ 。

❷ あなたは ＿＿＿＿＿＿ 。

❸ あべさんの ＿＿＿＿＿＿ なんですか。

❹ A：みどりちゃんは 会社員(かいしゃいん)ですか。
B：いいえ、私(わたし)は ＿＿＿＿＿＿ 。

❺ A：えなちゃんの ＿＿＿＿＿＿ 。
B：はい、私(わたし)の ＿＿＿＿＿＿ 。

해석 & 해답 01

❶ ❹ 私(わたし)は デザイナーです。 나는 디자이너입니다.

❷ ❷ ミンさんは アナウンサーです。 민 씨는 아나운서입니다.

❸ ❺ さかもとさんは 銀行員(ぎんこういん)です。 사카모토 씨는 은행원입니다.

❹ ❶ 彼女(かのじょ)は モデルです。 그녀는 모델입니다.

❺ ❸ 彼(かれ)は 大学生(だいがくせい)です。 그는 대학생입니다.

해석 & 해답 02

❶ のむらくんは 会社員(かいしゃいん)ですか。 노무라 씨는 회사원입니까?

❷ あなたは 高校生(こうこうせい)ですか。 당신은 고등학생입니까?

❸ あべさんのおしごとは なんですか。 아베 씨의 직업은 무엇입니까?

❹ A：みどりちゃんは 会社員(かいしゃいん)ですか。 미도리 양은 회사원입니까?

B：いいえ、私(わたし)は 会社員(かいしゃいん)じゃないです。 아뇨, 저는 회사원이 아닙니다.

❺ A：えなちゃんの友(とも)だちですか。 에나 양의 친구입니까?

B：はい、私(わたし)の友(とも)だちです。 네, 저의 친구입니다.

□ 私(わたし) 나, 저
□ ~は ~은(는)
□ デザイナー 디자이너
□ ~です ~입니다
□ アナウンサー 아나운서
□ 銀行員(ぎんこういん) 은행원
□ 彼女(かのじょ) 그녀
□ モデル 모델
□ 彼(かれ) 그
□ 大学生(だいがくせい) 대학생
□ 会社員(かいしゃいん) 회사원
□ ~ですか ~입니까?
□ あなた 당신
□ 高校生(こうこうせい) 고등학생
□ おしごと 직업, 일
□ なんですか 무엇입니까
□ いいえ 아뇨
□ ~じゃないです ~이(가) 아닙니다
□ 友(とも)だち 친구
□ はい 네, 예

마무리~ 필기시험

제한 시간 30분

점수 : / 100

어휘

01 다음의 단어를 히라가나로 써 주세요. (1문제 1점)

① 대학생

② 한국인

③ 친구

④ 의사

⑤ 중국인

⑥ 아나운서

⑦ 모델

⑧ 고등학생

⑨ 회사원

⑩ 일, 직업

02 다음 단어의 뜻을 써 주세요. (1문제 1점)

① かのじょ

② ふうふ

③ あなた

④ かしゅ

⑤ はいゆう

⑥ デザイナー

⑦ だれ

⑧ せんせい

⑨ こうむいん

⑩ にほんじん

쓰기

01 다음 문장을 일본어로 써 주세요. (1문제 4점)

① 저는 한국인입니다.

② 사카모토 씨는 회사원입니까?

③ 저도 모델입니다.

④ 저와 친구는 대학생입니다.

⑤ 아뇨, 고등학생이 아닙니다.

02 다음 문장을 한국어로 써 주세요. (1문제 3점)

① あなたは　はいゆうですか。

② はい、わたしのともだちです。

③ かれのおしごとは　なんですか。

④ にほんのかしゅです。

⑤ いいえ、わたしも　ぎんこういんじゃないです。

듣기

Test 02

01 단어를 듣고 받아 써 보세요. (1문제 3점)

① ② ③

④ ⑤

02 문장을 듣고 받아 써 보세요. (1문제 6점)

①

②

③

④

⑤

unit 02 문제 풀이

어휘

01 다음의 단어를 히라가나로 써 주세요.
(1문제 1점)

① 대학생

② 한국인

③ 친구

④ 의사

⑤ 중국인

⑥ 아나운서

⑦ 모델

⑧ 고등학생

⑨ 회사원

⑩ 일, 직업

02 다음 단어의 뜻을 써 주세요.
(1문제 1점)

① 彼女(かのじょ)

② ふうふ

③ あなた

④ 歌手(かしゅ)

⑤ はいゆう

⑥ デザイナー

⑦ だれ

⑧ 先生(せんせい)

⑨ こうむいん

⑩ 日本人(にほんじん)

어휘 01

① 大学生(だいがくせい)

② 韓国人(かんこくじん)

③ 友(とも)だち

④ 医者(いしゃ)

⑤ 中国人(ちゅうごくじん)

⑥ アナウンサー

⑦ モデル

⑧ 高校生(こうこうせい)

⑨ 会社員(かいしゃいん)

⑩ おしごと

어휘 02

① 그녀

② 부부 【한자】 夫婦(ふうふ)

③ 당신

④ 가수

⑤ 배우

⑥ 디자이너

⑦ 누구 【한자】 誰(だれ)

⑧ 선생님

⑨ 공무원 【한자】 公務員(こうむいん)

⑩ 일본인

쓰기

01 다음 문장을 일본어로 써 주세요. (1문제 4점)

① 저는 한국인입니다.

② 사카모토 씨는 회사원입니까?

③ 저도 모델입니다.

④ 저와 친구는 대학생입니다.

⑤ 아뇨, 고등학생이 아닙니다.

02 다음 문장을 한국어로 써 주세요. (1문제 3점)

① あなたは　はいゆうですか。

② はい、私の友だちです。

③ 彼のおしごとは　なんですか。

④ 日本の歌手です。

⑤ いいえ、私も銀行員じゃないです。

듣기

01 단어를 듣고 받아 써 보세요. (1문제 3점)

① ② ③ ④ ⑤

02 문장을 듣고 받아 써 보세요. (1문제 6점)

①

②

③

④

⑤

쓰기 01

① 私は　韓国人です。

② さかもとさんは　会社員ですか。

③ 私も　モデルです。

④ 私と　友だちは　大学生です。

⑤ いいえ、高校生では(じゃ)ありません(ないです)。

쓰기 02

① 당신은 배우입니까?

② 예, 저의 친구입니다.

③ 그의 직업은 무엇입니까?

④ 일본 가수입니다.

⑤ 아뇨, 저도 은행원이 아닙니다.

Test 02

듣기 01

① 日本人 【뜻】 일본인

② 彼女 【뜻】 그녀

③ こうむいん 【뜻】 공무원 【한자】 公務員

④ 銀行員 【뜻】 은행원

⑤ どなた 【뜻】 누구

듣기 02

① 彼は　中国人じゃないです。 그는 중국인이 아닙니다.

② 私も　はいゆうです。 나도 배우입니다.

③ 日本人の友だちです。 일본인 친구입니다.

④ いいえ、彼のではありません。 아뇨, 그의 것이 아닙니다.

⑤ はい、私と　彼女は　モデルです。 네, 저와 그녀는 모델입니다.

unit.3

고레와 강코꾸노스마호데스

これは 韓国のスマホです。

かんこく

QR Animation

이것만은 꼭! **학습사항**

1. 사물 지시어
2. 장소 지시어
3. 명사 연결 지시어
4. 방향과 사람을 나타내는 지시어
5. **どなた** 누구 6. **何**(なん)・**何**(なに) 무엇

나혼자 한다! **혼공 Plan**

학습 체크 ☐1회 ☐2회 ☐3회
포인트 강의 03 (10분)
튜터 이세진

학습 체크 ☐1회 ☐2회 ☐3회
저자 직강 03 (15분)
강사 이장우

학습 체크 ☐1회 ☐2회 ☐3회
차곡차곡 내공쌓기 (15분)
Point (52~57p)

학습 체크 ☐1회 ☐2회 ☐3회
바로바로 말해보기 (15분)
Speaking (58~61p)

학습 체크 ☐1회 ☐2회 ☐3회
회화 뽀개기 (15분)
Conversation (62~63p)

학습 체크 ☐1회 ☐2회 ☐3회
내 귀에 착착~ (15분)
Listening (64~65p)

학습 체크 ☐1회 ☐2회 ☐3회
듣고 말하기 훈련 (15분)
MP3 S_03

학습 체크 ☐1회 ☐2회 ☐3회
3과 마무리 평가 (30분)
(66~69p)

01 사물 지시어

고레와 스마호데스
これは スマホです。
이것은 스마트폰입니다.

□ これ 이것
□ ～は ~은(는)
□ スマホ 스마트폰
□ ～です ~입니다
□ けいたい 휴대(폰)
□ いす 의자
□ カメラ 카메라
□ つくえ 책상

이번 과에서는 지시어에 대해 학습해 봅시다. 우선 사물을 가리키는 지시어에 대하여 알아보겠습니다.

これ	それ	あれ	どれ
이것	그것	저것	어느 것

「これ」는 우리말의 '이것'의 뜻으로 말하는 사람 가까이에 있는 물건 또는 사람 이외의 동물, 식물을 가리킬 때 사용됩니다. 상대방 쪽에 가까이에 있는 것을 가리킬 때는「それ(그것)」, 말하는 사람이나 상대방 모두에게서 멀리 떨어져 있는 것을 가리킬 때는「あれ(저것)」,어느 것인지 확실하지 않을 때는「どれ(어느 것)」를 사용합니다.

これは けいたいです。 이것은 휴대폰입니다.
それは いすです。 그것은 의자입니다.
あれは カメラです。 저것은 카메라입니다.
あべさんのつくえは どれですか。 아베 씨의 책상은 어느 것입니까?

[これ(이것)]로 질문하면 듣는 사람은 상대방에 가까운 사물이기 때문에 [それ(그것)]로 대답하고, [それ(그것)]로 질문하면 [これ(이것)]로 대답합니다. 그리고 두 사람 모두에게서 먼 것을 가리키는 [あれ(저것)]로 질문하면 [あれ(저것)]로 대답하는 것이 원칙입니다.

A : それは スマホですか。 그것은 스마트폰입니까?
B : はい、これは スマホです。 네, 이것은 스마트폰입니다.

02

장소 지시어

고 꼬 와 니 혼 데 스

ここは 日本(にほん)です。

여기는 일본입니다.

- □ ここ 이곳
- □ 日本(にほん) 일본
- □ 病院(びょういん) 병원
- □ 博物館(はくぶつかん) 박물관
- □ 郵便局(ゆうびんきょく) 우체국
- □ デパート 백화점

장소를 나타내는 지시어입니다.

ここ	そこ	あそこ	どこ
이곳	그곳	저곳	어느 곳, 어디

「ここ」는 우리말의 '여기'의 뜻으로 말하는 사람 가까이에 있는 장소를 가리킬 때 사용합니다. 상대방 쪽에 가까운 곳을 가리킬 때는「そこ(그곳)」, 말하는 사람이나 상대방 모두에게서 멀리 떨어져 있는 것을 가리킬 때는「あそこ(저곳)」,어느 곳인지 확실하지 않을 때는「どこ(어느 곳)」를 사용합니다.

ここは 病院(びょういん)です。 이곳은 병원입니다.

そこは 博物館(はくぶつかん)です。 그곳은 박물관입니다.

あそこは 郵便局(ゆうびんきょく)です。 저곳은 우체국입니다.

デパートは どこですか。 백화점은 어디입니까?

차곡차곡 내공쌓기 Point

03

명사 연결 지시어

소 노 빠 소 콘 와 니 혼 노 데 스 까

その パソコンは 日本のですか。

に ほん

그 컴퓨터는 일본의 것입니까?

- □ パソコン 컴퓨터
- □ 日本(にほん) 일본
- □ さいふ 지갑
- □ だれ 누구
- □ ~の ~의 것
- □ かぎ 열쇠
- □ 車(くるま) 자동차
- □ 教授(きょうじゅ) 교수
- □ 人(ひと) 사람

명사와 연결할 때 사용하는 지시어입니다.

この~	その~	あの~	どの~
이~	그~	저~	어느~

このさいふは だれのですか。 이 지갑은 누구 것입니까?

そのかぎは すずきさんのです。 그 열쇠는 스즈끼 씨의 것입니다.

あの車(くるま)は だれのですか。 저 자동차는 누구 것입니까?

教授(きょうじゅ)は どの人(ひと)ですか。 교수는 누구입니까?

[どのひと]는 우리말의 '누구'라는 의미인데, 윗사람을 나타낼 때는 [どのかた:어느 분]이라는 표현을 사용하는 것이 좋습니다.

04

방향과 사람을 나타내는 지시어

도 쿄 - 에끼 와　아 찌 라 데 스

東京駅(とうきょうえき)は　あちらです。

도쿄역은　저쪽입니다.

- □ 東京(とうきょう) 도쿄(지명)
- □ 駅(えき) 역
- □ おてあらい 화장실
- □ 教室(きょうしつ) 교실
- □ 事務所(じむしょ) 사무실
- □ 東(ひがし) 동쪽

방향과 사람을 나타내는 지시어입니다.

こちら≒こっち	そちら≒そっち	あちら≒あっち	どちら≒どっち
이쪽	그쪽	저쪽	어느 쪽

[こっち]보다 [こちら] 쪽이 정중한 표현입니다.

こちらは　おてあらいです。이 쪽은 화장실입니다.

そちらは　教室(きょうしつ)です。그쪽은 교실입니다.

あちらは　事務所(じむしょ)です。저쪽은 사무실입니다.

東(ひがし)は　どちらすか。동쪽은 어느 쪽입니까?

위에서 배운 [こちら] 의 경우, 사람을 가리킬 때에도 사용하는데, 이 때는 [このかた : 이 분]와 같은 의미가 됩니다. 마찬가지로, [そちら]는 [そのかた : 그 분], [あちら]는 [あのかた : 저 분], [どちら]는 [どのかた : 어느 분]의 의미가 됩니다. 하지만 사람을 가리킬 때 [どちら]는 거의 사용하지 않고, 그보다 정중한 표현 [どちらさま : 어느 분]를 사용하여, [どちらさまですか : 누구십니까?]처럼 사용하는 것이 일반적입니다.

05

どなた 누구

샤 쬬- 와 도 나 따 데 스 까
社長(しゃちょう)は どなたですか。
사장님은 누구입니까?

□ 社長(しゃちょう) 사장님
□ どなた 누구
□ 先生(せんせい) 선생님

[どなた]는 [だれ : 누구]와 같은 의미인데, [どなた] 쪽이 좀 더 정중한 표현입니다. 그리고, 보통어로 표현할 때는, [だれ : 누구?], [どなた : 누구?]라고 합니다.

さかもとさんは だれですか。 사카모토 씨는 누구입니까?
先生(せんせい)は どなたですか。 선생님은 누구입니까?

06

何(なん)・何(なに) 무엇

소 레 와 난 데 스 까
それは 何(なん)ですか。
그것은 무엇입니까?

□ 何(なん)・何(なに) 무엇
□ お名前(なまえ) 이름
□ 趣味(しゅみ) 취미

「なん」은 일정하지 않는 것을 가리키는 대명사로 우리말의 '무엇' 에 해당되며, 보통 「何(なん)ですか(무엇입니까?)」 처럼 의문문으로 사용됩니다.

おなまえは 何(なん)ですか。 이름은 무엇입니까?
趣味(しゅみ)は 何(なん)ですか。 취미는 무엇입니까?

보통어(반말)로 표현할 때는, [なに:뭐야?, 뭔데?]라고 합니다.

여기서 <こそあど 용법> 다시 한번 정리~!

- **こ** 화자에 가까이에 있는 것을 가리킨다.
- **そ** 화자보다 청자 가까이에 있는 것을 가리킨다.
- **あ** 화자와 청자로부터 먼 거리에 있는 것을 가리킨다.
- **ど** 확실하지 않은 의문을 나타낼 때 사용한다.

	명사 용법			명사수식 용법		부사 용법
	사물	장소	방향			
근칭	**これ** 이것	**ここ** 여기	**こちら** 이쪽	**この** 이	**こんな** 이런	**こんなに** 이렇게
중칭	**それ** 그것	**そこ** 거기	**そちら** 그쪽	**その** 그	**そんな** 그런	**そんなに** 그렇게
원칭	**あれ** 저것	**あそこ** 저기	**あちら** 저쪽	**あの** 저	**あんな** 저런	**あんなに** 저렇게
부정칭	**どれ** 어느 것	**どこ** 어디	**どちら** 어느 쪽	**どの** 어느	**どんな** 어떤	**どんなに** 어떻게

Speaking 바로바로 말해보기

01 아래의 예 와 같이 말해 보세요.

これは 何(なん)ですか。

それは テレビです。

❶

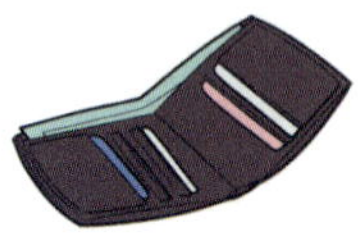

さいふ

❷

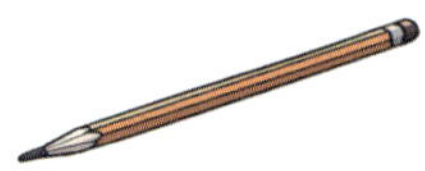

鉛筆(えんぴつ)

❸

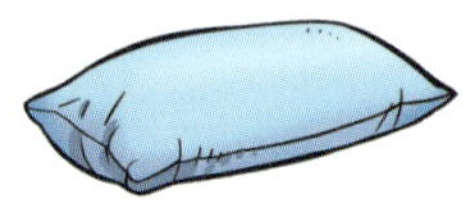

まくら

❹

窓(まど)

❺

ドア

해석 & 해답 01 Track 11

듣고말하기훈련 MP3 S_03

예

これは 何(なん)ですか。이것은 무엇입니까?

それは テレビです。 그것은 텔레비전입니다.

❶ これは 何(なん)ですか。 이것은 무엇입니까?

それは さいふです。 그것은 지갑입니다.

❷ これは 何(なん)ですか。 이것은 무엇입니까?

それは 鉛筆(えんぴつ)です。 그것은 연필입니다.

❸ これは 何(なん)ですか。 이것은 무엇입니까?

それは まくらです。 그것은 베개입니다.

❹ これは 何(なん)ですか。 이것은 무엇입니까?

それは 窓(まど)です。 그것은 창문입니다.

❺ これは 何(なん)ですか。 이것은 무엇입니까?

それは ドアです。 그것은 문입니다.

- □ これ 이것
- □ ~は ~은(는)
- □ 何(なん)ですか 무엇입니까
- □ それ 그것
- □ テレビ 텔레비전
- □ さいふ 지갑
- □ 鉛筆(えんぴつ) 연필
- □ まくら 베개
- □ 窓(まど) 창문
- □ ドア 문

바로바로 말해보기 Speaking

02 아래의 예 와 같이 말해 보세요.

ここは 空港(くうこう)ですか。

A はい、そこは 空港(くうこう)です。

B いいえ、
そこは 空港(くうこう)じゃないです。
そこは 広場(ひろば)です。

❶

病院(びょういん) / 消防署(しょうぼうしょ)

❷

はち / 花(か)びん

❸

先生(せんせい) / 医者(いしゃ)

❹

トイレ / 事務所(じむしょ)

❺

東(ひがし) / 北(きた)

해석 & 해답 02 Track 12

예 ここは 空港(くうこう)ですか。 이곳은 공항입니까?

はい、そこは 空港(くうこう)です。 네, 그곳은 공항입니다.

いいえ、そこは 空港(くうこう)じゃないです。そこは 広場(ひろば)です。

아뇨, 그곳은 공항이 아닙니다. 그곳은 광장입니다.

1 ここは 病院(びょういん)ですか。 이곳은 병원입니까?

はい、そこは 病院(びょういん)です。 네, 그곳은 병원입니다.

いいえ、そこは 病院(びょういん)じゃないです。そこは 消防署(しょうぼうしょ)です。

아뇨, 그곳은 병원이 아닙니다. 그곳은 소방서입니다.

2 これは はちですか。 이것은 화분입니까?

はい、それは はちです。 네, 그것은 화분입니다.

いいえ、それは はちじゃないです。それは 花(か)びんです。

아뇨, 그것은 화분이 아닙니다. 그것은 꽃병입니다.

3 この方(かた)は 先生(せんせい)ですか。 이 분은 선생님입니까?

はい、その方(かた)は 先生(せんせい)です。 네, 그 분은 선생님입니다.

いいえ、その方(かた)は 先生(せんせい)じゃないです。その方(かた)は 医者(いしゃ)です。

아뇨, 그 분은 선생님이 아닙니다. 그분은 의사입니다.

4 ここは トイレですか。 이곳은 화장실입니까?

はい、そこは トイレです。 네, 그곳은 화장실입니다.

いいえ、そこは トイレじゃないです。そこは 事務所(じむしょ)です。

아뇨, 그곳은 화장실이 아닙니다. 그곳은 사무실입니다.

5 こちらは 東(ひがし)ですか。 이쪽은 동쪽입니까?

はい、そちらは 東(ひがし)です。 네, 그쪽은 동쪽입니다.

いいえ、そちらは 東(ひがし)じゃないです。そちらは 北(きた)です。

아뇨, 그쪽은 동쪽이 아닙니다. 그쪽은 북쪽입니다.

- □ ここ 이곳
- □ 空港(くうこう) 공항
- □ そこ 그곳
- □ ~じゃないです ~이(가) 아닙니다
- □ 広場(ひろば) 광장
- □ 病院(びょういん) 병원
- □ 消防署(しょうぼうしょ) 소방서
- □ これ 이것
- □ それ 그것
- □ はち 화분
- □ 花(か)びん 꽃병
- □ この方(かた) 이 분
- □ その方(かた) 그 분
- □ 先生(せんせい) 선생님
- □ 医者(いしゃ) 의사
- □ トイレ 화장실
- □ 事務所(じむしょ) 사무실
- □ こちら 이쪽
- □ そちら 그쪽
- □ 東(ひがし) 동쪽
- □ 北(きた) 북쪽

Conversation 회화 뽀개기

QR Animation

Track 13

さかもと　ミンさん、こんにちは。
민 상 곤 니 찌 와

ミン　こんにちは。
곤 니 찌 와

さかもと　ミンさん、それは 何(なん)ですか。
민 상 소 레 와 난 데 스 까

ミン　これは スマホです。
고 레 와 스 마 호 데 스

さかもと　それは 日本(にほん)のですか。
소 레 와 니 혼 노 데 스 까

ミン　いいえ、これは 日本(にほん)のスマホじゃありません。
이 - 에 고 레 와 니 혼 노 스 마 호 쟈 아 리 마 셍

韓国(かんこく)のスマホです。
강 코 꾸 노 스 마 호 데 스

사카모토	민 씨, 안녕하세요.
민	안녕하세요.
사카모토	민 씨, 그것은 무엇입니까?
민	이것은 스마트폰입니다.
사카모토	그것은 일본 것입니까?
민	아뇨, 이것은 일본 스마트폰이 아닙니다. 한국 스마트폰입니다.

어휘 표현

- こんにちは 안녕하세요(낮 인사)
- それは 그것은
- 何(なん)ですか 무엇입니까
- これ 이것
- スマホ 스마트폰
- 日本(にほん) 일본
- ~の ~의 것
- ~じゃありません ~이(가) 아닙니다
- 韓国(かんこく) 한국

저자 직강

for 혼공

01 단어 공부

めがね 안경

教科書(きょうかしょ) 교과서

本(ほん) 책

新聞(しんぶん) 신문

かさ 우산

時計(とけい) 시계

すいとう 물통

コーヒー 커피

花(はな) 꽃

ぼうし 모자

くつした 양말

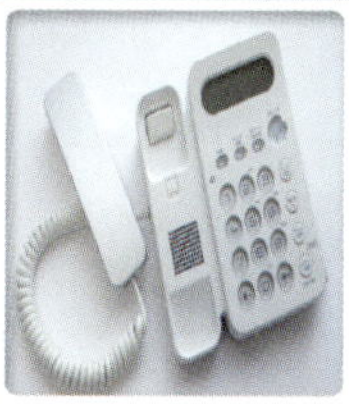
電話(でんわ) 전화

ざっし 잡지

辞書(じしょ) 사전

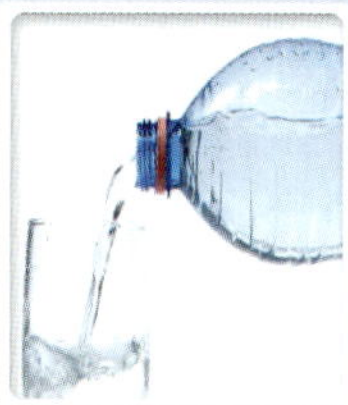
水(みず) 물

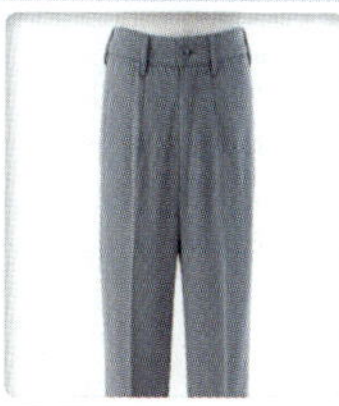
ズボン 바지

おもちゃ 장난감

くつ 신발

家(いえ) 집

ふとん 이불

Listening 내 귀에 착착~

01 음성을 듣고 맞는 그림에 번호를 써 넣어 주세요. Track 14

02 음성을 듣고, 문장을 완성해 주세요 Track 15

❶ これは ＿＿＿＿＿＿。

❷ そちらは ＿＿＿＿＿＿。

❸ A：これは 何(なん)ですか。
B：それは ＿＿＿＿＿＿。

❹ A：このかばんは ミンさんのですか。
B：いいえ、そのかばんは ＿＿＿＿＿＿。

❺ A：ここは どこですか。
B：そこは ＿＿＿＿＿＿。

해석 & 해답 01

1. ❸ こちらは 北(きた)です。 이쪽은 북쪽입니다.
2. ❶ これは 花(か)びんです。 이것은 꽃병입니다.
3. ❹ ここは 学校(がっこう)です。 이곳은 학교입니다.
4. ❷ これは エアコンです。 이것은 에어컨입니다.
5. ❺ この方(かた)は 社長(しゃちょう)です。 이 분은 사장님입니다.

해석 & 해답 02

1. これは 先生(せんせい)のかばんです。 이것은 선생님 가방입니다.
2. そちらは 南(みなみ)です。 그쪽은 남쪽입니다.
3. A：これは 何(なん)ですか。 이것은 무엇입니까?

   B：それは 日本(にほん)のパソコンです。 그것은 일본의 컴퓨터입니다.
4. A：このかばんは ミンさんのですか。 이 가방은 민 씨의 것입니까?

   B：いいえ、そのかばんは 私(わたし)のじゃありません。

   아뇨, 그 가방은 저의 것이 아닙니다.
5. A：ここは どこですか。 이곳은 어디입니까?

   B：そこは 大学(だいがく)です。 그곳은 대학입니다.

- □ こちら 이쪽
- □ 北(きた) 북쪽
- □ これは 이것은
- □ 花(か)びん 꽃병
- □ ここ 여기, 이곳
- □ 学校(がっこう) 학교
- □ エアコン 에어컨
- □ この方(かた) 이 분
- □ 社長(しゃちょう) 사장
- □ 先生(せんせい) 선생님
- □ ~の ~의(명사+の+명사)
- □ かばん 가방
- □ そちら 그쪽
- □ 南(みなみ) 남쪽
- □ 何(なん)ですか 무엇입니까
- □ それ 그것
- □ 日本(にほん) 일본
- □ パソコン 컴퓨터
- □ この~ 이~
- □ ~の ~의 것
- □ どこ 어디
- □ そこ 그곳
- □ 大学(だいがく) 대학

unit.3 Test

마무리~ 필기시험

제한 시간 30분

점수 : / 100

어휘

01 다음의 단어를 히라가나로 써 주세요. (1문제 1점)

① 꽃병

② 한국인

③ 사장

④ 시계

⑤ 북쪽

⑥ 이불

⑦ 잡지

⑧ 물통

⑨ 신문

⑩ 꽃

02 다음의 단어를 한글로 써 주세요. (1문제 1점)

① エアコン

② がっこう

③ みなみ

④ ぼうし

⑤ でんわ

⑥ めがね

⑦ おもちゃ

⑧ ひがし

⑨ じしょ

⑩ くつした

쓰기

01 다음 문장을 일본어로 써 주세요. (1문제 4점)

① 이것은 저의 가방입니다. ______

② 이쪽은 사카모토 씨입니다. ______

③ 그곳은 화장실입니다. ______

④ 저 분은 선생님입니다. ______

⑤ 야마다 씨는 누구입니까? ______

02 다음 문장을 한국어로 써 주세요. (1문제 3점)

① これは 辞書(じしょ)ですか。 ______

② そこは 空港(くうこう)です。 ______

③ この方(かた)は 医者(いしゃ)じゃありません。 ______

④ 彼女(かのじょ)のかばんは これです。 ______

⑤ あちらは 西(にし)です。 ______

듣기

Test 03

01 단어를 듣고 받아 써 보세요. (1문제 3점)

① ______ ② ______ ③ ______

④ ______ ⑤ ______

02 문장을 듣고 받아 써 보세요. (1문제 6점)

① ______

② ______

③ ______

④ ______

⑤ ______

unit 03 문제 풀이

어휘

01 다음의 단어를 히라가나로 써 주세요.
(1문제 1점)

① 꽃병

② 한국인

③ 사장

④ 시계

⑤ 북쪽

⑥ 이불

⑦ 잡지

⑧ 물통

⑨ 신문

⑩ 꽃

02 다음의 단어를 한글로 써 주세요.
(1문제 1점)

① エアコン

② 学校(がっこう)

③ 南(みなみ)

④ ぼうし

⑤ 電話(でんわ)

⑥ めがね

⑦ おもちゃ

⑧ 東(ひがし)

⑨ 辞書(じしょ)

⑩ くつした

어휘 01

① 花(か)びん

② 韓国人(かんこくじん)

③ 社長(しゃちょう)

④ 時計(とけい)

⑤ 北(きた)

⑥ ふとん 【한자】 布団(ふとん)

⑦ ざっし 【한자】 雑誌(ざっし)

⑧ すいとう 【한자】 水筒(すいとう)

⑨ 新聞(しんぶん)

⑩ 花(はな)

어휘 02

① 에어컨

② 학교

③ 남쪽

④ 모자 【한자】 帽子(ぼうし)

⑤ 전화

⑥ 안경 【한자】 眼鏡(めがね)

⑦ 장난감

⑧ 동쪽

⑨ 사전

⑩ 양말 【한자】 靴下(くつした)

쓰기

01 다음 문장을 일본어로 써 주세요. (1문제 4점)

① 이것은 저의 가방입니다.

② 이쪽은 사카모토 씨입니다.

③ 그곳은 화장실입니다.

④ 저 분은 선생님입니다.

⑤ 야마다 씨는 누구입니까?

02 다음 문장을 한국어로 써 주세요. (1문제 3점)

① これは 辞書(じしょ)ですか。

② そこは 空港(くうこう)です。

③ この方(かた)は 医者(いしゃ)じゃありません。

④ 彼女(かのじょ)のかばんは これです。

⑤ あちらは 西(にし)です。

듣기

01 단어를 듣고 받아 써 보세요. (1문제 3점)

① ② ③ ④ ⑤

02 문장을 듣고 받아 써 보세요. (1문제 6점)

①
②
③
④
⑤

쓰기 01

① これは 私(わたし)のかばんです。

② こちらは さかもとさんです。

③ そこは トイレです。

④ あの方(かた)は 先生(せんせい)です。

⑤ やまださんは だれですか。

쓰기 02

① 이것은 사전입니까?

② 그곳은 공항입니다.

③ 이 분은 의사가 아닙니다.

④ 그녀의 가방은 이것입니다.

⑤ 저 쪽은 서쪽입니다.

Test 03

듣기 01

① ざっし 【뜻】 잡지 【한자】 雑誌(ざっし)

② どちら 【뜻】 어느 쪽

③ 鉛筆(えんぴつ) 【뜻】 연필

④ エアコン 【뜻】 에어컨

⑤ すいとう 【뜻】 물통 【한자】 水筒(すいとう)

듣기 02

① これは 私(わたし)のさいふです。 이것은 저의 지갑입니다.

② そこは 教室(きょうしつ)です。 그곳은 교실입니다.

③ こちらは さかもとさんです。 이쪽은 사카모토 씨입니다.

④ のむらさんは どなたですか。 노무라 씨는 누구입니까?

⑤ そこは 日本(にほん)です。 그곳은 일본입니다.

한국인이 좋아할만한

일본 여행선물 베스트 10

먹거리 편

일본은 주위 사람들과 서로 부담이 안되는 선에서 오미야게(**おみやげ** : 선물)를 주고받는 것이 매우 보편화되어 있어, 지방마다 특색있는 오미야게용 먹거리 제품들도 넘쳐납니다. 왠만한 유명 과자류의 경우에는 공항에서도 쉽게 구입할 수 있어요. 이번에는 누구나 다 알고 있는 제품들보다는 다소 특색있는 요즘 한국인들 사이에서 뜨고 있는 제품들을 위주로 소개해 드리도록 하겠습니다.

로이스 생쵸코렛

생초코렛을 좋아하시는 분들은 다들 아실만한 일본의 로이스 생초코렛입니다. 말차맛의 초코렛도 나와 있어요. 로이스 초코렛은 너무나 유명해서 공항에서도 다양한 제품군으로 만나보실 수 있답니다.

1

도라야키

도라야키는 모양이 타악기 징(일본어: どら)과 닮아서 붙여졌다는 설이 있습니다. 최초의 도라야키에 대한 전설이 있는데요... 한 사무라이가 농부의 집에 징을 놓고 갔는데, 농부가 그 징으로 팬케이크를 구웠고 그것을 도라야키라 불렀다고 전해진다고 하네요. 남녀노소 누구나 좋아할만한 부드럽고 달콤한 맛입니다. 단팥을 좋아하시는 분들께 강추~

2

3

코로로 젤리

젤리를 좋아하시는 여성분들 중심으로 매우 인기있는 제품입니다. 마치 과일 송이를 그대로 입안에 넣어 씹는듯한 식감과 향긋하고 달콤한 맛이 일품인 제품이에요. 다양한 종류의 과일맛이 나와있고, 시중 편의점이라면 어디서나 찾아볼 수 있는 인기 제품입니다.

4

킷토카토

킷토카토는 일본말 '꼭 이긴다 (きっとかつ)의 발음과 닮아있어서, 우리나라에서 시험 전 엿을 선물하듯, 일본에서는 시험을 앞두고 있는 지인에게 선물하는 시험 선물 아이템으로 유명하기도 합니다. 다양한 각 지역의 특산물 한정판으로 출시되기도 한다니, 여행한 지역에서만 한정으로 판매되고 있는 킷토카토를 찾아보시는 것도 여행의 소소한 즐거움중 하나가 아닐까 합니다.

5

바움쿠헨

누군가 "두루마리 휴지같은 일본 카스테라... 그거 이름이 뭐였지?" 라고 물어본 적이 있어서 웃었던 적이 있는데요... ㅋㅋ 바움쿠헨이라는 독일 과자입니다. '나무 과자'란 뜻이라고 하네요. 나무의 나이테 모양의 무늬 때문에 붙여진 이름같습니다. 밀가루에 노른자위를 넣은 것과 흰자위를 넣은 두 종류의 반죽을 긴 막대에 번갈아 걸쳐 구워 만든 과자입니다. 백화점 지하 코너에 가보시면 여러 종류의 바움쿠헨을 만나 보실 수 있답니다.

6

카레

요즘 국내에 일본 카레 전문점도 많이 생겨나고 있는데요. 일본 카레는 인도나 한국 카레의 맛과는 또 다른 깊은 맛이 있는 것 같습니다. 일본 여행시 꼭 챙겨 오게되는 고체형 카레입니다. 부피도 그리 크지 않아서 여행시 구입하기에 딱 좋은 아이템인 것 같고, 귀국 후 가끔 일본 카레가 생각날 때마다 냉장고 속 채소와 고기를 좀 넣어서 졸여주면 일본식 일품 카레 완성~!

오차즈케 / 후리카케

식욕이 없을 밥에 물을 말아 후루룩~ 드시는 분들도 계실텐데요... 일본에서도 녹차에 물을 말아 간단한 고명을 얹어 먹는 것을 '오차즈케(おちゃづけ)'라 하여 간단한 끼니로 대중화되어 있습니다. 그리고 밥에 얹어 먹는 후리카케(ふりかけ)라는 제품도 있어요. 연어나 명태알 등... 여러가지 제품이 판매되고 있답니다. 밥투정하는 아이들에게도 아주 안성맞춤입니다~

7

계란밥 간장

한국과 일본은 간장의 종류만해도 여러가지 입니다만... 그중에서도 계란을 비벼먹을 때 사용하는 전용 간장은 일본에만 있는 것 같아 소개해 드리겠습니다. 계란과 밥을 비볐을 때 계란의 풍미를 많이 해치지도 않으면서 입맛을 돋우어 주는 맛이랄까요? 여튼 일반 간장과는 조금 다른 느낌적인 느낌의 참 맛있는 간장이에요. 계란밥 좋아하시는 분들께 추천합니다.

8

9

명란 마요네즈 / 명란 파스타

일본은 명란을 이용한 제품들이 시중에 많이 나와있는데요... 대표적인 것이 명란 마요네즈와 명란 파스타입니다. 간편하게 명란의 짭짤하고 고소한 맛을 느끼실 수 있는 제품으로 한국인들의 입맛에도 아주 잘 맞는 제품이라고 할 수 있어요.

10

호로요이 츄하이

일본의 대표 칵테일 음료입니다. 여러가지 과일맛의 음료에 알콜이 소량 함류되어 있는 호로요이. 호로요이(ほろよい) 란 우리말의 '알딸딸하다'라는 표현과 비슷한데요... 알콜 함류량이 그리 많지 않아, 적당히 취할 수 있는 저알콜 주류에 속하는 제품입니다. 독한 술이 힘든 분들, 오늘은 적당히만 취하고 싶다는 분들께 추천합니다.

unit. 4

니 혼 고 와 무즈까 시 이 데 스 까

日本語は 難しいですか。

にほんご むずか

QR Animation

이것 만은 꼭! **학습사항**

❶ い형용사 기본형 ❷ い형용사 부정형 ❸ い형용사 과거형

❹ い형용사 부정 과거형 ❺ ～くて ~고, ~해서

❻ ～く ~게 (형용사의 부사화) ❼ い형용사 기본형 + 명사

나혼자 한다! **혼공 Plan**

학습 체크 ☐1회 ☐2회 ☐3회

포인트 강의 04 (10분)
튜터 이세진

학습 체크 ☐1회 ☐2회 ☐3회

저자 직강 04 (15분)
강사 이장우

학습 체크 ☐1회 ☐2회 ☐3회

차곡차곡 내공쌓기 (15분)
Point (74~77p)

학습 체크 ☐1회 ☐2회 ☐3회

바로바로 말해보기 (15분)
Speaking (78~81p)

학습 체크 ☐1회 ☐2회 ☐3회

회화 뽀개기 (15분)
Conversation (82~83p)

학습 체크 ☐1회 ☐2회 ☐3회

내 귀에 착착~ (15분)
Listening (84~85p)

학습 체크 ☐1회 ☐2회 ☐3회

듣고 말하기 훈련 (15분)
MP3 S_04

학습 체크 ☐1회 ☐2회 ☐3회

4과 마무리 평가 (30분)
(86~89p)

01

✽ い형용사 기본형

니혼고와 간지가 오-이데스

日本語は 漢字が 多いです。

にほんご かんじ おお

일본어는 한자가 많습니다.

- □ 日本語（にほんご） 일본어
- □ 漢字（かんじ） 한자
- □ 多い（おおい） 많다
- □ けいたい 휴대폰
- □ 高い（たかい） 비싸다
- □ 映画（えいが） 영화
- □ おもしろい 재미있다
- □ 会社（かいしゃ） 회사
- □ 忙しい（いそがしい） 바쁘다

✽ 일본어의 형용사는 그 기본형의 형태에 따라 2가지로 나뉘는데, い로 끝나는 형용사를 [い형용사]라 부릅니다. 단어 자체가 기본형이 되며, 기본형이 문장의 끝에 와서 서술형이 되기도 합니다. 정중한 표현은, 기본형에 [です] 를 붙이면 됩니다.

けいたいは 高（たか）い。 휴대폰은 비싸다.

映画（えいが）は おもしろい。 영화는 재미있다.

会社（かいしゃ）は 忙（いそが）しいです。 회사는 바쁩니다.

りんごは おいしいです。 사과는 맛있습니다.

- □ りんご 사과
- □ おいしい 맛있다

02

✽ い형용사 부정형

니혼고와 무즈카시꾸 나이데스

日本語は 難しく ないです。

にほんご むずか

일본어는 어렵지 않습니다.

- □ 難しい（むずかしい） 어렵다
- □ 安い（やすい） 싸다
- □ 重い（おもい） 무겁다
- □ 英語（えいご） 영어
- □ やさしい 쉽다
- □ へや 방
- □ うるさい 시끄럽다

✽ [い형용사]의 부정형입니다. [い형용사]에서 [い]를 뺀 부분을 [い형용사의 어간]이라고 하는데, [い형용사의 어간 + くない]가 부정형입니다. 이 부정형에 [です] 를 붙이면 정중형이 됩니다. 정중형은 [～くないです : ~지 않습니다] 이고, [～くないです]는 [～くありません]과 같은 의미가 됩니다.

テレビは 安（やす）くない。 텔레비전은 싸지 않다.

かばんは 重（おも）くない。 가방은 무겁지 않다.

英語（えいご）は やさしくないです(やさしくありません)。 영어는 쉽지 않습니다.

へやは うるさくないです(うるさくありません)。 방은 시끄럽지 않습니다.

03

い형용사 과거형

니 혼 료 꼬 와 다노 시 깟 따

日本旅行は 楽しかった。

にほんりょこう たの

일본여행은 즐거웠다.

- 旅行(りょこう) 여행
- 楽(たの)しい 즐겁다
- 今日(きょう) 오늘
- 寒(さむ)い 춥다
- 駅(えき) 역
- 遠(とお)い 멀다
- 人(ひと) 사람
- 多(おお)い 많다

[い형용사]의 과거형입니다. [い형용사의 어간 + かった]가 과거형이 됩니다. 이 과거형에 [です] 를 붙이면 [～かったです : ~했습니다] 라는 정중형이 됩니다.

今日(きょう)は 寒(さむ)かった。 오늘은 추웠다.

駅(えき)は 遠(とお)かった。 역은 멀었다.

人(ひと)は 多(おお)かったです。 사람은 많았습니다.

04

い형용사 부정 과거형

강 코꾸 고 와 무즈까 시 꾸 나 깟 따

韓国語は 難しく なかった。

かんこくご むずか

한국어는 어렵지 않았다.

- 韓国語(かんこくご) 한국어
- きのう 어제
- 暑(あつ)い 덥다
- ホテル 호텔
- 広(ひろ)い 넓다
- 川(かわ) 강
- 長(なが)い 길다
- 山(やま) 산
- 低(ひく)い 낮다

[い형용사]의 부정 과거형입니다. [い형용사의 어간 + くなかった]가 부정의 과거형입니다. 이 부정의 과거형에 [です] 를 붙이면 정중형이 됩니다. 부정 과거형의 정중형인 [～くなかったです : ~지 않았습니다] 는, [～くありませんでした]와 같은 의미가 됩니다.

きのうは 暑(あつ)くなかった。 어제는 덥지 않았다.

ホテルは 広(ひろ)くなかった。 호텔은 넓지 않았다.

川(かわ)は 長(なが)くなかったです。 강은 길지 않았습니다.

山(やま)は 低(ひく)くありませんでした。 산은 낮지 않았습니다.

05

~くて ~고, ~해서

가레 와 오 모 시 로 쿠 떼 야 사 시 이 데 스
彼(かれ)は おもしろくて やさしいです。
그는 재미있고 상냥합니다.

- □ 彼(かれ) 그
- □ おもしろい 재미있다
- □ やさしい 상냥하다, 착하다
- □ 彼女(かのじょ) 그녀
- □ 美(うつく)しい 아름답다
- □ 性格(せいかく) 성격
- □ いい 좋다
- □ 今日(きょう) 오늘

[い형용사]의 연결형입니다. [い형용사의 어간 + くて]인데, [~고, ~해서]로 해석이 됩니다.

彼女(かのじょ)は 美(うつく)しくて 性格(せいかく)が いいです。 그녀는 아름답고 성격이 좋습니다.
今日(きょう)は 寒(さむ)くて 風(かぜ)も 強(つよ)いです。 오늘은 춥고 바람도 강합니다.

- □ 寒(さむ)い 춥다
- □ 風(かぜ) 바람
- □ ~も ~도
- □ 強(つよ)い 강하다, 세다

06

~く ~게 (형용사의 부사화)

유메 와 오 - 키 꾸 하 떼 시 나 꾸
夢(ゆめ)は 大(おお)きく 果(は)てしなく~！
꿈은 크고 끝없이~!

- □ 夢(ゆめ) 꿈
- □ 大(おお)きい 크다
- □ 果(は)てしない 끝없다
- □ 早(はや)い 빠르다
- □ おいしい 맛있다

[い형용사]를 우리말의 [~게]의 형태로 만들어 부사처럼 사용할 수 있습니다. [い형용사의 어간 + く]로 만들 수 있습니다.

早(はや)く 빠르게, 빨리
おいしく 맛있게

07

✽ い형용사 기본형 + 명사

오 이 시 이 료- 리 가 닥 상 아 리 마 스
おいしい料理(りょうり)が たくさん あります。

맛있는 요리가 | 많이 | 있습니다 .

- □ おいしい 맛있다
- □ 料理(りょうり) 요리
- □ たくさん 많이
- □ あります (사물) 있습니다
- □ おいしい 맛있다
- □ ケーキ 케이크
- □ おもしろい 재미있다
- □ 映画(えいが) 영화
- □ 長(なが)い 길다
- □ 時間(じかん) 시간
- □ 楽(たの)しい 즐겁다
- □ パーティー 파티

✽ [い형용사]를 명사에 연결하는 방식을 배워봅시다. [い형용사 기본형 + 명사]로 い형용사의 기본형에 그대로 접속을 시키면 됩니다.

✽ [い형용사]의 현재형, 부정형, 과거형, 과거부정형의 경우에도 그대로 명사에 연결하면 됩니다.

おいしいケーキ　맛있는 케이크

おもしろくない映画(えいが)　재미있지 않은 영화

長(なが)かった時間(じかん)　길었던 시간

楽(たの)しくなかったパーティー　즐겁지 않았던 파티

✽ [いい : 좋다]는 [よい] 와 같은 의미이며, [い형용사] 활용을 할 때는 [よい]로 합니다. [よくない : 좋지 않다] [よかった : 좋았다] [よくて : 좋아서, 좋고] [よく : 좋게]

Speaking 바로바로 말해보기

01 아래의 예 와 같이 말해 보세요.

けいたいは
高(たか)いですか。

はい、高(たか)いです。
いいえ、高(たか)くないです。
うん、高(たか)い。
ううん、高(たか)くない。

❶

先生(せんせい) / やさしい

❷

川(かわ) / 長(なが)い

❸

へや / 暑(あつ)い

❹

花(はな) / 美(うつく)しい

❺

子供(こども) / かわいい

해석 & 해답 01 Track 16

듣고말하기훈련 MP3 S_04

예 けいたいは 高(たか)いですか。휴대폰은 비쌉니까?
はい、高(たか)いです。네, 비쌉니다.
いいえ、高(たか)くないです。아뇨, 비싸지 않습니다.
うん、高(たか)い。응, 비싸.
ううん、高(たか)くない。아냐, 비싸지 않아.

❶ 先生(せんせい)は やさしいですか。선생님은 상냥합니까?
はい、やさしいです。네, 상냥합니다.
いいえ、やさしくないです。아뇨, 상냥하지 않습니다.
うん、やさしい。응, 상냥해.
ううん、やさしくない。아냐, 상냥하지 않아.

❷ 川(かわ)は 長(なが)いですか。강은 깁니까?
はい、長(なが)いです。네, 깁니다.
いいえ、長(なが)くないです。아뇨, 길지 않습니다.
うん、長(なが)い。응, 길어.
ううん、長(なが)くない。아냐, 길지 않아.

❸ へやは 暑(あつ)いですか。방은 덥습니까?
はい、暑(あつ)いです。네, 덥습니다.
いいえ、暑(あつ)くないです。아뇨, 덥지 않습니다.
うん、暑(あつ)い。응, 더워.
ううん、暑(あつ)くない。아냐, 덥지 않아.

❹ 花(はな)は 美(うつく)しいですか。꽃은 아름답습니까?
はい、美(うつく)しいです。네, 아름답습니다.
いいえ、美(うつく)しくないです。아뇨, 아름답지 않습니다.
うん、美(うつく)しい。응, 아름다워.
ううん、美(うつく)しくない。아냐, 아름답지 않아.

❺ 子供(こども)は かわいいですか。아이는 귀엽습니까?
はい、かわいいです。네, 귀엽습니다.
いいえ、かわいくないです。아뇨, 귀엽지 않습니다.
うん、かわいい。응, 귀여워.
ううん、かわいくない。아냐, 귀엽지 않아.

- □ けいたい 휴대폰
- □ 高(たか)い 비싸다
- □ はい 네, 예
- □ いいえ 아뇨
- □ うん 응
- □ ううん 아니, 아냐
- □ 先生(せんせい) 선생님
- □ やさしい 상냥하다, 착하다
- □ 川(かわ) 강
- □ 長(なが)い 길다
- □ へや 방
- □ 暑(あつ)い 덥다
- □ 花(はな) 꽃
- □ 美(うつく)しい 아름답다
- □ 子供(こども) 아이
- □ かわいい 귀엽다

바로바로 말해보기 Speaking

02 아래의 예 와 같이 말해 보세요.

駅(えき)は
近(ちか)かったですか。

はい、近(ちか)かったです。
いいえ、近(ちか)くなかったです。遠(とお)かったです。
うん、近(ちか)かった。
ううん、近(ちか)くなかった。遠(とお)かった。

❶ 人(ひと)

多(おお)い / 少(すく)ない

❷ かばん

いい / 悪(わる)い

❸ いす

新(あたら)しい / 古(ふる)い

❹ りんご

おいしい / まずい

❺ 事務所(じむしょ)

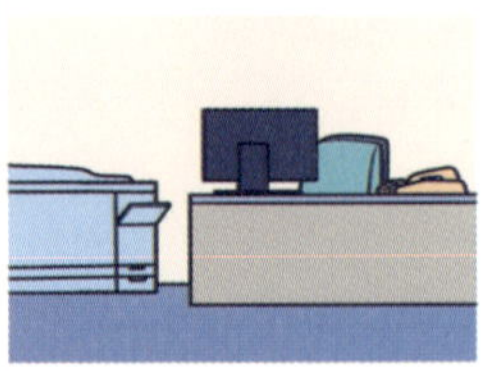

明(あか)るい / 暗(くら)い

해석 & 해답 02 Track 17

예 駅(えき)は 近(ちか)かったですか。 역은 가까웠습니까?
はい、近(ちか)かったです。 네, 가까웠습니다.
いいえ、近(ちか)くなかったです。遠(とお)かったです。
아뇨, 가깝지 않았습니다. 멀었습니다.
うん、近(ちか)かった。 응, 가까웠어.
ううん、近(ちか)くなかった。遠(とお)かった。 아냐, 가깝지 않았아. 멀었어.

1 人(ひと)は 多(おお)かったですか。 사람은 많았습니까?
はい、多(おお)かったです。 네, 많았습니다.
いいえ、多(おお)くなかったです。少(すく)なかったです。 아뇨, 많지 않았습니다. 적었습니다.
うん、多(おお)かった。 응, 많았어.
ううん、多(おお)くなかった。少(すく)なかった。 아냐, 많지 않았어. 적었어.

1 かばんは よかったですか。 가방은 좋았습니까?
はい、よかったです。 네, 좋았습니다.
いいえ、よくなかったです。悪(わる)かったです。 아뇨, 좋지 않았습니다. 나빴습니다.
うん、よかった。 응, 좋았어.
ううん、よくなかった。悪(わる)かった。 아냐, 좋지 않았어. 나빴어.

3 いすは 新(あたら)しかったですか。 의자는 새로웠습니까?
はい、新(あたら)しかったです。 네, 새로웠습니다.
いいえ、新(あたら)しくなかったです。古(ふる)かったです。 아뇨, 새롭지 않았습니다. 낡았습니다.
うん、新(あたら)しかった。 응, 새로웠어.
ううん、新(あたら)しくなかった。古(ふる)かった。 아냐, 새롭지 않았어. 낡았어.

4 りんごは おいしかったですか。 사과는 맛있었습니까?
はい、おいしかったです。 네, 맛있었습니다.
いいえ、おいしくなかったです。まずかったです。 아뇨, 맛있지 않았습니다. 맛없었습니다.
うん、おいしかった。 응, 맛있었어.
ううん、おいしくなかった。まずかった。 아냐, 맛있지 않았어. 맛없었어.

5 事務所(じむしょ)は 明(あか)るかったですか。 사무실은 밝았습니까?
はい、明(あか)るかったです。 네, 밝았습니다.
いいえ、明(あか)るくなかったです。暗(くら)かったです。 아뇨, 밝지 않았습니다. 어두웠습니다.
うん、明(あか)るかった。 응, 밝았어.
ううん、明(あか)るくなかった。暗(くら)かった。 아냐, 밝지 않았어. 어두웠어.

- □ 駅(えき) 역
- □ 近(ちか)い 가깝다
- □ 遠(とお)い 멀다
- □ 人(ひと) 사람
- □ 多(おお)い 많다
- □ 少(すく)ない 적다
- □ かばん 가방
- □ いい 좋다
- □ 悪(わる)い 나쁘다
- □ いす 의자
- □ 新(あたら)しい 새롭다
- □ 古(ふる)い 오래되다
- □ りんご 사과
- □ おいしい 맛있다
- □ まずい 맛없다
- □ 事務所(じむしょ) 사무실
- □ 明(あか)るい 밝다
- □ 暗(くら)い 어둡다

회화 뽀개기 Conversation

QR Animation

Track 18

さかもと ミンさん、日本語(にほんご)は 難(むずか)しくないですか。
민 상 니혼고 와 무즈까시 꾸 나 이 데 스 까

ミン 難(むずか)しくないですが、漢字(かんじ)が ちょっと……。
무즈까시 꾸 나 이 데 스 가 간 지 가 쫏 또

さかもと そうですね。日本語(にほんご)は 漢字(かんじ)が 多(おお)いですね。
소 - 데 스 네 니 홍 고 와 간 지 가 오- 이 데 스 네

ミン さかもとさん、韓国語(かんこくご)の勉強(べんきょう)は どうですか。
사 카 모 토 상 강 꼬쿠 고 노 벵 쿄 와 도 - 데 스 까

難(むずか)しくありませんか。
무즈까시 꾸 아 리 마 셍 까

さかもと 全然(ぜんぜん) 難(むずか)しくありません。とても おもしろいです。
젠 젠 무즈까시 꾸 아 리 마 셍 도 떼 모 오 모 시 로 이 데 스

ミン そうですか。それは よかったですね。
소 - 데 스 까 소 레 와 요 깟 따 데 스 네

사카모토	민지후 씨, 일본어는 어렵지 않습니까?
민	어렵지 않습니다만, 한자가 좀….
사카모토	맞습니다. 일본어는 한자가 많아요.
민	사카모토 씨, 한국어 공부는 어떻습니까? 어렵지 않습니까?
사카모토	전혀 어렵지 않습니다. 매우 재미있습니다.
민	그렇습니까? 그건 다행이군요.

어휘 표현

- 日本語(にほんご) 일본어
- 難(むずか)しい 어렵다
- 漢字(かんじ) 한자
- ~が ~만
- ちょっと 좀, 조금
- 多(おお)い 많다
- 韓国語(かんこくご) 한국어
- 勉強(べんきょう) 공부
- どうですか 어떻습니까
- 全然(ぜんぜん) 전혀
- とても 매우
- おもしろい 재미있다
- そうですか 그렇습니까
- よかった 좋았다, 다행이다

저자 직강

for 혼공

01 ~ね

[そうですね] 의 [~ね]는 상대방의 말에 동의하거나, 감탄할 때 쓰는 표현으로 문장 끝에 붙여서 사용합니다.

A : 先生(せんせい)は やさしいですね。 선생님은 상냥하네요.

B : そうですね。 그래요.

02 い형용사 어휘

い형용사	의미
寒(さむ)い	춥다
暑(あつ)い・熱(あつ)い	덥다·뜨겁다
遠(とお)い	멀다
近(ちか)い	가깝다
大(おお)きい	크다
小(ちい)さい	작다
多(おお)い	많다
少(すく)ない	적다
いい・よい	좋다
悪(わる)い	나쁘다
おいしい	맛있다
まずい	맛없다
おもしろい	재미있다
つまらない	시시하다
広(ひろ)い	넓다
狭(せま)い	좁다
難(むずか)しい	어렵다
やさしい	쉽다, 상냥하다

い형용사	의미
長(なが)い	길다
短(みじか)い	짧다
厚(あつ)い	두껍다
薄(うす)い	얇다, 옅다
高(たか)い	비싸다·높다
安(やす)い・低(ひく)い	싸다·낮다
太(ふと)い	굵다
細(ほそ)い	가늘다
深(ふか)い	깊다
浅(あさ)い	얕다
重(おも)い	무겁다
軽(かる)い	가볍다
楽(たの)しい	즐겁다
危(あぶ)ない	위험하다
汚(きたな)い	더럽다
うるさい	시끄럽다
美(うつく)しい	아름답다
嬉(うれ)しい	기쁘다

Listening 내 귀에 착착~

01 음성을 듣고 맞는 그림에 번호를 써 넣어 주세요.

02 음성을 듣고, 문장을 완성해 주세요

❶ この花(はな)は ＿＿＿＿＿＿＿＿。

❷ 海(うみ)は ＿＿＿＿＿＿＿＿。

❸ A：きのうは すずしかったですか。

B：いいえ、＿＿＿＿＿＿＿＿。

❹ A：日本(にほん)の車(くるま)は 高(たか)いですか。

B：いいえ、全然(ぜんぜん) ＿＿＿＿＿＿＿＿。

❺ A：本(ほん)は おもしろかったですか。

B：いいえ、全然(ぜんぜん) ＿＿＿＿＿＿＿＿。＿＿＿＿＿＿＿＿。

해석 & 해답 01 Track 19

❶ ❺ とても 嬉(うれ)しいです。 매우 기쁩니다.

❷ ❶ 今日(きょう)は 暑(あつ)いです。 오늘은 덥습니다.

❸ ❷ 部屋(へや)が 汚(きたな)いです。 방이 더럽습니다.

❹ ❸ 山(やま)が 高(たか)いです。 산이 높습니다.

❺ ❹ 外(そと)が うるさいです。 밖이 시끄럽습니다.

해석 & 해답 02 Track 20

❶ この花(はな)は 美(うつく)しいです。 이 꽃은 아름답습니다.

❷ 海(うみ)は 深(ふか)かったです。 바다는 깊었습니다.

❸ A：きのうは すずしかったですか。 어제는 시원했습니까?

B：いいえ、すずしくなかったです。 아뇨, 시원하지 않았습니다.

❹ A：日本(にほん)の車(くるま)は 高(たか)いですか。 일본의 자동차는 비쌉니까?

B：いいえ、全然(ぜんぜん) 高(たか)くないです。 아뇨, 전혀 비싸지 않습니다.

❺ A：本(ほん)は おもしろかったですか。 책은 재미있었습니까?

B：いいえ、全然(ぜんぜん) おもしろくなかったです。つまらなかったです。

아뇨, 전혀 재미있지 않았습니다. 시시했습니다.

□ とても 매우
□ 嬉(うれ)しい 기쁘다
□ 今日(きょう) 오늘
□ 暑(あつ)い 덥다
□ 部屋(へや) 방
□ ~が ~이(가)
□ 汚(きたな)い 더럽다
□ 山(やま) 산
□ 高(たか)い 높다
□ 外(そと) 밖
□ うるさい 시끄럽다
□ 花(はな) 꽃
□ 美(うつく)しい 아름답다
□ 海(うみ) 바다
□ 深(ふか)い 깊다
□ きのう 어제
□ すずしい 시원하다, 선선하다
□ 日本(にほん) 일본
□ 車(くるま) 자동차
□ 高(たか)い 비싸다, 높다
□ 全然(ぜんぜん) 전혀
□ 本(ほん) 책
□ おもしろい 재미있다
□ つまらない 시시하다

마무리~ 필기시험

제한 시간 30분

점수 : / 100

어휘 **01** 공란에 **い**형용사와 한자를 써 주세요. (1문제 1점)

	일본어	한자
예 춥다	さむい	寒い
예 덥다	あつい	熱い
뜨겁다		
멀다		
가깝다		
크다		
작다		
많다		
적다		
나쁘다		
넓다		
좁다		
어렵다		
길다		
짧다		
두껍다		
얇다 · 엷다		
비싸다 · 높다		
싸다		
낮다		
굵다		
가늘다		

02 해석에 맞게 い형용사를 활용해 주세요. (1문제 2점)

	일본어		일본어
예) 깊습니다	深(ふか)いです	더럽지 않습니다	
얕지 않다		시끄럽게	
무겁지 않습니다		아름답습니다	
가벼웠다		기쁘지 않았습니다	
즐거웠습니다		맛있지 않다	
위험하지 않았다		맛없는 빵	
재미있고		시시했다	
좋았고		좋았다	

Test 04

듣기

01 단어를 듣고 받아 써 보세요. (1문제 4점)

① ② ③

④ ⑤

02 문장을 듣고 받아 써 보세요. (1문제 6점)

①

②

③

④

⑤

unit 04 문제 풀이

어휘

01 공란에 い형용사와 한자를 써 주세요.
(1문제 1점)

어휘 01

	일본어	한자
예 춥다	さむい	寒い
예 덥다	あつい	暑い
뜨겁다	あつい	熱い
멀다	とおい	遠い
가깝다	ちかい	近い
크다	おおきい	大きい
작다	ちいさい	小さい
많다	おおい	多い
적다	すくない	少ない
나쁘다	わるい	悪い
넓다	ひろい	広い
좁다	せまい	狭い
어렵다	むずかしい	難しい
길다	ながい	長い
짧다	みじかい	短い
두껍다	あつい	厚い
얇다 · 엷다	うすい	薄い
비싸다 · 높다	たかい	高い
싸다	やすい	安い
낮다	ひくい	低い
굵다	ふとい	太い
가늘다	ほそい	細い

02 해석에 맞게 い형용사를 활용해 주세요. (1문제 2점)

듣기

01 단어를 듣고 받아 써 보세요. (1문제 4점)

① ② ③ ④ ⑤

02 문장을 듣고 받아 써 보세요. (1문제 6점)

① ____________

② ____________

③ ____________

④ ____________

⑤ ____________

어휘 02

	일본어
예 깊습니다	深(ふか)いです
얕지 않다	浅(あさ)くない
무겁지 않습니다	重(おも)くないです
가벼웠다	軽(かる)かった
즐거웠습니다	楽(たの)しかったです
위험하지 않았다	危(あぶ)なくなかった
재미있고	おもしろくて
좋았고	よくて
더럽지 않습니다	汚(きたな)くないです
시끄럽게	うるさく
아름답습니다	美(うつく)しいです
기쁘지 않았습니다	嬉(うれ)しくなかったです
맛있지 않다	おいしくない
맛없는 빵	まずいパン
시시했다	つまらなかった
좋았다	よかった

Test 04

듣기 01

① 危(あぶ)ない 【뜻】 위험하다

② つまらない 【뜻】 시시하다

③ 嬉(うれ)しい 【뜻】 기쁘다

④ 軽(かる)い 【뜻】 가볍다

⑤ 太(ふと)い 【뜻】 굵다

듣기 02

① 汚(きたな)いへやです。 더러운 방입니다.

② うるさい教室(きょうしつ)です。 시끄러운 교실입니다.

③ おもしろくない映画(えいが)です。 재미없는 영화입니다.

④ やさしい社長(しゃちょう)です。 상냥한 사장님입니다.

⑤ 重(おも)くないけいたいです。 무겁지 않은 핸드폰입니다.

unit.5

すしが 好きですか。

스시가 스키데스카

QR Animation

이것 만은 꼭! **학습사항**

1. な형용사 기본형 2. な형용사 부정형 3. な형용사 과거형
4. な형용사 부정 과거형
5. な형용사 연결형 : ～で ~(이)고, ~여서
6. 명사 + の + 명사 ／ な형용사 + な + 명사

나혼자 한다! **혼공 Plan**

학습 체크 ☐1회 ☐2회 ☐3회
포인트 강의 05 (10분)
튜터 이세진

학습 체크 ☐1회 ☐2회 ☐3회
저자 직강 05 (15분)
강사 이장우

학습 체크 ☐1회 ☐2회 ☐3회
차곡차곡 내공쌓기 (15분)
Point (92~97p)

학습 체크 ☐1회 ☐2회 ☐3회
바로바로 말해보기 (15분)
Speaking (98~101p)

학습 체크 ☐1회 ☐2회 ☐3회
회화 뽀개기 (15분)
Conversation (102~103p)

학습 체크 ☐1회 ☐2회 ☐3회
내 귀에 착착~ (15분)
Listening (104~105p)

학습 체크 ☐1회 ☐2회 ☐3회
듣고 말하기 훈련 (15분)
MP3 S_05

학습 체크 ☐1회 ☐2회 ☐3회
5과 마무리 평가 (30분)
(106~109p)

Point 차곡차곡 내공쌓기

01

✿ な형용사 기본형

와따시 와　가노 죠 가　스 끼 다

私(わたし)は 彼女(かのじょ)が 好(す)きだ。

나는　그녀를　좋아한다.

- □ 私(わたし) 나
- □ 彼女(かのじょ) 그녀
- □ 好(す)きだ 좋아하다
- □ 親切(しんせつ)だ 친절하다
- □ 店(みせ) 가게
- □ 有名(ゆうめい)だ 유명하다
- □ 会社員(かいしゃいん) 회사원

✿ 앞 과에서는 [い형용사]에 대하여 학습했는데요, 이번 과에서는 [な형용사]에 대하여 알아 보도록 하겠습니다. い형용사와 다른 점은, 기본형은 'だ'로 끝나며, 뒤의 명사를 수식할 때에는 'だ'가 'な'로 바뀐다고 해서 [な형용사]로 불리고 있답니다.

✿ 好きだ [な형용사]의 앞에는 [~が 好きだ : ~을(를) 좋아하다] 처럼 목적격 조사 「~を」가 아닌, 「~が」가 온다는 점에 주의하세요. 한국인이 자주 틀리는 문법사항입니다.

✿ [な형용사]와 [명사]는 그 활용이 같은데, 명사와 접속할 때만 다릅니다. 명사는 [명사 + の + 명사]이지만, [な형용사]는 [な형용사의 어간 + な + 명사]입니다. 정중한 표현은, [だ] 대신에 [です] 를 붙이면 됩니다.

さかもとさんは 親切(しんせつ)だ。 사카모토 씨는 친절하다.

この店(みせ)は 有名(ゆうめい)です。 이 가게는 유명합니다.

さかもとさんは 会社員(かいしゃいん)だ。 사카모토 씨는 회사원이다.

ミンさんも 会社員(かいしゃいん)です。 민 씨도 회사원입니다.

02 な형용사 부정형

아마이 모노와 아마리 스끼 쟈 나이

甘(あま)いものは あまり 好(す)きじゃない。

단 것은 그다지 좋아하지 않는다.

- □ 甘(あま)い 달다
- □ もの 것, 물건
- □ あまり 그다지
- □ 公園(こうえん) 공원
- □ 静(しず)かだ 조용하다
- □ まじめだ 성실하다
- □ 大学生(だいがくせい) 대학생

[な형용사]의 부정형에 대하여 알아보겠습니다. [な형용사 어간]에 [では(じゃ)ない]를 접속하면 됩니다. 이 부정형에 [です] 를 붙이면 정중형이 됩니다.

公園(こうえん)は 静(しず)かでは(じゃ)ない。

공원은 조용하지 않다.

のむらさんは まじめでは(じゃ)ないです(ありません)。

노무라 씨는 성실하지 않습니다.

[명사]또한 [な형용사]와 같은 활용을 하므로, [명사]에 [では(じゃ)ない] 를 접속하면 부정형이, [です] 를 붙이면 정중형이 됩니다.

さかもとさんは 大学生(だいがくせい)では(じゃ)ない。

사카모토 씨는 대학생이 아니다.

ミンさんも 大学生(だいがくせい)では(じゃ)ないです(ありません)。

민 씨도 대학생이 아닙니다.

차곡차곡
내공쌓기

Point

03

✿ な형용사 과거형

가레 와 도떼모 신세쯔 닷 따

彼(かれ)は とても 親切(しんせつ)だった。

그는 매우 친절했다.

- □ 彼(かれ) 그
- □ とても 매우
- □ 親切(せんせつ)だ 친절하다
- □ 今日(きょう) 오늘
- □ ひまだ 한가하다
- □ 絵(え) 그림
- □ 素敵(すてき)だ 멋지다
- □ 英語(えいご) 영어
- □ 上手(じょうず)だ 능숙하다
- □ 街(まち) 거리
- □ にぎやかだ 번화하다

✿ [な형용사]의 과거형입니다. [な형용사 어간]과 [명사]에 [だった] 를 접속하면 됩니다.

今日(きょう)は ひまだった。 오늘은 한가했다.

絵(え)は 素敵(すてき)だった。 그림은 멋졌다.

✿ 이 과거형에 [です] 를 붙이면 [〜だったです: ~했습니다] 라는 정중형이 됩니다. [〜だったです]는 [〜でした]와 같은 의미입니다.

さかもとさんは 英語(えいご)が 上手(じょうず)だったです(でした)。 사카모토 씨는 영어를 잘했습니다.

街(まち)は にぎやかだったです(でした)。 거리는 번화했습니다.

★ [上手(じょうず)だ : 능숙하다] [下手(へた)だ : 서툴다] [好きだ : 좋아하다] [きらいだ : 싫어하다]는 목적격 조사 [~を : ~을(를)]을 대신해서 조사 [が]를 사용합니다.

04

な형용사 부정 과거형

고 도모 노 도끼 와 야 사이 가 스 키 데 와 나 캇 따

子供(こども)の時(とき)は 野菜(やさい)が 好(す)きではなかった。

어렸을 때는 채소를 좋아하지 않았다.

- □ 子供(こども) 아이
- □ 時(とき) 때
- □ 野菜(やさい) 채소
- □ 好(す)きだ 좋아하다
- □ お酒(さけ) 술
- □ きれいだ 예쁘다
- □ 大学生(だいがくせい) 대학생

[な형용사]의 부정 과거형입니다. [な형용사 어간]과 [명사] 에 [では(じゃ)なかっ た]를 접속하면 됩니다. 부정의 과거형에 [です]를 붙이면 정중형이 됩니다.

お酒(さけ)は 好(す)きでは(じゃ)なかった。 술은 좋아하지 않았다.

부정 과거형의 정중형인 [～では(じゃ)なかったです: ~지 않았습니다, ~이(가) 아니었습니다] 는, [～では(じゃ)ありませんでした]와 같은 의미가 됩니다.

彼女(かのじょ)は きれいでは(じゃ)なかったです(ありませんでした)。
그녀는 예쁘지 않았습니다.

さかもとさんは 大学生(だいがくせい)では(じゃ)なかったです(ありませんでした)。
사카모토 씨는 대학생이 아니었습니다.

ミンさんも 大学生(だいがくせい)では(じゃ)なかったです(ありませんでした)。
민 씨도 대학생이 아니었습니다.

05

❀ な형용사 연결형 :～で ~(이)고, ~여서

가레 와　한 사 무 데　마 지 메 데 스

彼(かれ)は ハンサムで 真面目(まじめ)です。

그는 / 핸섬하고 (잘생겼고) / 성실합니다 .

- □ 彼(かれ) 그
- □ ハンサムだ 잘생겼다
- □ 真面目(まじめ)だ 성실하다
- □ 彼女(かのじょ) 그녀
- □ 親切(しんせつ)だ 친절하다
- □ やさしい 상냥하다
- □ 会社員(かいしゃいん) 회사원
- □ サラリーマン 샐러리 맨

❀ [な형용사]의 연결형입니다. [な형용사 어간]에 [で]를 접속하면 되는데, ~(이)고, ~여서]로 해석이 됩니다.

彼女(かのじょ)は 親切(しんせつ)で やさしいです。 그녀는 친절하고 상냥합니다.

さかもとさんは 会社員(かいしゃいん)で、サラリーマンです。

사카모토 씨는 회사원이고 샐러리 맨입니다.

06

❀ な형용사의 부사화 : ～に ~게

교 - 모　겡 키 니

今日(きょう)も 元気(げんき)に～！

오늘도 / 활기차게 ~!

- □ 今日(きょう) 오늘
- □ ～も ~도
- □ 元気(げんき)だ 건강하다/활기차다
- □ 自由(じゆう)だ 자유롭다
- □ 静(しず)かだ 조용하다

❀ [な형용사]의 부사형입니다. [な형용사의 어간 + に]인데, [~게, ~이(히)]로 해석이 됩니다. 문장에 따라서 부사형으로 적절하게 해석을 하면 됩니다.

自由(じゆう)に 자유롭게, 자유로이

静(しず)かに 조용하게, 조용히

07

명사 + の + 명사／な형용사 + な + 명사

니 기 야 카 나 마 치 데 스

にぎやかな街(まち)ですね。

번화한 거리네요.

- □ にぎやかだ 번화하다
- □ 街(まち) 거리
- □ ~ね ~네요 / ~군요(종조사)
- □ 先生(せんせい) 선생님
- □ 丈夫(じょうぶ)だ 튼튼하다
- □ 人(ひと) 사람

[な형용사]와 [명사]가, 명사와 연결할 때의 연결형입니다. [명사 + の +명사], [な형용사 어간+ な + 명사]로 접속하면 됩니다. 그리고 [な형용사]와 [명사]의 현재형, 부정형, 과거형, 과거부정형에 그대로 명사를 접속하면 됩니다.

私(わたし)の先生(せんせい) 나의 선생님

丈夫(じょうぶ)な人(ひと) 튼튼한 사람

바로바로 말해보기 Speaking

01 아래의 예 와 같이 말해 보세요.

ひま？

はい、ひまです。
いいえ、ひまじゃないです。
うん、ひま。
ううん、ひまじゃない。

❶

便利(べんり)だ

❷

大丈夫(だいじょうぶ)だ

❸

好(す)きだ

❹

きれいだ

❺

静(しず)かだ

해석 & 해답 01 Track 21

듣고말하기훈련 MP3 S_05

- □ ひまだ 한가하다
- □ 便利(べんり)だ 편리하다
- □ 大丈夫(だいじょうぶ)だ 괜찮다
- □ 好(す)きだ 좋아하다
- □ きれいだ 예쁘다
- □ 静(しず)かだ 조용하다

예 ひま？ 한가해?

はい、ひまです。 네, 한가합니다.
いいえ、ひまじゃないです。 아뇨, 한가하지 않습니다.
うん、ひま。 응, 한가해.
ううん、ひまじゃない。 아냐, 한가하지 않아.

❶ 便利(べんり)？ 편리해?

はい、便利(べんり)です。 네, 편리합니다.
いいえ、便利(べんり)じゃないです。 아뇨, 편리하지 않습니다.
うん、便利(べんり)。 응, 편리해.
ううん、便利(べんり)じゃない。 아냐, 편리하지 않아.

❷ 大丈夫(だいじょうぶ)？ 괜찮아?

はい、大丈夫(だいじょうぶ)です。 네, 괜찮습니다.
いいえ、大丈夫(だいじょうぶ)じゃないです。 아뇨, 괜찮지 않습니다.
うん、大丈夫(だいじょうぶ)。 응, 괜찮아.
ううん、大丈夫(だいじょうぶ)じゃない。 아냐, 괜찮지 않아.

❸ 好(す)き？ 좋아해?

はい、好(す)きです。 네, 좋아합니다.
いいえ、好(す)きじゃないです。 아뇨, 좋아하지 않습니다.
うん、好(す)き。 응, 좋아해.
ううん、好(す)きじゃない。 아냐, 좋아하지 않아.

❹ きれい？ 예뻐?

はい、きれいです。 네, 예쁩니다.
いいえ、きれいじゃないです。 아뇨, 예쁘지 않습니다.
うん、きれい。 응, 예뻐.
ううん、きれいじゃない。 아냐, 예쁘지 않아.

❺ 静(しず)か？ 조용해?

はい、静(しず)かです。 네, 조용합니다.
いいえ、静(しず)かじゃないです。 아뇨, 조용하지 않습니다.
うん、静(しず)か。 응, 조용해.
ううん、静(しず)かじゃない。 아냐, 조용하지 않아.

바로바로 말해보기

02 아래의 예 와 같이 말해 보세요.

けいたいは 丈夫(じょうぶ)だったですか。

はい、とても 丈夫(じょうぶ)だったです。
いいえ、あまり 丈夫(じょうぶ)じゃなかったです。
うん、とても 丈夫(じょうぶ)だった。
ううん、あまり 丈夫(じょうぶ)じゃなかった。

❶

街(まち) / にぎやかだ

❷

英語(えいご) / 上手(じょうず)だ

❸

さしみ / 好(す)きだ

❹

使(つか)い方(かた) / 不便(ふべん)だ

❺

水泳(すいえい) / 下手(へた)だ

해석 & 해답 02 Track 22

예 けいたいは 丈夫(じょうぶ)だったですか。 휴대폰은 튼튼했습니까?

はい、とても 丈夫(じょうぶ)だったです。 예, 매우 튼튼했습니다.
いいえ、あまり 丈夫(じょうぶ)じゃなかったです。 아뇨, 그다지 튼튼하지 않았습니다.
うん、とても 丈夫(じょうぶ)だった。 응, 매우 튼튼했어.
ううん、あまり 丈夫(じょうぶ)じゃなかった。 아냐, 그다지 튼튼하지 않았어.

- □ けいたい 휴대폰
- □ 丈夫だ 튼튼하다
- □ とても 매우
- □ あまり 그다지, 별로
- □ 街(まち) 거리
- □ にぎやかだ 번화하다
- □ 英語(えいご) 영어
- □ 上手(じょうず)だ 능숙하다
- □ さしみ 생선회
- □ 使(つか)い方(かた) 사용법
- □ 不便(ふべん)だ 불편하다
- □ 水泳(すいえい) 수영
- □ 下手(へた)だ 서툴다

❶ 街(まち)は にぎやかだったですか。 거리는 번화했습니까?

はい、とても にぎやかだったです。 네, 매우 번화했습니다.
いいえ、あまり にぎやかじゃなかったです。 아뇨, 그다지 번화하지 않았습니다.
うん、とても にぎやかだった。 응, 매우 번화했어.
ううん、あまり にぎやかじゃなかった。 아냐, 그다지 번화하지 않았어.

❷ 英語(えいご)は 上手(じょうず)だったですか。 영어는 능숙했습니까?

はい、とても 上手(じょうず)だったです。 네, 매우 능숙했습니다.
いいえ、あまり 上手(じょうず)じゃなかったです。 아뇨, 그다지 능숙하지 않았습니다.
うん、とても 上手(じょうず)だった。 응, 매우 능숙했어.
ううん、あまり 上手(じょうず)じゃなかった。 아냐, 그다지 능숙하지 않았어.

❸ さしみは 好(す)きだったですか。 생선회는 좋아했습니까?

はい、とても 好(す)きだったです。 네, 매우 좋아했습니다.
いいえ、あまり 好(す)きじゃなかったです。 아뇨, 그다지 좋아하지 않았습니다.
うん、とても 好(す)きだった。 응, 매우 좋아했어.
ううん、あまり 好(す)きじゃなかった。 아냐, 그다지 좋아하지 않았어.

❹ 使(つか)い方(かた)は 不便(ふべん)だったですか。 사용법은 불편했습니까?

はい、とても 不便(ふべん)だったです。 예, 매우 불편했습니다.
いいえ、あまり 不便(ふべん)じゃなかったです。 아뇨, 그다지 불편하지 않았습니다.
うん、とても 不便(ふべん)だった。 응, 매우 불편했어.
ううん、あまり 不便(ふべん)じゃなかった。 아냐, 그다지 불편하지 않았어.

❺ 水泳(すいえい)は 下手(へた)だったですか。 수영은 서툴렀습니까?

はい、とても 下手(へた)だったです。 예, 매우 서툴렀습니다.
いいえ、あまり 下手(へた)じゃなかったです。 아뇨, 그다지 서툴지 않았습니다.
うん、とても 下手(へた)だった。 응, 매우 서툴렀어.
ううん、あまり 下手(へた)じゃなかった。 아냐, 그다지 서툴지 않았어.

Conversation 회화 뽀개기

QR Animation

Track 23

ミン さかもとさんは 寿司(すし)が 好(す)きですか。
사 카 모 토 상 와 스 시 가 스 끼 데 스 까

さかもと はい、大好(だいす)きです。
하 이 다이 스 끼 데 스

銀座(ぎんざ)には 有名(ゆうめい)な 寿司屋(すしや)が 多(おお)いですよ。
긴 자 니 와 유- 메- 나 스 시 야 가 오- 이 데 스 요

ミン そうですか。私(わたし)も 寿司(すし)が 好(す)きですが、
소 - 데 스 까 와따시모 스 시 가 스 끼 데 스 가

てんぷらのほうが もっと 好(す)きです。
덴 뿌 라 노 호 - 가 못 또 스 끼 데 스

さかもと てんぷらですか。
덴 뿌 라 데 스 까

銀座(ぎんざ)には 有名(ゆうめい)で 親切(しんせつ)な てんぷら屋(や)も
긴 자 니 와 유- 메- 데 신 세쯔 나 덴 뿌 라 야 모

多(おお)いです。
오- 이 데 스

ミン 銀座(ぎんざ)は にぎやかな 街(まち)ですね。
긴 자 와 니 기 야 까 나 마찌 데 스 네

さかもと そうですね。それに、おもしろいところも 多(おお)いです。
소 - 데 스 네 소 레 니 오 모 시 로 이 도 꼬 로 모 오오 이 데 스

어휘 표현

- 寿司(すし) 초밥
- 好(す)きだ 좋아하다
- 大好(だいす)きだ 아주 좋아하다
- 銀座(ぎんざ) 긴자(지명)
- 有名(ゆうめい)だ 유명하다
- ~屋(や) ~(을 파는) 가게
- 多(おお)い 많다
- ~が ~만
- てんぷら 튀김
- ほう 쪽
- もっと 더욱
- 親切(しんせつ)だ 친절하다
- にぎやかだ 번화하다
- 街(まち) 거리
- それに 게다가
- おもしろい 재미있다
- ところ 곳, 장소

저자 직강

민	사카모토 씨는 초밥을 좋아합니까?
사카모토	네, 아주 좋아합니다. 긴자에는 유명한 초밥집이 많습니다.
민	그렇습니까? 저도 초밥을 좋아합니다만, 튀김 쪽을 더욱 좋아합니다.
사카모토	튀김입니까? 긴자에는 유명하고 친절한 튀김집도 많습니다.
민	긴자는 번화한 거리이군요.
사카모토	맞아요. 게다가, 재미있는 곳도 많습니다.

for 혼공

★ ~よ

상대방이 모르는 새로운 것을 알려 주거나, 본인의 의사를 강하게 주장할 때 사용하는 종조사로 문장 끝에 붙여서 사용합니다.

A : きれいな公園(こうえん)ですね。 예쁜 공원이군요.

B : はい、この公園(こうえん)は　とても　有名(ゆうめい)ですよ。 예, 이 공원은 아주 유명해요.

Listening 내 귀에 착착~

01 음성을 듣고 맞는 그림에 번호를 써 넣어 주세요. Track 24

02 음성을 듣고, 문장을 완성해 주세요. Track 25

❶ このけいたいは ＿＿＿＿＿＿。

❷ 東京(とうきょう)は ＿＿＿＿＿＿。

❸ A：のむらさんは 牛肉(ぎゅうにく)が 好(す)きですか。
B：いいえ、＿＿＿＿＿＿。

❹ A：彼女(かのじょ)は どうでしたか。
B：とても ＿＿＿＿＿＿。

❺ A：さかもとさんは どうですか。
B：とても やさしくて ＿＿＿＿＿＿。

해석 & 해답 01

❶ ❹ これは 丈夫(じょうぶ)な机(つくえ)です。이것은 튼튼한 책상입니다.

❷ ❺ とても きれいな花(はな)です。매우 예쁜 꽃입니다.

❸ ❸ この店(みせ)は 親切(しんせつ)です。이 가게는 친절합니다.

❹ ❷ 牛肉(ぎゅうにく)は きらいです。소고기는 싫어합니다.

❺ ❶ 彼女(かのじょ)は 歌(うた)が 上手(じょうず)です。그녀는 노래를 잘합니다.

해석 & 해답 02

❶ この けいたいは 不便(ふべん)です。이 휴대폰은 불편합니다.

❷ 東京(とうきょう)は にぎやかなところです。도쿄는 번화한 곳입니다.

❸ A：のむらさんは 牛肉(ぎゅうにく)が 好(す)きですか。노무라 씨는 소고기를 좋아합니까?

B：いいえ、あまり 好(す)きじゃないです。아뇨, 별로 좋아하지 않습니다.

❹ A：彼女は どうでしたか。그녀는 어땠습니까?

B：とても 素敵(すてき)でした。매우 멋졌습니다.

❺ A：さかもとさんは どうですか。사카모토 씨는 어떻습니까?

B：とても やさしくて 立派(りっぱ)です。매우 상냥하고 훌륭합니다.

- □ 丈夫(じょうぶ)だ 튼튼하다
- □ 机(つくえ) 책상
- □ とても 매우
- □ きれいだ 예쁘다, 깨끗하다
- □ 花(はな) 꽃
- □ 店(みせ) 가게
- □ 親切(しんせつ)だ 친절하다
- □ 牛肉(ぎゅうにく) 소고기
- □ きらいだ 싫어하다
- □ 彼女(かのじょ) 그녀
- □ 歌(うた) 노래
- □ 上手(じょうず)だ 능숙하다, 잘하다
- □ この 이
- □ けいたい 휴대폰
- □ 不便(ふべん)だ 불편하다
- □ 東京(とうきょう) 도쿄(지명)
- □ にぎやかだ 번화하다
- □ ところ 장소, 곳
- □ 好(す)きだ 좋아하다
- □ あまり 그다지, 별로
- □ 素敵(すてき)だ 멋지다
- □ やさしい 상냥하다
- □ 立派(りっぱ)だ 훌륭하다

unit.5 Test

마무리~ 필기시험

제한 시간 30분

점수 : / 100

어휘 **01** 공란에 [명사]를 알맞게 활용해서 써 주세요. (1문제 2점)

	일본어
예 내 가방	私(わたし)のかばん
당신입니까?	
책상이 아니다	
그가 아니었습니다	
그녀였습니다	
대학생이고	
선생님이 아니었다	
의사였다	
은행원이었습니다	
가수가 아니었습니다	
배우입니다	
꽃이었습니다	

02 공란에 [な형용사]를 알맞게 활용해서 써 주세요. (1문제 3점)

	일본어
예 유명한 사람	有名(ゆうめい)な人(ひと)
친절하지 않다	
조용했었다	
깨끗하게	
번화했습니다	
성실하고	
능숙합니다	
멋진 일본	
튼튼한 라디오	
좋아하지 않았다	
싫어했습니다	
훌륭하지 않았습니다	

듣기

Test 05

01 단어를 듣고 받아 써 보세요. (1문제 4점)

① ② ③

④ ⑤

02 문장을 듣고 받아 써 보세요. (1문제 5점)

①

②

③

④

⑤

unit 05 문제 풀이

어휘

01 공란에 [명사]를 알맞게 활용해서 써 주세요.
(1문제 2점)

어휘 01

	일본어
예 내 가방	私(わたし)のかばん
당신입니까?	あなたですか
책상이 아니다	机(つくえ)では(じゃ)ない
그가 아니었습니다	彼(かれ)では(じゃ)なかったです
그녀였습니다	彼女(かのじょ)だったです(でした)
대학생이고	大学生(だいがくせい)で
선생님이 아니었다	先生(せんせい)では(じゃ)なかった
의사였다	医者(いしゃ)だった
은행원이었습니다	銀行員(ぎんこういん)だったです(でした)
가수가 아니었습니다	歌手(かしゅ)では(じゃ)なかったです
배우입니다	はいゆうです
꽃이었습니다	花(はな)だったです(でした)

02 공란에 [な형용사]를 알맞게 활용해서 써 주세요.
(1문제 3점)

어휘 02

	일본어
예 유명한 사람	有名(ゆうめい)な人(ひと)
친절하지 않다	親切(しんせつ)では(じゃ)ない
조용했었다	静(しず)かだった
깨끗하게	きれいに
번화했습니다	にぎやかだったです(でした)
성실하고	まじめで
능숙합니다	上手(じょうず)です
멋진 일본	素敵(すてき)な日本(にほん)
튼튼한 라디오	丈夫(じょうぶ)なラジオ
좋아하지 않았다	好(す)きでは(じゃ)なかった
싫어했습니다	きらいだったです(でした)
훌륭하지 않았습니다	立派(りっぱ)では(じゃ)なかったです

듣기

01 단어를 듣고 받아 써 보세요. (1문제 4점)

① ② ③ ④ ⑤

02 문장을 듣고 받아 써 보세요. (1문제 5점)

① ______

② ______

③ ______

④ ______

⑤ ______

Test 05

듣기 01

① 大丈夫(だいじょうぶ)だ 【뜻】 괜찮다, 문제없다

② 自由(じゆう)だ 【뜻】 자유롭다

③ 便利(べんり)だ 【뜻】 편리하다

④ まじめだ 【뜻】 성실하다

⑤ 素敵(すてき)だ 【뜻】 멋지다

듣기 02

① ミンさんは 親切(しんせつ)で まじめです。 민 씨는 친절하고 성실합니다.

② さかもとさんは 大学生(だいがくせい)じゃなかった。 사카모토 씨는 대학생이 아니었다.

③ とても 有名(ゆうめい)なところでした。 매우 유명한 곳이었습니다.

④ 親切(しんせつ)で きれいな店(みせ)だった。 친절하고 깨끗한 가게였다.

⑤ 英語(えいご)が とても 上手(じょうず)です。 영어를 매우 잘합니다.

열공한 당신 떠나라~ 일본

일본인이 뽑은

세븐일레븐 음식 베스트 10

일본 여행을 가시면 편의점에 꼭 들려보시는 걸 추천드립니다. 현지에서만 맛볼 수 있는 다양한 식품들이 한가득한데요... 하지만 식품의 종류가 너무 방대해서... 뭘 골라야 할 지 망설이게 될 수도 있는데, 미리 인기있는 편의점 식품들을 체크해 두신다면 도움이 되실 것 같아 일본인이 뽑은 〈세븐일레븐〉 편의점 음식 베스트 10을 소개해 드리도록 하겠습니다. (출처 : 아사히TV 발표 랭킹, 2016년)

野菜盛(やさいも)りタンメン

야채탄멘 (¥398)

채소가 풍성히 토핑되어 있는 탕면으로 하루에 필요로 하는 채소 350g 중에 50%에 해당하는 양을 섭취할 수 있다고 합니다. 양파, 양배추, 콩나물, 당근, 소송채 등 5종류의 채소가 들어있어 여성과 주부를 중심으로 호평을 받고있다고 합니다.

海老(えび)ドリア

새우 도리아 (¥430)

진한 새우의 풍미와 부드러운 화이트소스가 특징인 새우 도리아입니다. 간편한 편의점 음식을 구매하는 나카쇼쿠(中食)족의 증가와 더불어 특히 일하는 여성 층의 인기가 반영되어 판매량이 지속적으로 늘고있는 제품입니다.

ふわっとろ てぃらみすわらび

고사리 떡 티라미수 (¥120)

마스카르포네 치즈를 사용한 본격적인 티라미수! 표면은 부드러운 와라비모찌(고사리 떡)로 되어있고 안에는 커피쥬레와 치즈크림이 들어있습니다. 단맛을 낮춰 어른용 디저트라는 느낌과 재미있는 식감으로 많은 사랑을 받고 있다고 합니다.

ふわとろ玉子(たまご)のこだわり親子丼(おやこどん)

오야코동 (¥450)

오야코동의 오야코(親子)는 〈부모와 자식〉이라는 의미로, 닭고기와 계란이 함께 토핑되어 있는 덮밥을 말하는데요... 이 오야코동의 경우에는 반숙으로 조리된 온천 계란이 토핑되어 있습니다. 계란을 반으로 가르면 크리미한 노른자가 한가득 터져나오며 풍미깊은 식감을 느낄 수 있어 호평이라고 합니다.

デミグラスハンバーグ

데미글라스 햄버그 (¥348)

하루 이상을 조려 만든 깊은 맛의 데미글라스 소스맛이 일품인 햄버그입니다. 그동안의 냉동식품 햄버그 종류가 도시락 반찬용의 작은 용량이었다면, 이 햄버그의 경우에는 본격적인 가정용 햄버그로 시판되고 있어 주부들 사이에서도 인기입니다.

唐揚(からあ)げ

가라아게 (¥188)

우리나라의 치킨처럼 일본에서도 사랑받는 닭튀김. 세븐일레븐의 가라아게는 칼로리가 적으면서 맛도 뛰어나다고 해요. 밥 반찬이나 술안주로 인기를 끌고 있습니다.

たっぷりハムとたまごのサンド

햄과 계란 샌드 (¥270)

세븐일레븐하면... 단연 샌드위치를 빼놓을 수 없죠. 샌드위치의 빵이 매우 부드러우면서도 내용물이 충실하답니다. 계란만 들어가 있는 계란 샌드도 나와있는데... 계란 샌드도 적극 추천드려요. 일류 호텔의 샌드위치와 견줘도 결코 뒤쳐지지 않을만큼 한번 맛보면 생각나는 맛입니다.

ワッフルコーン ミルクバニラ

와플콘 밀크 바닐라 (¥183)

농후한 밀크 풍미를 느낄수 있는 바닐라 소프트 아이스크림입니다. 농후한 밀크맛으로 뒷맛도 깔끔하다는 호평이 자자하다고 하는데요... 콘 부분이 와플콘으로 되어 있어 마지막까지 질리지 않고 먹을 수 있는 세븐일레븐의 대표 상품입니다.

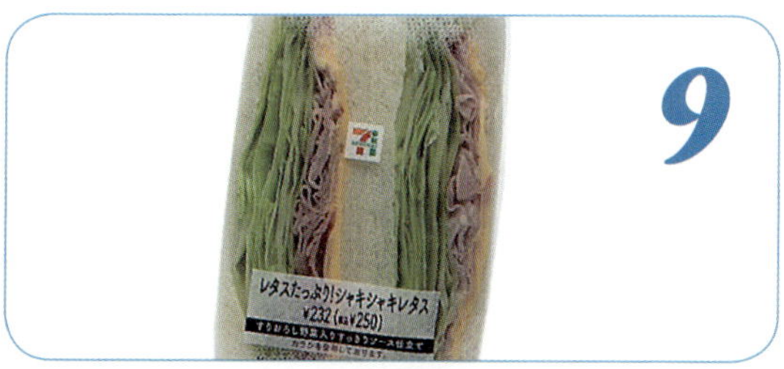

レタスたっぷり！シャキシャキレタスサンド

양상추 샌드위치 (¥250)

아삭아삭한 신선한 양상추와 햄의 풍미를 즐길 수 있는 샌드위치입니다. 이 역시 채소가 충실하게 들어가 있어 간단히 점심을 해결하려는 여성들 사이에서 인기라고 하네요. 양파, 당근, 토마토 등도 들어가 있고, 게다가 오일을 사용하지 않아 산뜻하면서도 프랜치소스 맛의 여성층을 겨냥한 헬시 샌드위치입니다.

炭火焼牛(すみびやきぎゅう)カルビ弁当(べんとう)

숯불 소갈비 도시락 (¥560)

숯불의 풍미를 느낄 수 있는 볼륨감 있는 소갈비를 밥위에 얹은 도시락입니다. 농후한 양념맛으로 오랫동안 사랑받는 베스트셀러 상품이랍니다. 1992년 시판 이후, 젊은 남성들로부터 압도적인 지지를 받고있다고 하네요. 갈비와 함께 나물이 곁들여져 있습니다.

unit. 6

가이 샤 와 난 지 까 라 난 지 마 데 데 스 까

会社は 何時から 何時までですか。

かい しゃ なん じ なん じ

QR Animation

이것 만은 꼭! **학습사항**

1. 수사
2. 조수사
3. ~から　~まで　~부터 ~까지

나 혼자 한다! **혼공 Plan**

학습 체크 ☐1회 ☐2회 ☐3회
포인트 강의 06 (10분)
튜터 이세진

학습 체크 ☐1회 ☐2회 ☐3회
차곡차곡 내공쌓기 (15분)
Point (114~121p)

학습 체크 ☐1회 ☐2회 ☐3회
저자 직강 06 (15분)
강사 이장우

학습 체크 ☐1회 ☐2회 ☐3회
바로바로 말해보기 (15분)
Speaking (122~125p)

학습 체크 ☐1회 ☐2회 ☐3회
회화 뽀개기 (15분)
Conversation (126~127p)

학습 체크 ☐1회 ☐2회 ☐3회
내 귀에 착착~ (15분)
Listening (128~129p)

학습 체크 ☐1회 ☐2회 ☐3회
듣고 말하기 훈련 (15분)
MP3 S_06

학습 체크 ☐1회 ☐2회 ☐3회
6과 마무리 평가 (30분)
(130~133p)

차곡차곡 내공쌓기 Point

01 ✿ 수사

와 따 시 노 방 고 - 와 제 로 이 찌 제 로 노 이 찌 니 산 시 노 고 로 꾸 시 찌 하 찌 데 스

私の番号は 010-1234-5678 です。

제 번호는 010-1234-5678 입니다

- □ 番号(ばんごう) 번호
- □ 会社(かいしゃ) 번호
- □ 電話(でんわ) 전화
- □ 何番(なんばん) 몇 번

✿ 수량과 순서를 나타내는 명사를 수사라고 합니다. 일본어 수사에는 중국어 음으로 읽는 「한자어 수사」와 일본 고유어로 읽는 「고유어 수사」가 있습니다.

✿ 전화번호 하이픈(-)의 경우, 일본어로 「**の**」 라고 읽습니다.

A: 会社(かいしゃ)の電話番号(でんわばんごう)は 何番(なんばん)ですか。 회사 전화번호는 몇 번입니까?

B: 02-324-0976です。 02-324-0976입니다.

✿ 일본어로 0 ~ 99까지 세는 법을 알아 봅시다.

0	ゼロ ／ れい		
1	いち	10	じゅう
2	に	20	にじゅう
3	さん	30	さんじゅう
4	よん ／ し	40	よんじゅう
5	ご	50	ごじゅう
6	ろく	60	ろくじゅう
7	なな ／ しち	70	ななじゅう
8	はち	80	はちじゅう
9	きゅう ／ く	90	きゅうじゅう

✿ [4, 7, 9]는 읽기가 두 개씩 있는데, 각각 단위에 따라 사용하는 읽기가 다르다는 것도 알아 두세요.

(1) 고유어 수사와 100 이상 수 읽기

고유어 수사	한자어 수사			
1 ひとつ	100 ひゃく	1,000 せん	10,000 いちまん	십만 じゅうまん
2 ふたつ	200 にひゃく	2,000 にせん	20,000 にまん	백만 ひゃくまん
3 みっつ	300 さんびゃく	3,000 さんぜん	30,000 さんまん	천만 せんまん
4 よっつ	400 よんひゃく	4,000 よんせん	40,000 よんまん	일억 いちおく
5 いつつ	500 ごひゃく	5,000 ごせん	50,000 ごまん	
6 むっつ	600 ろっぴゃく	6,000 ろくせん	60,000 ろくまん	
7 ななつ	700 ななひゃく	7,000 ななせん	70,000 ななまん	
8 やっつ	800 はっぴゃく	8,000 はっせん	80,000 はちまん	
9 ここのつ	900 きゅうひゃく	9,000 きゅうせん	90,000 きゅうまん	
10 とお				

✽ 10,000 (만)을 읽을 때는 いちまん 이라고 읽습니다.

✽ 개수를 물을 때는 [いくつですか : 몇 개입니까?] 라고 합니다.

✽ 금액을 물을 때는 [いくらですか : 얼마입니까?] 라고 합니다.

Point 차곡차곡 내공쌓기

(2) 날짜 읽기

월	일		요일
1月 いちがつ	1日 ついたち	16日 じゅうろくにち	日曜日 にちようび
2月 にがつ	2日 ふつか	17日 じゅうしちにち	月曜日 げつようび
3月 さんがつ	3日 みっか	18日 じゅうはちにち	火曜日 かようび
4月 しがつ	4日 よっか	19日 じゅうくにち	水曜日 すいようび
5月 ごがつ	5日 いつか	20日 はつか	木曜日 もくようび
6月 ろくがつ	6日 むいか	21日 にじゅういちにち	金曜日 きんようび
7月 しちがつ	7日 なのか	22日 にじゅうににち	土曜日 どようび
8月 はちがつ	8日 ようか	23日 にじゅうさんにち	何曜日 なんようび
9月 くがつ	9日 ここのか	24日 にじゅうよっか	
10月 じゅうがつ	10日 とおか	25日 にじゅうごにち	
11月 じゅういちがつ	11日 じゅういちにち	26日 にじゅうろくにち	
12月 じゅうにがつ	12日 じゅうににち	27日 にじゅうしちにち	
何月 なんがつ	13日 じゅうさんにち	28日 にじゅうはちにち	
	14日 じゅうよっか	29日 にじゅうくにち	
	15日 じゅうごにち	30日 さんじゅうにち	何日 なんにち

一昨日(おととい) 그저께	昨日(きのう) 어제	今日(きょう) 오늘	明日(あした) 내일	明後日(あさって) 모레
先々週(せんせんしゅう) 지지난주	先週(せんしゅう) 지난주	今週(こんしゅう) 이번 주	来週(らいしゅう) 다음 주	再来週(さらいしゅう) 다다음주
先々月(せんせんげつ) 지지난달	先月(せんげつ) 지난달	今月(こんげつ) 이번 달	来月(らいげつ) 다음 달	再来月(さらいげつ) 다다음달
一昨年(おととし) 재작년	去年(きょねん) 작년	今年(ことし) 금년	来年(らいねん) 내년	再来年(さらいねん) 내후년

(3) 시간 읽기

시(時)	분(分)	주(週)	개월(か月)	년(年)
1時 いちじ	1分 いっぷん	1週 いっしゅう	1ヶ月 いっかげつ	1年 いちねん
2時 にじ	2分 にふん	2週 にしゅう	2ヶ月 にかげつ	2年 にねん
3時 さんじ	3分 さんぷん	3週 さんしゅう	3ヶ月 さんかげつ	3年 さんねん
4時 よじ	4分 よんぷん	4週 よんしゅう	4ヶ月 よんかげつ	4年 よねん
5時 ごじ	5分 ごふん	5週 ごしゅう	5ヶ月 ごかげつ	5年 ごねん
6時 ろくじ	6分 ろっぷん	6週 ろくしゅう	6ヶ月 ろっかげつ	6年 ろくねん
7時 しちじ	7分 ななふん	7週 ななしゅう	7ヶ月 ななかげつ	7年 しちねん
8時 はちじ	8分 はっぷん	8週 はっしゅう	8ヶ月 はっかげつ	8年 はちねん
9時 くじ	9分 きゅうふん	9週 きゅうしゅう	9ヶ月 きゅうかげつ	9年 きゅうねん
10時 じゅうじ	10分 じゅっぷん / じっぷん	10週 じゅっしゅう	10ヶ月 じゅっかげつ	10年 じゅうねん
11時 じゅういちじ	11分 じゅういっぷん	11週 じゅういっしゅう	11ヶ月 じゅういっかげつ	11年 じゅういちねん
12時 じゅうにじ	12分 じゅうにふん	12週 じゅうにしゅう	12ヶ月 じゅうにかげつ	12年 じゅうにねん
何時 なんじ	何分 なんぷん	何週 なんしゅう	何ヶ月 なんかげつ	何年 なんねん

차곡차곡 내공쌓기 Point

02

조수사

가이 샤 와 난 가이 데 스 까
会社は 何階ですか。
かいしゃ なんがい
회사는 몇 층입니까?

- 会社(かいしゃ) 회사
- 何階(なんがい) 몇 층

위 예문의 〈몇 층〉의 '층' 처럼 숫자에 접속하여 단위를 나타내는 명사를 조수사라고 합니다. 그럼, 여러가지 조수사에 대하여 알아볼까요?

층 수를 세는 조수사

階(かい) 층	
一階(いっかい)	六階(ろっかい)
二階(にかい)	七階(ななかい)
三階(さんがい)	八階(はっかい・はちかい)
四階(よんかい)	九階(きゅうかい)
五階(ごかい)	十階(じっかい・じゅっかい)

*층을 물을 때는 [何階(なんがい)ですか : 몇 층입니까?] 라고 합니다.

사람을 세는 조수사

人(にん) 인원수	
一人(ひとり)	六人(ろくにん)
二人(ふたり)	七人(しちにん)
三人(さんにん)	八人(はちにん)
四人(よにん)	九人(きゅうにん)
五人(ごにん)	十人(じゅうにん)

* 인원을 물을 때는 [何人(なんにん)ですか : 몇 사람입니까?] 라고 합니다.

03 ~から ~まで ~부터 ~까지

가이 샤 와 난 지 까 라 난 지 마 데 데 스 까

会社(かいしゃ)は 何時(なんじ)から 何時(なんじ)までですか。

회사는 / 몇 시부터 / 몇 시까지 입니까?

- □ 会社(かいしゃ) 회사
- □ 何時(なんじ) 몇 시
- □ ~から ~부터
- □ ~まで ~까지
- □ 午前(ごぜん) 오전
- □ 午後(ごご) 오후
- □ 東京(とうきょう) 도쿄(지명)
- □ 大阪(おおさか) 오사카(지명)
- □ 家(いえ) 집
- □ 駅(えき) 역
- □ 分(ふん) 분

[~から]는 [~부터, ~에서]라는 의미로, 시간이나 장소 등의 시작을 나타내고, [~まで]는 [~까지]라는 의미로 끝을 나타냅니다.

会社(かいしゃ)は 午前(ごぜん) 9時(じ)から 午後(ごご) 6時(じ)までです。

회사는 오전 9시부터 오후 6시까지입니다.

東京(とうきょう)から 大阪(おおさか)まで 1時間(じかん)です。 도쿄에서 오사카까지 1시간입니다.

家(いえ)から 駅(えき)まで 30分(ぷん)です。 집에서 역까지 30분입니다.

Point 차곡차곡 내공쌓기

그 밖의 조수사

		1	2	3	4	5	6	7	8	9	10	몇
円(えん)	엔	いちえん	にえん	さんえん	よえん	ごえん	ろくえん	ななえん	はちえん	きゅうえん	じゅうえん	なんえん
枚(まい)	장(종이)	いちまい	にまい	さんまい	よんまい	ごまい	ろくまい	なな(しち)まい	はちまい	きゅうまい	じゅうまい	なんまい
台(だい)	대(차)	いちだい	にだい	さんだい	よんだい	ごだい	ろくだい	なな(しち)だい	はちだい	きゅうだい	じゅうだい	なんだい
本(ほん)	개(가늘고 긴 것)	いっぽん	にほん	さんぼん	よんほん	ごほん	ろっぽん	ななほん	はっぽん	きゅうほん	じゅっぽん	なんぼん
杯(はい)	잔	いっぱい	にはい	さんばい	よんはい	ごはい	ろっぱい	ななはい	はっぱい	きゅうはい	じゅっぱい	なんばい
匹(ひき)	마리	いっぴき	にひき	さんびき	よんひき	ごひき	ろっぴき	ななひき	はっぴき	きゅうひき	じゅっぴき	なんびき
足(そく)	짝(양말, 신발)	いっそく	にそく	さんぞく	よんそく	ごそく	ろくそく	ななそく	はっそく	きゅうそく	じゅっそく	なんぞく
個(こ)	개	いっこ	にこ	さんこ	よんこ	ごこ	ろっこ	ななこ	はっこ	きゅうこ	じゅっこ	なんこ
回(かい)	회	いっかい	にかい	さんかい	よんかい	ごかい	ろっかい	ななかい	はっかい	きゅうかい	じゅっかい	なんかい
軒(けん)	채(건물)	いっけん	にけん	さんげん	よんけん	ごけん	ろっけん	ななけん	はっけん	きゅうけん	じゅっけん	なんけん

箱(はこ)	상자	ひと はこ	ふた はこ	さん ぱこ	よん はこ	ごはこ	ろっ ぱこ	なな はこ	はっ ぱこ	きゅう はこ	じゅっ ぱこ	なん はこ
皿(さら)	접시	ひと さら	ふた さら	さん さら	よん さら	ごさら	ろく さら	なな さら	はっ さら	きゅう さら	じゅっ さら	なん さら
冊(さつ)	권	いっ さつ	にさつ	さん さつ	よん さつ	ごさつ	ろく さつ	なな さつ	はっ さつ	きゅう さつ	じゅっ さつ	なん さつ
歳(さい)	살	いっ さい	にさい	さん さい	よん さい	ごさい	ろく さい	なな さい	はっ さい	きゅう さい	じゅっ さい	なん さい

Speaking 바로바로 말해보기

01 아래의 예 와 같이 시계 그림을 보고 시간을 말해 주세요.

今(いま)、何時(なんじ)ですか。

PM 2 : 00

午後(ごご) 二時(にじ) です。

❶

PM 9 : 30

❷

PM 4 : 25

❸

AM 7 : 45

❹

PM 10 : 40

❺

AM 11 : 13

해석 & 해답 01 Track 26 듣고말하기훈련 MP3 S_06

예 今(いま)、何時(なんじ)ですか。 지금 몇 시입니까?

午後(ごご) 二時(にじ) です。 오후 2시입니다.

□ 今(いま) 지금
□ 午後(ごご) 오후

❶ ごご　くじ　さんじっぷん 오후 9시 30분

❷ ごご　よじ　にじゅうごふん 오후 4시 25분

❸ ごぜん　しちじ　よんじゅうごふん 오전 7시 45분

❹ ごご　じゅうじ　よんじっぷん(よんじゅっぷん) 오후 10시 40분

❺ ごぜん　じゅういちじ　じゅうさんぷん 오전 11시 13분

바로바로 말해보기 Speaking

02 아래의 예 와 같이 말해 보세요.

図書館(としょかん)は
何時(なんじ)から
何時(なんじ)までですか。

ごぜん くじから
ごご はちじまで
です。

AM 9 : 00 ~ PM 8 : 00

❶ 展示会(てんじかい)

AM 10 : 00
~ PM 7 : 30

❷ 昼休(ひるやす)み

AM 11 : 40
~ PM 1 : 00

❸ テスト

AM 9 : 40
~ PM 4 : 00

❹ 銀行(ぎんこう)

AM 9 : 00
~ PM 3 : 00

❺ 授業(じゅぎょう)

AM 9 : 20
~ PM 5 : 00

해석 & 해답 02 Track 27

예 図書館(としょかん)は 何時(なんじ)から 何時(なんじ)までですか。
도서관은 몇 시부터 몇 시까지입니까?

ごぜん くじから ごご はちじまでです。
오전 9시부터 오후 8시까지입니다.

- □ 図書館(としょかん) 도서관
- □ 午前(ごぜん) 오전
- □ 午後(ごご) 오후
- □ 展示会(てんじかい) 전시회
- □ 昼休(ひるやす)み 점심시간
- □ テスト 테스트
- □ 銀行(ぎんこう) 은행
- □ 授業(じゅぎょう) 수업

❶ 展示会(てんじかい)は 何時(なんじ)から 何時(なんじ)までですか。
전시회는 몇 시부터 몇 시까지입니까?

ごぜん じゅうじから ごご しちじ さんじっぷん (よんじゅっぷん)までです。
오전 10시부터 오후 7시 30분까지입니다.

❷ 昼休(ひるやす)みは 何時(なんじ)から 何時(なんじ)までですか。
점심시간은 몇 시부터 몇 시까지입니까?

ごぜん じゅういちじ よんじっぷんから ごご いちじまでです。
오전 11시 40분부터 오후 1시까지입니다.

❸ テストは 何時(なんじ)から 何時(なんじ)までですか。
테스트는 몇 시부터 몇 시까지입니까?

ごぜん くじよんじっぷんから ごご よじまでです。
오전 9시 40분부터 오후 4시까지입니다.

❹ 銀行(ぎんこう)は 何時(なんじ)から 何時(なんじ)までですか。
은행은 몇 시부터 몇 시까지입니까?

ごぜん くじから ごご さんじまでです。
오전 9시부터 오후 3시까지입니다.

❺ 授業(じゅぎょう)は 何時(なんじ)から 何時(なんじ)までですか。
수업은 몇 시부터 몇 시까지입니까?

ごぜん くじ にじっぷんから ごご ごじまでです。
오전 9시 20분부터 오후 5시까지입니다.

회화 뽀개기 Conversation

QR Animation

Track 28

ミン さかもとさん、会社(かいしゃ)は 何時(なんじ)から 何時(なんじ)までですか。
사 카 모 토 상　가이샤 와　난 지까 라　난 지 마 데 데 스 까

さかもと 午前(ごぜん) 九時(くじ)から 午後(ごご) 五時半(ごじはん)までですが……。
고 젠　쿠 지 까 라　고 고　고 지 항 마 데 데 스 가

ミン そうですか。会社(かいしゃ)まで どのくらいですか。
소 - 데 스 까　가이 샤 마 데　도 노 쿠 라 이 데 스 까

さかもと 駅(えき)から 一時間半(いちじかんはん)です。
에끼 까 라　이찌 지 깡 한 데 스

ミン 大変(たいへん)ですね。
다이 헨 데 스 네

さかもと そうですね。
소 - 데 스 네

ミン 会社(かいしゃ)は 何階(なんがい)ですか。
가이 샤 와　난 가이 데 스 까

さかもと 三階(さんがい)です。
상 가이 데 스

민	사카모토 씨, 회사는 몇 시부터 몇 시까지입니까?
사카모토	오전 9시부터 오후 5시 반까지입니다만…
민	그렇습니까? 회사까지 어느 정도입니까?
사카모토	역에서 1시간 반입니다.
민	힘들겠군요.
사카모토	맞아요.
민	회사는 몇 층입니까?
사카모토	3층입니다.

어휘 표현

- 会社(かいしゃ) 회사
- 何時(なんじ) 몇 시
- ～から ~부터
- ～まで ~까지
- 午前(ごぜん) 오전
- 九時(くじ) 9시
- 午後(ごご) 오후
- 五時(ごじ) 5시
- 半(はん) 반
- ～が ~만
- どのくらい 어느 정도
- 駅(えき) 역
- 一時間(いちじかん) 1시간
- 大変(たいへん)だ 힘들다
- 何階(なんがい) 몇 층
- 三階(さんがい) 3층

저자 직강

for 혼공

01 ~から　~まで　~부터 ~까지

✿ 시간이나 기간 외에, 장소에도 접속해서 사용할 수 있습니다.

1時(じ)から　5時(じ)まで　1시부터 5시까지

水曜日(すいようび)から　日曜日(にちようび)まで　수요일부터 일요일까지

東京(とうきょう)から　福岡(ふくおか)まで　도쿄부터 후쿠오카까지

02 どのくらい　어느 정도, 얼만큼, 얼마쯤

✿ 「どのくらい」는 정도나 분량을 물을 때 사용하는 표현입니다.

どのくらいですか。어느 정도입니까?

どのくらい　ありますか。얼만큼 있습니까?

どのくらい　かかりますか。얼마쯤 걸립니까?

03 大変(たいへん)だ　힘들다

✿ 「大変(たいへん)」은 「な형용사」이기도 하지만,「매우」라는 부사의 의미도 있습니다.

今日(きょう)の仕事(しごと)は　大変(たいへん)でした。오늘 일은 힘들었습니다.

大変(たいへん)な一日(いちにち)でした。힘든 하루였습니다.

今日(きょう)は　大変(たいへん)　寒(さむ)いですね。오늘은 매우 춥군요.

大変(たいへん)　忙(いそが)しいです。매우 바쁩니다.

Listening 내 귀에 착착~

01 음성을 듣고 맞는 그림에 번호를 써 넣어 주세요. Track 29

02 음성을 듣고, 문장을 완성해 주세요. Track 30

❶ 友(とも)だちは ＿＿＿＿＿＿＿＿。

❷ 家(いえ)から 会社(かいしゃ)まで ＿＿＿＿＿＿＿＿。

❸ A：ミンさんの会社(かいしゃ)は 何階(なんがい)ですか。
B：＿＿＿＿＿＿＿＿。

❹ A：車(くるま)は 何台(なんだい)ですか。
B：＿＿＿＿＿＿＿＿。

❺ A：いすは いくつですか。
B：＿＿＿＿＿＿＿＿。

해석 & 해답 01

❶ ❷ ビルの四階(よんかい) 건물의 4층

❷ ❹ 鉛筆(えんぴつ) 三本(さんぼん) 연필 3자루

❸ ❺ 車(くるま) 五台(ごだい) 자동차 5대

❹ ❶ りんご 三(みっ)つ 사과 세 개

❺ ❸ かさ 一本(いっぽん) 우산 한 개

- □ ビル 건물
- □ 鉛筆(えんぴつ) 연필
- □ 車(くるま) 자동차
- □ りんご 사과
- □ かさ 우산
- □ 友(とも)だち 친구
- □ 家(いえ) 집
- □ ~から ~부터
- □ 会社(かいしゃ) 회사
- □ ~まで ~까지
- □ 何階(なんがい) 몇 층
- □ 何台(なんだい) 몇 대
- □ いす 의자
- □ いくつですか 몇 개입니까

해석 & 해답 02

❶ 友(とも)だちは 二人(ふたり)です。 친구는 두 명입니다.

❷ 家(いえ)から 会社(かいしゃ)まで 五十分(ごじっぷん)です。 집에서 회사까지 50분입니다.

❸ A：ミンさんの会社(かいしゃ)は 何階(なんがい)ですか。 민 씨의 회사는 몇 층입니까?

B：六階(ろっかい)です。 6층입니다.

❹ A：車(くるま)は 何台(なんだい)ですか。 자동차는 몇 대입니까?

B：四台(よんだい)です。 4대입니다.

❺ A：いすは いくつですか。 의자는 몇 개입니까?

B：五(いつ)つです。 5개입니다.

마무리~ 필기시험

제한 시간 30분

점수 : / 100

어휘

01 다음의 숫자를 일본어로 써 주세요. (1문제 2점)

① 한 개		⑥ 여섯 개	
② 두 개		⑦ 일곱 개	
③ 세 개		⑧ 여덟 개	
④ 네 개		⑨ 아홉 개	
⑤ 다섯 개		⑩ 열 개	

02 다음의 단위를 일본어로 써주세요. (1문제 2점)

① 한 명		⑥ 여섯 명	
② 두 명		⑦ 일곱 명	
③ 세 명		⑧ 여덟 명	
④ 네 명		⑨ 아홉 명	
⑤ 다섯 명		⑩ 열 명	

① 1층		⑥ 6층	
② 2층		⑦ 7층	
③ 3층		⑧ 8층	
④ 4층		⑨ 9층	
⑤ 5층		⑩ 10층	

① 1자루		⑥ 6자루	
② 2자루		⑦ 7자루	
③ 3자루		⑧ 8자루	
④ 4자루		⑨ 9자루	
⑤ 5자루		⑩ 10자루	

듣기

Test 06

01 단어를 듣고 받아 써 보세요. (1문제 5점)

① ② ③

④ ⑤

02 문장을 듣고 받아 써 보세요. (1문제 7점)

① ______

② ______

③ ______

④ ______

⑤ ______

어휘

01 다음의 숫자를 일본어로 써 주세요.
(1문제 2점)

① 한 개
② 두 개
③ 세 개
④ 네 개
⑤ 다섯 개
⑥ 여섯 개
⑦ 일곱 개
⑧ 여덟 개
⑨ 아홉 개
⑩ 열 개

02 다음의 단위를 일본어로 써주세요.
(1문제 2점)

어휘 01

① いっこ / ひとつ	⑥ ろっこ / むっつ
② にこ / ふたつ	⑦ ななこ / ななつ
③ さんこ / みっつ	⑧ はっこ / やっつ
④ よんこ / よっつ	⑨ きゅうこ / ここのつ
⑤ ごこ / いつつ	⑩ じゅっこ / とお

어휘 02

① 한 명	ひとり	⑥ 여섯 명	ろくにん
② 두 명	ふたり	⑦ 일곱 명	しちにん
③ 세 명	さんにん	⑧ 여덟 명	はちにん
④ 네 명	よにん	⑨ 아홉 명	きゅうにん
⑤ 다섯 명	ごにん	⑩ 열 명	じゅうにん

① 1층	いっかい	⑥ 6층	ろっかい
② 2층	にかい	⑦ 7층	ななかい
③ 3층	さんがい	⑧ 8층	はっかい・はちかい
④ 4층	よんかい	⑨ 9층	きゅうかい
⑤ 5층	ごかい	⑩ 10층	じっかい・じゅっかい

① 1자루	いっぽん	⑥ 6자루	ろっぽん
② 2자루	にほん	⑦ 7자루	ななほん
③ 3자루	さんぼん	⑧ 8자루	はっぽん
④ 4자루	よんほん	⑨ 9자루	きゅうほん
⑤ 5자루	ごほん	⑩ 10자루	じゅっぽん

듣기

01 단어를 듣고 받아 써 보세요. (1문제 5점)

① ② ③ ④ ⑤

02 문장을 듣고 받아 써 보세요. (1문제 7점)

①

②

③

④

⑤

Test 06

듣기 01

① 四時(よじ) [뜻] 4시

② 六つ(むっ) [뜻] 6개

③ 三本(さんぼん) [뜻] 3자루

④ 九時(くじ) [뜻] 9시

⑤ 午前(ごぜん) [뜻] 오전

듣기 02

① いくつですか。 몇 개입니까?

② 駅(えき)まで 一時間(いちじかん)です。 역까지 1시간입니다.

③ 事務所(じむしょ)は 四階(よんかい)です。 사무실은 4층입니다.

④ まくらは 三(みっ)つです。 베개는 3개입니다.

⑤ 会社(かいしゃ)から 三十分(さんじっぷん)です。 회사에서 30분입니다.

unit.7

혼 야 와 도 꼬 니 아 리 마 스 까

本屋は どこに ありますか。

ほん や

QR Animation

이것 만은 꼭! **학습사항**

1. 존재 (사물, 식물) **～あります** : 있습니다
2. 존재 (사람, 동물) **～います** : 있습니다
3. 조사 : **～に** ~에
4. 나의 가족 호칭 5. 타인 가족 호칭

나혼자 한다! **혼공 Plan**

학습 체크 ☐1회 ☐2회 ☐3회
포인트 강의 07 (10분)
튜터 이세진

학습 체크 ☐1회 ☐2회 ☐3회
저자 직강 07 (15분)
강사 이장우

학습 체크 ☐1회 ☐2회 ☐3회
차곡차곡 내공쌓기 (15분)
Point (136~139p)

학습 체크 ☐1회 ☐2회 ☐3회
바로바로 말해보기 (15분)
Speaking (140~143p)

학습 체크 ☐1회 ☐2회 ☐3회
회화 뽀개기 (15분)
Conversation (144~145p)

학습 체크 ☐1회 ☐2회 ☐3회
내 귀에 착착~ (15분)
Listening (146~147p)

학습 체크 ☐1회 ☐2회 ☐3회
듣고 말하기 훈련 (15분)
MP3 S_07

학습 체크 ☐1회 ☐2회 ☐3회
7과 마무리 평가 (30분)
(148~151p)

Point 차곡차곡 내공쌓기

01

존재 (사물, 식물) – あります : 있습니다

오이시이미세가 아리마스
おいしい店(みせ)が ありますか。

맛있는 가게가 / 있습니다.

- □ 教室(きょうしつ) 교실
- □ 椅子(いす) 의자
- □ 机(つくえ) 책상
- □ 上(うえ) 위
- □ ~に ~에
- □ 鉛筆(えんぴつ) 연필
- □ かばん 방
- □ 中(なか) 안
- □ ベッド 침대
- □ 下(した) 아래

[あります : 있습니다]는 [사물과 식물] 등, 움직이지 않는 것에 사용됩니다. 반대말로는 [ありません:없습니다] 입니다.

教室(きょうしつ)に 椅子(いす)が あります。교실에 의자가 있습니다.

机(つくえ)の上(うえ)に 鉛筆(えんぴつ)が あります。책상 위에 연필이 있습니다.

かばんの中(なか)に ありません。가방 안에 없습니다.

ベッドの下(した)に ありません。침대 밑에 없습니다.

02

존재 (사람, 동물) – います : 있습니다

마다 가레씨와 이마셍
まだ 彼氏(かれし)は いません。

아직 / 남친은 / 없습니다.

- □ まだ 아직
- □ 彼氏(かれし) 남친
- □ 庭(にわ) 마당, 정원
- □ 犬(いぬ) 개
- □ 図書館(としょかん) 도서관
- □ 彼(かれ) 그
- □ 部屋(へや) 방
- □ 猫(ねこ) 고양이

[います : 있습니다]는 [사람과 동물] 등, 움직이는 것에 사용됩니다. 반대말로는 [いません : 없습니다] 입니다.

教室(きょうしつ)に ミンさんが います。교실에 민 씨가 있습니다.

庭(にわ)に 犬(いぬ)が います。마당에 개가 있습니다.

図書館(としょかん)に 彼(かれ)は いません。도서관에 그는 없습니다.

部屋(へや)に 猫(ねこ)は いません。방에 고양이는 없습니다.

03

조사 : ～に ~에

아 소 꼬 니　스 시 야 가　아 리 마 스 까

あそこに　寿司屋(すしや)が　ありますか。

저곳에　초밥집이　있습니까?

조사 [~に] 는 명사가 있는 위치나 장소에 접속이 되어 [~에] 라고 해석을 합니다.

財布(さいふ)の中(なか)に　あります。 지갑 안에 있습니다.

先生(せんせい)は　学校(がっこう)に　います。 선생님은 학교에 있습니다.

彼女(かのじょ)は　運動場(うんどうじょう)に　います。 그녀는 운동장에 있습니다.

けいたいは　左(ひだり)に　あります。 휴대폰은 왼쪽에 있습니다.

- □ あそこ 저곳
- □ ～に ~에
- □ 寿司屋(すしや) 초밥집
- □ 財布(さいふ) 지갑
- □ 中(なか) 안
- □ 先生(せんせい) 선생님
- □ 学校(がっこう) 학교
- □ 彼女(かのじょ) 그녀
- □ 運動場(うんどうじょう) 운동장
- □ けいたい 휴대폰
- □ 左(ひだり) 왼쪽

04

나의 가족

지찌 또 하하 아니 와따시 요 닝 가 조꾸 데 스

父と母、兄、私、4人家族です。

ちち はは あに わたし よ にん か ぞく

아버지와 어머니, 형, 나, 4인 가족입니다.

- □ 父(ちち) (나의) 아버지
- □ ～と ~와(과)
- □ 母(はは) (나의) 어머니
- □ 兄(あに) (나의) 형,오빠
- □ ~人(にん) ~명(인)
- □ 家族(かぞく) 가족
- □ 姉(あね) (나의) 누나,언니
- □ 弟(おとうと) (나의) 남동생
- □ 妹(いもうと) (나의) 여동생
- □ 母祖(そぼ) (나의) 할머니
- □ 父祖(そふ) (나의) 할아버지

가족 호칭에 대하여 알아봅시다. 본인의 가족과 다른 사람의 가족의 호칭이 다르므로, 주의깊게 암기해야 합니다.

본인의 성별에 따라 兄(あに)는 (형 또는 오빠) / 姉(あね)는 (누나 또는 언니)가 됩니다.

05

타인 가족

민 상 노 오니이 상 모 가이 샤 잉 데 스 까

ミンさんのお兄さん(にい)も 会社員(かいしゃいん)ですか。

민 씨의 형도 회사원입니까?

□ ～さん ~씨,~님
□ お兄(にい)さん (타인의) 형, 오빠
□ ～も ~도
□ 会社員(かいしゃいん) 회사원
□ お姉(ねえ)さん (타인의) 누나, 언니
□ お父(とう)さん (타인의) 아버지
□ お母(かあ)さん (타인의) 어머니
□ おじいさん (타인의) 할아버지
□ おばあさん (타인의) 할머니
□ 妹(いもうと)さん (타인의) 여동생
□ 弟(おとうと)さん (타인의) 남동생

타인 가족의 호칭에 대하여 알아봅시다. 타인의 가족에게는 ~さん 을 붙여 높여 부릅니다.

Speaking 바로바로 말해보기

01 아래의 예 와 같이 말해 보세요.

財布(さいふ)

財布(さいふ)は どこに ありますか。

机(つくえ)の上(うえ)に あります。

机(つくえ)の上(うえ)

❶ お父(とう)さん

部屋(へや)の中(なか)

❷ 本(ほん)

本(ほん)だな

❸ 母(はは)

台所(だいどころ)

❹ けいたい

ノートブックの右(みぎ)

❺ 妹(いもうと)

兄(あに)の後(うし)ろ

해석 & 해답 01 Track 31

듣고말하기훈련 MP3 S_07

예 財布(さいふ)は どこに ありますか。 지갑은 어디에 있습니까?

机(つくえ)の上(うえ)に あります。 책상 위에 있습니다.

❶ お父(とう)さんは どこに いますか。 아버지는 어디에 있습니까?

部屋(へや)の中(なか)に います。 방 안에 있습니다.

❷ 本(ほん)は どこに ありますか。 책은 어디에 있습니까?

本(ほん)だなに あります。 책꽂이에 있습니다.

❸ 母(はは)は どこに いますか。 어머니는 어디에 있습니까?

台所(だいどころ)に います。 부엌에 있습니다.

❹ けいたいは どこに ありますか。 핸드폰은 어디에 있습니까?

ノートブックの右(みぎ)に あります。 노트북 오른쪽에 있습니다.

❺ 妹(いもうと)は どこに いますか。 여동생은 어디에 있습니까?

兄(あに)の後(うし)ろに います。 오빠 뒤에 있습니다.

- □ 財布(さいふ) 지갑
- □ 机(つくえ) 책상
- □ 上(うえ) 위
- □ お父(とう)さん 아버지
- □ 部屋(へや)の中(なか) 방 안
- □ 本(ほん) 책
- □ 本(ほん)だな 책꽂이
- □ 母(はは) 어머니
- □ 台所(だいどころ) 부엌
- □ けいたい 휴대폰
- □ ノートブック 노트북
- □ 右(みぎ) 오른쪽
- □ 妹(いもうと) 여동생
- □ 兄(あに) 오빠
- □ 後(うし)ろ 뒤

바로바로 말해보기 Speaking

❻ 自動車(じどうしゃ)

焼肉屋(やきにくや)の前(まえ)

❼ 猫(ねこ)

犬(いぬ)と 弟(おとうと)の間(あいだ)

❽ 自転車(じてんしゃ)

家(いえ)の外(そと)

❾ おじいさん

おばあさんのそば

❿ コーヒーショップ

牛丼屋(ぎゅうどんや)の隣(となり)

6 自動車(じどうしゃ)は どこに ありますか。자동차는 어디에 있습니까?
焼肉屋(やきにくや)の前(まえ)に あります。고깃집 앞에 있습니다.

7 猫(ねこ)は どこに いますか。고양이는 어디에 있습니까?
犬(いぬ)と 弟(おとうと)の間(あいだ)に います。개와 남동생 사이에 있습니다.

8 自転車(じてんしゃ)は どこに ありますか。자전거는 어디에 있습니까?
家(いえ)の外(そと)に あります。집 밖에 있습니다.

9 おじいさんは どこに いますか。할아버지는 어디에 있습니까?
おばあさんのそばに います。할머니 옆에 있습니다.

10 コーヒーショップは どこに ありますか。커피숍은 어디에 있습니까?
牛丼屋(ぎゅうどんや)の隣(となり)に あります。소고기덮밥집 옆에 있습니다.

- □ 自動車(じどうしゃ) 자동차
- □ 焼肉屋(やきにくや) 고깃집
- □ 前(まえ) 앞
- □ 猫(ねこ) 고양이
- □ 犬(いぬ) 개
- □ ～と ～와(과)
- □ 弟(おとうと) 남동생
- □ 間(あいだ) 사이
- □ 自転車(じてんしゃ) 자전거
- □ 家(いえ) 집
- □ 外(そと) 밖
- □ おじいさん 할아버지
- □ おばあさん 할머니
- □ そば 옆
- □ コーヒーショップ 커피숍
- □ 牛丼屋(ぎゅうどんや) 소고기덮밥집
- □ 隣(となり) 근처, 이웃

Conversation 회화 뽀개기

QR Animation

Track 32

ミン　すみません。この近(ちか)くに　寿司屋(すしや)が　ありますか。
스 미 마 셍　고 노 치까 꾸 니　스 시 야 가　아 리 마 스 까

花屋(はなや)さん　寿司屋(すしや)ですか。銀座(ぎんざ)の近(ちか)くに　たくさん　ありますよ。
스 시 야 데 스 까　긴 자 노 치까 꾸 니　닥 상　아 리 마 스 요

ミン　安(やす)くて　おいしい店(みせ)は　ありませんか。
야스 꾸 떼　오 이 시 이 미세 와　아 리 마 셍 까

花屋(はなや)さん　銀座(ぎんざ)は　だいたい　高(たか)いですよ。
긴 자 와　다 이 따 이　다까 이 데 스 요

安(やす)い店(みせ)は　デパートの前(まえ)に　あります。
야스 이 미세 와　데 빠 - 토 노 마에 니　아 리 마 스

ミン　デパートの前(まえ)ですか。すみません。
데 빠 - 토 노 마에 데 스 까　스 미 마 셍

デパートは　どこに　ありますか。
데 빠 - 토 와　도 꼬 니　아 리 마 스 까

花屋(はなや)さん　あそこに　地下鉄(ちかてつ)の駅(えき)が　ありますね。
아 소 꼬 니　치 까 테쯔 노 에끼 가　아 리 마 스 네

その隣(となり)が　デパートです。
소 노 토나리 가　데 빠 - 또 데 스

ミン　駅(えき)の隣(となり)ですね。
에끼 노 토나리 데 스 네

花屋(はなや)さん　はい。デパートの前(まえ)のビルの三階(さんがい)に　あります。
하 이　데 빠 - 또 노 마에 노 비 루 노 상 가이 니　아 리 마 스

ミン　そうですか。ありがとうございます。
소 - 데 스 까　아 리 가 또 - 고 자 이 마 스

저자 직강

민	실례합니다. 이 근처에 초밥집이 있습니까?
꽃집주인	초밥집입니까? 긴자 근처에 많이 있습니다.
민	싸고 맛있는 가게는 없습니까?
꽃집주인	긴자는 대체로 비쌉니다. 싼 가게는 백화점 앞에 있습니다.
민	백화점 앞입니까? 죄송합니다. 백화점은 어디에 있습니까?
꽃집주인	저기에 지하철 역이 있죠? 그 옆이 백화점입니다.
민	역 옆이군요.
꽃집주인	예. 백화점 앞 건물의 3층에 있습니다.
민	그렇습니까? 감사합니다.

어휘 표현

- すみません 실례합니다, 죄송합니다
- 近(ちか)く 근처
- ~に ~에
- 寿司屋(すしや) 초밥집
- 花屋(はなや)さん 꽃집 주인
- 銀座(ぎんざ) 긴자(지명)
- たくさん 많이
- 安(やす)い 싸다
- おいしい 맛있다
- 店(みせ) 가게
- ありませんか 없습니까
- だいたい 대체로
- 高(たか)い 비싸다
- 店(みせ) 가게
- デパート 백화점
- あそこ 저곳, 저기
- 地下鉄(ちかてつ) 지하철
- 駅(えき) 역
- 前(まえ) 앞
- 隣(となり) 옆, 근처, 이웃
- ビル 빌딩
- 三階(さんがい) 3층

Listening 내 귀에 착착~

01 음성을 듣고 맞는 그림에 번호를 써 넣어 주세요. Track 33

02 음성을 듣고, 문장을 완성해 주세요. Track 34

1. 父(ちち)の ＿＿＿＿ に 母(はは)が います。
2. 寿司屋(すしや)は 本屋(ほんや)の ＿＿＿＿ に あります。
3. 彼(かれ)の ＿＿＿＿ に 先生(せんせい)が います。
4. ドアの ＿＿＿＿ に 猫(ねこ)が います。
5. 車(くるま)の ＿＿＿＿ に 自転車(じてんしゃ)が あります。

해석 & 해답 01

❶ ❷ 本(ほん)だなのそばに 鉢(はち)が あります。 책꽂이 옆에 화분이 있습니다.

❷ ❹ ドアの左(ひだり)に かさが あります。 문 왼쪽에 우산이 있습니다.

❸ ❶ 机(つくえ)の上(うえ)に 電話(でんわ)が あります。 책상 위에 전화가 있습니다.

❹ ❺ 机(つくえ)の上(うえ)に 時計(とけい)が あります。 책상 위에 시계가 있습니다.

❺ ❸ テーブルの下(した)に 新聞(しんぶん)が あります。 테이블 아래에 신문에 있습니다.

해석 & 해답 02

❶ 父(ちち)の後(うし)ろに 母(はは)が います。 아버지 뒤에 어머니가 있습니다.

❷ 寿司屋(すしや)は 本屋(ほんや)の近(ちか)くに あります。 초밥집은 서점 근처에 있습니다.

❸ 彼(かれ)の右(みぎ)に 先生(せんせい)が います。 그의 오른쪽에 선생님이 있습니다.

❹ ドアの前(まえ)に 猫(ねこ)が います。 문 앞에 고양이가 있습니다.

❺ 車(くるま)の左(ひだり)に 自転車(じてんしゃ)が あります。 자동차 왼쪽에 자전거가 있습니다.

- □ 本(ほん)だな 책장, 책꽂이
- □ そば 옆
- □ ~に ~에
- □ 鉢(はち) 화분
- □ ドア 문
- □ 左(ひだり) 왼쪽
- □ かさ 우산
- □ 机(つくえ) 책상
- □ 上(うえ) 위
- □ 電話(でんわ) 전화
- □ 時計(とけい) 시계
- □ テーブル 테이블
- □ 下(した) 밑
- □ 新聞(しんぶん) 신문
- □ 父(ちち) 아버지
- □ 後(うし)ろ 뒤
- □ 母(はは) 어머니
- □ 寿司屋(すしや) 초밥집
- □ 本屋(ほんや) 책방, 서점
- □ 近(ちか)く 근처
- □ 彼(かれ) 그
- □ 右(みぎ) 오른쪽
- □ 先生(せんせい) 선생님
- □ 前(まえ) 앞
- □ 猫(ねこ) 고양이
- □ 車(くるま) 자동차
- □ 自転車(じてんしゃ) 자전거

unit.7 Test

마무리~ 필기시험

제한 시간 30분

점수 :   / 100

어휘

01 다음의 단어를 히라가나로 써 주세요. (1문제 2점)

① 왼쪽

② 오른쪽

③ 위

④ 아래

⑤ 안

⑥ 밖

⑦ 근처

⑧ 이웃, 옆

⑨ 앞

⑩ 뒤

02 다음의 단어를 한글로 써 주세요. (1문제 2점)

① ほんだな

② すしや

③ じてんしゃ

④ かさ

⑤ だいたい

⑥ おじいさん

⑦ はち

⑧ とけい

⑨ おとうと

⑩ いもうと

쓰기

01 다음 문장을 일본어로 바꾸어 주세요. (1문제 3점)

① 책상 위에 지갑이 있습니다. ______

② 남동생 뒤에 고양이가 있습니다. ______

③ 가방 안에 휴대폰이 있습니다. ______

④ 이 건물 2층에 꽃집이 있습니다. ______

⑤ 교실 안에 선생님이 있습니다. ______

02 다음 문장을 한국어로 바꾸어 주세요. (1문제 2점)

① 兄(あに)が 一人(ひとり) います。 ______

② 電話(でんわ)が 二台(にだい) あります。 ______

③ 家(いえ)の近(ちか)くに 本屋(ほんや)が あります。 ______

④ 椅子(いす)の上(うえ)に 新聞(しんぶん)が あります。 ______

⑤ 犬(いぬ)は 部屋(へや)の中(なか)に います。 ______

Test 07

듣기

01 단어를 듣고 받아 써 보세요. (1문제 3점)

① ______ ② ______ ③ ______

④ ______ ⑤ ______

02 문장을 듣고 받아 써 보세요. (1문제 4점)

① ______

② ______

③ ______

④ ______

⑤ ______

unit 07 문제 풀이

어휘

01 다음의 단어를 히라가나로 써 주세요.
(1문제 2점)

① 왼쪽

② 오른쪽

③ 위

④ 아래

⑤ 안

⑥ 밖

⑦ 근처

⑧ 이웃, 옆

⑨ 앞

⑩ 뒤

02 다음 단어를 한글로 써 주세요.
(1문제 2점)

① ほんだな

② すしや

③ じてんしゃ

④ かさ

⑤ だいたい

⑥ おじいさん

⑦ はち

⑧ とけい

⑨ おとうと

⑩ いもうと

어휘 01

① 左(ひだり)

② 右(みぎ)

③ 上(うえ)

④ 下(した)

⑤ 中(なか)

⑥ 外(そと)

⑦ 近(ちか)く

⑧ 隣(となり)

⑨ 前(まえ)

⑩ 後(うし)ろ

어휘 02

① 책꽂이 【한자】 本棚(ほんだな)

② 초밥집 【한자】 寿司屋(すしや)

③ 자전거 【한자】 自転車(じてんしゃ)

④ 우산 【한자】 傘(かさ)

⑤ 대체로

⑥ 할아버지

⑦ 화분 【한자】 鉢(はち)

⑧ 시계 【한자】 時計(とけい)

⑨ 남동생 【한자】 弟(おとうと)

⑩ 여동생 【한자】 妹(いもうと)

쓰기

01 다음 문장을 일본어로 바꾸어 주세요. (1문제 3점)

① 책상 위에 지갑이 있습니다.

② 남동생 뒤에 고양이가 있습니다.

③ 가방 안에 휴대폰이 있습니다.

④ 이 건물 2층에 꽃집이 있습니다.

⑤ 교실 안에 선생님이 있습니다.

02 다음 문장을 한국어로 바꾸어 주세요. (1문제 2점)

① 兄が 一人 います。

② 電話が 二台 あります。

③ 家の近くに 本屋が あります。

④ 椅子の上に 新聞が あります。

⑤ 犬は 部屋の中に います。

듣기

01 단어를 듣고 받아 써 보세요. (1문제 3점)

① ② ③ ④ ⑤

02 문장을 듣고 받아 써 보세요. (1문제 4점)

①

②

③

④

⑤

쓰기 01

① 机の上に 財布が あります。

② 弟の後ろに 猫が います。

③ かばんの中に けいたいが あります。

④ このビルの二階に 花屋が あります。

⑤ 教室の中に 先生が います。

쓰기 02

① 형이(오빠가) 한 명 있습니다.

② 전화가 두 대 있습니다.

③ 집 근처에 서점이 있습니다.

④ 의자 위에 신문이 있습니다.

⑤ 개는 방 안에 있습니다.

Test 07

듣기 01

① 隣 [뜻] 근처, 이웃

② 自転車 [뜻] 자전거

③ 牛丼屋 [뜻] 소고기덮밥집

④ 台所 [뜻] 부엌

⑤ 本だな [뜻] 책꽂이

듣기 02

① 会社の近くに 銀行が あります。 회사 근처에 은행이 있습니다.

② テレビの右に 時計が あります。 텔레비전 오른쪽에 시계가 있습니다.

③ 犬の間に 猫が います。 개 사이에 고양이가 있습니다.

④ 兄は 妹の前に います。 형은 여동생 앞에 있습니다.

⑤ 本屋の隣に 花屋が あります。 서점 근처에 꽃집이 있습니다.

없는 거 빼고 다있는

돈키호테 상품 베스트 10

이번에는 비교적 저렴한 가격내의 상품들을 구비해 놓고 있는 일명 〈없는 것 빼고 다 있나~! 라는 잡화점 동키호테〉편입니다. 돈키호테는 일본에서 매우 인기있는 잡화점으로 24시간 체인점으로 운영되고 있다보니, 여행자들에게도 편리한 쇼핑스폿이기도 하죠. 그리고 무엇보다 다양한 상품이 진열되어 있어 왠만한 상품들을 한번에 다 구입할 수 있는 장점이 있어요. 한번 들어가면 좀처럼 헤어나오지 못할 정도로 눈이 가는 상품들이 많아, 지갑이 자꾸 열리게 되는 점에는 주의하시기 바랍니다.

과자

돈키호테가 자랑하는 추천상품 랭킹 1위는 〈과자류〉입니다. 비교적 저렴하고 다양한 과자류가 많아, 일본 현지인들에게 매우 인기인데요... 예를 들면, 다양한 종류의 젤리, 캬라멜 콘, 포테이토칩,일본 전통 과자 등등... 돈키호테에서만 만나볼 수 있는 레어템과 시중에서는 구입할 수 없는 대용량 과자들도 구입하실 수 있습니다.

화장품, 향수

일본 여성들이 돈키호테를 방문하는 주된 목적이 바로 화장품 때문이라는 말이 있을 정도로 돈키호테의 화장품은 젊은 여성들 사이에서 인기랍니다. 다른 화장품 가게와 비교해 보면 가격이나 품질면에서도 더할나위 없다고 하네요. 돈키호테 화장품을 사용해보신 여성분들 사이에서 입소문이 자자합니다.

인스턴트 식품

보통 일반 편의점이나 시중에서 팔고 있는 똑같은 상품의 인스턴트 컵라면이라도 돈키호테에서는 시중가보다 저렴하게 구입할 수 있답니다. 일본인들도 한꺼번에 많은 양을 구입할 때는 꼭 돈키호테를 이용한다고 하니... 쟁여놓는 용도라면 꼭 발품을 팔아서라도 가볼만 하겠죠?

고급 시계

비교적 저렴한 가격으로 여러가지 상품을 구입할 수 있는 잡화점의 성격상, 돈키호테에서 구입할 수 있는 상품 중에 고급 시계 항목이 있는 것이 다소 의외이긴합니다만... 그래서 위조품이나 짝퉁일까? 라는 우려가 생길법도 하신데... 전혀 걱정할 것 없습니다. 돈키호테에서 직접 해외 직영점과 정규 대리점을 통해 병행수입을 하고 있어 정품이면서도 저렴한 가격을 유지하고 있다고 합니다. 의외로 젊은 사람들한테도 인기있는 아이템입니다.

핸디 마사지기

휴대가 간편한 작은 진동 핸디 마사지기입니다. 가격도 2만원 미만으로 다양한 상품들이 진열되어 있어요. 가방 속에 하나쯤 쏙 넣어가지고 다니면서... 여행 중 많이 걸어 종아리 근육이 뭉치거나 아프거나 하실 때, 피로한 부위를 간단히 마사지해 주는 용도로 좋을 것 같습니다. USB충전 제품으로도 나와 있어, 컴퓨터 옆에 하나쯤 두시면... 업무중 목이나 어깨 결림이 있으실 때 수시로 사용하셔도 좋을 것 같네요.

일용품

매일 매일 일상에서 필요한 일용품들도 돈키호테의 상품 구성과 가격면의 경쟁력은 그 어느 상점에도 뒤지지 않는다고 합니다. 정기적인 특별 가격할인도 진행하고 있다고 하니... 부피와 무게가 그리 크지 않은 여행중에 필요한 일용품 위주로 구입하셔도 좋을 것 같네요.

드링크류

일반 슈퍼마켓이나 편의점보다 저렴한 가격의 각종 드링크류. 녹차와 홍차, 쥬스, 커피, 주류, 에너지드링크 등... 시중과 똑같은 상품이지만 단연 가격이 싸다는 이유로 알뜰한 일본 주부들 사이에서 인기라고 합니다. 여행 중 호텔에 쟁여두고 드실 음료수나, 여행 중 지친 몸을 위해 에너지드링크가 필요하시다면... 돈키호테에 들리셨을 때 함께 구입해 보시는 것도 좋지 않을까요?

헤어 드라이기, 헤어 아이론

왠지 돈키호테에서는 헤어 드라이기나 헤어 아이론의 종류가 굉장히 다양하고 많다고 알려져 있어요. 일반 전기제품 판매장과 비교해 보더라도 저렴한 가격의 제품군이 많다고 하니, 헤어 드라이기나 헤어 아이론이 필요하신 분들께서는 요체크!!

군고구마

우리나라도 겨울철에는 군고구마가 단연 인기인데요... 일본에서는 돈키호테에서 군고구마를 사먹을 수 있다고 하니 좀 신기하시죠? 추운 겨울철 돈키호테 앞에서 군고구마를 사서 먹고 있는 어린이부터 어른까지... 일본의 겨울하면 생각나는 한 장면이기도 해요. 겨울철에 일본 여행을 계획하고 계시다면... 일본의 이러한 소소한 겨울풍경에 함께 동참해보시는 것도 좋으실 것 같습니다.

장난감

현재 일본에서 유행하고있는 장난감, 예전부터 꾸준히 인기를 끌고 있는 장난감등... 다양한 종류의 장남감이 진열되어 있습니다. 때때로 인기있는 장난감을 특별 가격으로 내놓기도 하고 있으므로, 어린이용 선물을 사야할 때도 돈키호테 방문은 굿굿!!

unit. 8

오 사케 오 노 미 니 이 키 마 셍 까

お酒を 飲みに 行きませんか。

さけ の

QR Animation

이것 만은 꼭! **학습사항**

❶ 동사의 종류 : 1, 2, 3그룹 동사 ❷ 동사의 연체형
❸ 동사의 부정형 : **～ない** ❹ 동사의 정중형 : **～ます** ~합니다
❺ 동사의 과거형 : **～ました** ~했습니다
❻ 동사의 부정형, 과거부정형 : **～ません** ~하지 않습니다
～ませんでした ~하지 않았습니다
❼ **～ませんか** ~하지 않겠습니까? ❽ 동사**ます**형 + **に** ~하러
❾ 동사의 의지 · 권유형 ❿ 동사의 가정형 ⓫ 동사의 명령형
⓬ 동사 기본형 + **つもり** ~할 생각

나혼자 한다! **혼공 Plan**

학습 체크 ☐1회 ☐2회 ☐3회
포인트 강의 08 (10분)
튜터 이세진

학습 체크 ☐1회 ☐2회 ☐3회
저자 직강 08 (15분)
강사 이장우

학습 체크 ☐1회 ☐2회 ☐3회
차곡차곡 내공쌓기 (15분)
Point (156~165p)

학습 체크 ☐1회 ☐2회 ☐3회
바로바로 말해보기 (15분)
Speaking (166~169p)

학습 체크 ☐1회 ☐2회 ☐3회
회화 뽀개기 (15분)
Conversation (170~171p)

학습 체크 ☐1회 ☐2회 ☐3회
내 귀에 착착~ (15분)
Listening (172~173p)

학습 체크 ☐1회 ☐2회 ☐3회
듣고 말하기 훈련 (15분)
MP3 S_08

학습 체크 ☐1회 ☐2회 ☐3회
8과 마무리 평가 (30분)
(174~177p)

차곡차곡 내공쌓기 Point

01

동사의 종류 : 1그룹, 2그룹, 3그룹 동사

요꾸 다베루 요꾸 우고꾸 요꾸 네루

よく 食(た)べる、よく 動(うご)く、よく 寝(ね)る。

잘 먹는다, 잘 움직인다, 잘 잔다.

- □ よく 잘
- □ 食(た)べる 먹다
- □ 動(うご)く 움직이다
- □ 寝(ね)る 자다
- □ 会(あ)う 만나다
- □ 急(いそ)ぐ 서두르다
- □ 待(ま)つ 기다리다
- □ 遊(あそ)ぶ 놀다
- □ 乗(の)る 타다
- □ 行(い)く 가다
- □ 話(はな)す 말하다
- □ 死(し)ぬ 죽다
- □ 読(よ)む 읽다
- □ 売(う)る 팔다
- □ 見(み)る 보다
- □ 忘(わす)れる 잊다
- □ 投(な)げる 던지다
- □ 起(お)きる 일어나다
- □ する 하다
- □ 来(く)る 오다

이번 과부터는 일본어 동사에 대하여 학습해 나가도록 합니다. 우선 동사의 특징부터 알아보도록 하겠습니다. 일본어 동사는 사람이나 사물의 동작 · 존재 · 작용을 나타내며, 활용어미가 모두 [う단], 즉 「u」 모음으로 끝납니다. 그리고 동사는 형태적인 측면에서 [1그룹 동사, 2그룹 동사, 3그룹 동사] 3종류로 나뉘게 되는데요... 자, 그럼 각각의 동사에 대한 형태와 특징에 대해 알아보도록 할까요?

1그룹 동사

활용어미가 모두 「u」모음으로 끝나고, 「る」로 끝나는 동사일 경우 「る」 앞의 모음이 「i」나 「e」 모음이 아닌 동사가 해당됩니다. (예 う・く・ぐ・す・つ・ぬ・ぶ・む・る)

あう	[a-u]	만나다	いく	[ik-u]	가다
いそぐ	[isog-u]	서두르다	はなす	[hanas-u]	이야기하다
まつ	[mats-u]	기다리다	しぬ	[sin-u]	죽다
あそぶ	[asob-u]	놀다	よむ	[yom-u]	읽다
のる	[nor-u]	타다	うる	[ur-u]	팔다

2그룹 동사

활용어미가 「る」로 끝나며 「る」 앞의 모음이 「i」나 「e」모음인 동사가 해당됩니다.

みる	[mi-ru]	보다	おきる	[oki-ru]	일어나다
わすれる	[wasure-ru]	잊다	たべる	[tabe-ru]	먹다
なげる	[nage-ru]	던지다	ねる	[ne-ru]	자다

3그룹 동사

[する:하다] [来(く)る:오다] 가 해당됩니다.

02

동사의 연체형

다　베　루　도끼　가　　이찌　방　　시아와　세　데　스

食べる時が 一番 幸せです。

먹을 때가　가장　행복합니다.

- □ 食べる 먹다
- □ 時 때
- □ 一番 가장, 제일
- □ 幸せだ 행복하다
- □ 行く 가다
- □ 言う 말하다
- □ 遊ぶ 놀다
- □ 飲む 마시다
- □ 脱ぐ 벗다
- □ 消す 끄다
- □ 待つ 기다리다
- □ 乗る 타다
- □ 見る 보다
- □ 着る 입다
- □ 出る 나가다
- □ 投げる 던지다
- □ 起きる 일어나다
- □ いる 있다
- □ 寝る 자다
- □ する 하다
- □ 来る 오다

[연체형]이란 위 예문에서처럼 「**食べる : 먹다**」라는 동사 뒤에 체언(명사)이 올때 연결되는 우리말의 「~하(는)」의 형태를 말하는데, 일본어 동사의 연체형의 경우 동사의 기본형 형태가 변화되지 않고 그대로 뒤에 오는 체언을 수식하는 형태이므로 그리 어렵지 않게 연결시키실 수 있을 거예요.

1그룹 동사

- いく ⇨ 行くとき 갈 때
- いう ⇨ 言うとき 말할 때
- あそぶ ⇨ 遊ぶとき 놀 때
- のむ ⇨ 飲むとき 마실 때
- ぬぐ ⇨ 脱ぐとき 벗을 때
- けす ⇨ 消すとき 끌 때
- まつ ⇨ 待つとき 기다릴 때
- のる ⇨ 乗るとき 탈 때

2그룹 동사

- みる ⇨ 見る とき 볼 때
- きる ⇨ 着る とき 입을 때
- でる ⇨ 出る とき 나갈 때
- なげる ⇨ 投げる とき 던질 때
- おきる ⇨ 起きる とき 일어날 때
- いる ⇨ いる とき 있을 때
- たべる ⇨ 食べる とき 먹을 때
- ねる ⇨ 寝る とき 잘 때

3그룹 동사

- する ⇨ する とき 할 때
- くる ⇨ 来る とき 올 때

차곡차곡 내공쌓기 Point

03

동사의 부정형 (ない형) : ~ない ~하지 않다

다 바 꼬 와 스 와 나 이
タバコは 吸わない。
담배는 피우지 않는다.

□ タバコ 담배
□ 吸う 피우다

〈~하지 않다〉의 의미를 갖는 일본어 동사의 부정형은 동사 뒤에 부정의 조동사 〈ない〉를 붙여 만든다 하여 〈ない형〉이라고도 부릅니다. 동사의 그룹별로 부정형을 만드는 방법이 다르므로 공식처럼 잘 익혀 두셔야 합니다.

〈1그룹 동사〉의 부정형

활용어미인「u」모음을「a」모음으로 바꾸고 부정의 조동사「ない」를 접속합니다. 단,「う」로 끝나는 동사는「あ」가 아닌「わ」로 활용한다는 것에 주의하세요.

- いく → 行かない 가지 않는다
- いう → 言わない 말하지 않는다
- あそぶ → 遊ばない 놀지 않는다
- のむ → 飲まない 마시지 않는다
- ぬぐ → 脱がない 벗지 않는다
- けす → 消さない 끄지 않는다
- まつ → 待たない 기다리지 않는다
- のる → 乗らない 타지 않는다

〈2그룹 동사〉의 부정형

활용어미인「る」를 탈락시키고 부정의 조동사「ない」를 접속시킵니다.

- みる → 見ない 보지 않다
- 忘れる → 忘れない 잊지 않다
- でる → 出ない 나가지 않다
- なげる → 投げない 던지지 않다
- おきる → 起きない 일어나지 않다
- いる → いない 없다
- たべる → 食べない 먹지 않다
- ねる → 寝ない 자지 않다

〈3그룹 동사〉의 부정형

3그룹 동사의 부정형은 특수한 형태이므로 그대로 그대로 외우도록 합시다.

- する → しない 하지 않다
- くる → 来ない 오지 않다

04

동사의 정중형 (ます형) : ～ます ~합니다

교 - 와 하야 꾸 가에 리 마 스

今日(きょう)は 早(はや)く 帰(かえ)ります。

오늘은 일찍 귀가합니다.

- □ 今日(きょう) 오늘
- □ ～は ~은(는)
- □ 早(はや)く 일찍
- □ 帰(かえ)る 귀가하다, 돌아가다

동사의 기본형에 정중의 조동사 「ます」를 접속시키면, 「~합니다, ~하겠습니다」와 같이 공손함을 나타내며, 규칙적으로 반복되는 동작이나 미래시제를 나타내기도 합니다. 그룹별로 「ます」의 접속 형태가 다르므로 하나의 공식으로 알아 두시기 바랍니다.

〈1그룹 동사〉의 정중형

활용어미인 「u」모음을 「i」모음으로 바꾸고 정중의 조동사 「ます」를 접속시킵니다.

- いく → 行(い)きます 갑니다
- いう → 言(い)います 말합니다
- あそぶ → 遊(あそ)びます 놉니다
- のむ → 飲(の)みます 마십니다
- ぬぐ → 脱(ぬ)ぎます 벗습니다
- けす → 消(け)します 끕니다
- まつ → 待(ま)ちます 기다립니다
- のる → 乗(の)ります 탑니다

〈2그룹 동사〉의 정중형

활용어미인 「る」를 탈락시키고 정중의 조동사 「ます」를 접속시킵니다.

- みる → 見(み)ます 봅니다
- きる → 着(き)ます 입습니다
- でる → 出(で)ます 나갑니다
- なげる → 投(な)げます 던집니다
- おきる → 起(お)きます 일어납니다
- いる → います 있습니다
- たべる → 食(た)べます 먹습니다
- ねる → 寝(ね)ます 잡니다

〈3그룹 동사〉의 정중형

3그룹 동사의 정중형은 특수한 형태이므로 그대로 외우도록 합시다.

- する → します 합니다
- くる → 来(き)ます 옵니다

Point 차곡차곡 내공쌓기

05

동사의 과거형 : ～ました ~했습니다

고 노 료- 리 와 하하 가 즈꾸 리 마 시 따

この料理(りょうり)は 母(はは)が 作(つく)りました。

이 요리는 어머니가 만들었습니다.

- □ この 이
- □ 料理(りょうり) 요리
- □ 母(はは) (본인의) 어머니
- □ 作(つく)る 만들다
- □ 昨日(きのう) 어제
- □ ラーメン 라면
- □ 食(た)べる 먹다
- □ 友(とも)だち 친구
- □ 言(い)う 말하다

[～ます: ~합니다]의 과거형은 [～ました]로, [~했습니다]로 해석합니다.

昨日(きのう) ラーメンを 食(た)べました。 어제 라면을 먹었습니다.

それは 友(とも)だちに 言(い)いました。 그것은 친구에게 말했습니다.

06

동사의 부정형, 과거부정형 : ～ません ~하지 않습니다 / ～ませんでした ~하지 않았습니다

다 이 엣 또 와 시 마 셍 데 시 따

ダイエットは しませんでした。

다이어트는 하지 않습니다.

- □ ダイエット 다이어트
- □ する 하다
- □ 先週(せんしゅう) 지난 주
- □ こと 일
- □ 忘(わす)れる 잊다
- □ 窓(まど) 창문
- □ 閉(し)める 닫다

[～ます: ~합니다]의 부정형은 [～ません]으로, [~하지 않습니다]로 해석합니다. [～ませんでした] 는 부정의 과거형으로서 [~하지 않았습니다] 로 해석합니다.

先週(せんしゅう)のことは 忘(わす)れません。 지난 주 일은 잊지 않습니다.

窓(まど)は 閉(し)めません。 창문은 닫지 않습니다.

社会(かいしゃ)へ 行(い)きませんでした。 회사에 가지 않았습니다.

さかもとさんは 来(き)ませんでした。 사카모토 씨는 오지 않았습니다.

07

✽ ～ませんか ~하지 않겠습니까?

잇 쑈 니　에이 가 오　미 마 셍 까

一緒(いっしょ)に 映画(えいが)を 見(み)ませんか。

함께 / 영화를 / 보지 않겠습니까 ?

□ 一緒(いっしょ)に 함께
□ 映画(えいが) 영화
□ 見(み)る 보다
□ 朝(あさ) 아침
□ 起(お)きる 일어나다
□ 勉強(べんきょう) 공부
□ うどん 우동
□ 食(た)べる 먹다

✽ 부정의 의문문으로서, [상대방에게 나와 같은 것을 하도록 권유]하거나, [상대방에게 어떤 행위를 하도록 제안]하는 경우에 사용합니다. [～ましょう: ~합시다] 와 같은 의미이지만, [～ませんか] 쪽이 좀 더 적극성을 나타낸다는 정도만 알아 둡시다.

朝(あさ)6時(じ)に 起(お)きませんか。 아침 6시에 일어나지 않겠습니까?

一緒(いっしょ)に 勉強(べんきょう)しませんか。 함께 공부하지 않겠습니까?

うどんを 食(た)べましょう。 우동을 먹읍시다.

早(はや)く 帰(かえ)りましょう。 빨리 돌아갑시다.

□ 早(はや)く 빨리
□ 帰(かえ)る 돌아가다, 돌아오다

08

✽ 동사ます형 + に ~하러

오 사케 오　노 미 니　이 키 마 셍 까

お酒(さけ)を 飲(の)みに 行(い)きませんか。

술을 / 마시러 / 가지 않겠습니까 ?

□ お酒(さけ) 술
□ 飲(の)む 마시다
□ 行(い)く 가다
□ 映画(えいえ) 영화
□ 見(み)る 보다
□ 出(で)かける 외출하다
□ 友(とも)だち 친구

✽ [동사ます형 + に] 는 [목적] 을 가지고 행하는 행동을 나타냅니다. [동작형 명사 + に] 도 같은 의미가 됩니다.

お酒(さけ)を 飲(の)みに 行(い)きます。 술을 마시러 갑니다.

映画(えいえ)を 見(み)に 出(で)かけます。 영화를 보러 나갑니다.

友(とも)だちと 散歩(さんぽ)に 行(い)きます。 친구와 산책하러 갑니다.

来週(らいしゅう)、出張(しゅっちょう)に 行(い)きます。 다음 주 출장 갑니다.

□ 散歩(さんぽ) 산책
□ 来週(らいしゅう) 다음 주
□ 出張(しゅっちょう) 출장

09

동사의 의지 · 권유형

교 - 모 이치니찌 간 바 로 -
今日(きょう)も 一日(いちにち) 頑張(がんば)ろう～！
오늘도 하루 힘내자 ~!

- 今日(きょう) 오늘
- ～も ~도
- 一日(いちにち) 하루
- 頑張(がんば)る 힘내다, 열심히 하다

1그룹 동사

활용어미인 「u」모음을 「o」모음으로 바꾸고 조동사 「う」를 접속시킵니다. 또한 추측형도 의지 · 권유형과 형태가 동일하지만, 현대일본어에서는 「기본형＋だろう」형태를 많이 사용합니다. (예 あうだろう / かうだろう…)

- いく ⇨ 行(い)こう 가야지/가자
- いう ⇨ 言(い)おう 말해야지/말하자
- あそぶ ⇨ 遊(あそ)ぼう 놀아야지/놀자
- のむ ⇨ 飲(の)もう 마셔야지/마시자
- ぬぐ ⇨ 脱(ぬ)ごう 벗어야지/벗자
- けす ⇨ 消(け)そう 꺼야지/끄자
- まつ ⇨ 待(ま)とう 기다려야지/기다리자
- のる ⇨ 乗(の)ろう 타야지/타자

2그룹 동사

활용어미인 「る」를 탈락시키고 「よう」를 접속시켜 「~하겠다, ~하자」의 의미를 나타냅니다.

- みる ⇨ 見(み)よう 봐야지/보자
- きる ⇨ 着(き)よう 입어야지/입자
- でる ⇨ 出(で)よう 나가야지/나가자
- なげる ⇨ 投(な)げよう 던져야지/던지자
- おきる ⇨ 起(お)きよう 일어나야지/일어나자
- いる ⇨ いよう 있어야지/있자
- たべる ⇨ 食(た)べよう 먹어야지/먹자
- ねる ⇨ 寝(ね)よう 자야지/자자

3그룹 동사

3그룹 동사의 의지 · 권유형은 특수한 형태이므로 그대로 외우도록 합시다.

- する ⇨ しよう 해야지/하자
- くる ⇨ 来(こ)よう 와야지/오자

10

동사의 가정형

勉強すれば きっと 受かるよ。

(벵쿄-스레바 깃또 우카루요)

공부하면 / 기필코 / 합격할 거에요.

- 勉強(べんきょう) 공부
- する 하다
- きっと 꼭, 기필코
- 受(う)かる 합격하다
- ～よ ~요
(상대방이 모르는 새로운 정보를 전달하거나, 자기 의사를 강하게 주장할 때 문장 끝에 붙여서 사용하는 종조사)

1그룹 동사

활용어미인「u」모음을「e」모음으로 바꾸고 접속조사「ば」를 접속시켜「~(하)면」이라는 의미를 나타냅니다.

- いく → 行(い)けば 가면
- いう → 言(い)えば 말하면
- あそぶ → 遊(あそ)べば 놀면
- のむ → 飲(の)めば 마시면
- ぬぐ → 脱(ぬ)げば 벗으면
- けす → 消(け)せば 끄면
- まつ → 待(ま)てば 기다리면
- のる → 乗(の)れば 타면

2그룹 동사

활용어미인「る」를 탈락시키고「れば」를 접속시켜「~하면」의 의미를 나타냅니다.

- みる → 見(み)れば 보면
- きる → 着(き)れば 입으면
- でる → 出(で)れば 나가면
- なげる → 投(な)げれば 던지면
- おきる → 起(お)きれば 일어나면
- いる → いれば 있으면
- たべる → 食(た)べれば 먹으면
- ねる → 寝(ね)れば 자면

3그룹 동사

활용어미인「u」모음을「e」모음으로 바꾸고 접속조사「ば」를 접속시킵니다.

- する → すれば 하면
- くる → 来(く)れば 오면

차곡차곡 내공쌓기 Point

11

동사의 명령형

지 코꾸 스 루　하야 꾸　오 끼 로

遅刻(ちこく)する。早(はや)く 起(お)きろ～！

지각한다. 어서 일어나~!

□ 遅刻(ちこく)する 지각하다
□ 早(はや)く 빨리, 어서
□ 起(お)きる 일어나다

1그룹 동사

활용어미인「u」모음을「e」모음으로 바꾸면 명령의 의미로 말을 마치는 형태가 되며,「~하여라, ~해라」의 의미를 나타냅니다.

- いく → 行(い)け 가라
- いう → 言(い)え 말해라
- あそぶ → 遊(あそ)べ 놀아라
- のむ → 飲(の)め 마셔라
- ぬぐ → 脱(ぬ)げ 벗어라
- けす → 消(け)せ 꺼라
- まつ → 待(ま)て 기다려라
- のる → 乗(の)れ 타라

2그룹 동사

활용어미인「る」를 탈락시키고「ろ·よ」를 접속시켜,「~하여라, ~해라」의 의미를 나타냅니다. 명령형에는 두 가지 형태가 있는데,「ろ」는 주로 회화체에서 사용하고「よ」는 주로 문장체에서 사용합니다.

- みる → 見(み)ろ・よ 봐라
- きる → 着(き)ろ・よ 입어라
- でる → 出(で)ろ・よ 나가라
- なげる → 投(な)げろ・よ 던져라
- おきる → 起(お)きろ・よ 일어나라
- いる → いろ・よ 있어라
- たべる → 食(た)べろ・よ 먹어라
- ねる → 寝(ね)ろ・よ 자라

3그룹 동사

3그룹 동사의 명령형은 특수한 형태이므로 그대로 외우도록 합시다.

- する → しろ・せよ 해/해라
- くる → 来(こ)い 와/와라

12

동사기본형 + つもり ~할 생각, ~할 예정

라이슈-　니혼에　이쿠쯔모리데스

来週(らいしゅう)、日本(にほん)へ 行(い)くつもりです。

다음주，　일본에　갈 예정입니다.

- □ 来週(らいしゅう) 다음 주
- □ 日本(にほん) 일본
- □ ～へ ~에(로)
- □ 行(い)く 가다
- □ ～つもり 생각
- □ 明日(あした) 내일
- □ 図書館(としょかん) 도서관
- □ 友(とも)だち 친구
- □ ～と ~와(과)
- □ 野球(やきゅう) 야구
- □ ～を ~을(를)
- □ 見(み)る 보다
- □ 飛行機(ひこうき) 비행기
- □ ～が ~이(가)
- □ ～時(じ) ~시
- □ 到着(とうちゃく)する 도착하다
- □ 予定(よてい) 예정
- □ 出張(しゅっちょう) 출장
- □ 来年(らいねん) 내년
- □ 結婚(けっこん)する 결혼하다

이 표현은 미래의 계획을 나타낼 때 사용합니다. [予定(よてい) : 예정]과 구분을 해야 하는데, [つもり] 는 [본인이 정한 의지] 이지만, [予定(よてい)] 는 [본인의 의사를 나타내지 않고], 단순히 그러할 예정이 있다는 것을 나타낸다고 할 수 있습니다. 따라서 단체로 무언가를 정해서 할 경우에는 [予定(よてい)]를 사용해야 합니다.

明日(あした)、図書館(としょかん)へ 行(い)くつもりです。 내일 도서관에 갈 생각입니다.(본인의 의지)

友(とも)だちと 野球(やきゅう)を 見(み)るつもりです。 친구와 야구를 볼 생각입니다.(본인의 의지)

飛行機(ひこうき)が 1時(じ)に 到着(とうちゃく)する予定(よてい)です。

비행기가 1시에 도착할 예정입니다. (본인의 의사가 아님)

出張(しゅっちょう)に 行(い)く予定(よてい)です。 출장 갈 예정입니다. (본인의 의사가 아님)

来年(らいねん)、結婚(けっこん)するつもりです。

내년에 결혼할 생각입니다.(본인이 내년에 결혼할 생각을 가지고 있음)

来年(らいねん)、結婚(けっこん)する予定(よてい)です。

내년에 결혼할 예정입니다.(상대방과 합의하여, 내년 1월에 결혼할 것을 정함)

바로바로 말해보기 Speaking

01 아래의 예 와 같이 말해 보세요.

サッカー

見(み)る / 行(い)く

サッカーを 見(み)に 行(い)きませんか。

❶ お酒(さけ)

飲(の)む / 行(い)く

❷ 野球(やきゅう)

する / 行(い)く

❸ 友(とも)だち

会(あ)う / 行(い)く

❹ 机(つくえ)

運(はこ)ぶ / 行(い)く

❺ 先生(せんせい)

言(い)う / 行(い)く

해석 & 해답 01 Track 35

듣고말하기훈련 MP3 S_08

예 サッカーを 見に 行きませんか。 축구를 보러 가지 않겠습니까?

1. お酒を 飲みに 行きませんか。 술을 마시러 가지 않겠습니까?
2. 野球を しに 行きませんか。 야구를 하러 가지 않겠습니까?
3. 友だちに 会いに 行きませんか。 친구를 만나러 가지 않겠습니까?
4. 机を 運びに 行きませんか。 책상을 운반하러 가지 않겠습니까?
5. 先生に 言いに 行きませんか。 선생님께 말하러 가지 않겠습니까?

- □ サッカー 축구
- □ 見る 보다
- □ 行く 가다
- □ お酒 술
- □ 飲む 마시다
- □ 野球 야구
- □ する 하다
- □ 友だちに 会う 친구를 만나다

※ [친구를 만나다]는 반드시 조사 [に]를 사용하여, [友だちに 会う] 라고 합니다.

- □ 机 책상
- □ 運ぶ 운반하다
- □ 先生 선생님
- □ 言う 말하다

Speaking
바로바로 말해보기

02 아래의 예 와 같이 말해 보세요.

明日(あした)

旅行(りょこう)に 行(い)く

明日(あした)、旅行(りょこう)に 行(い)くつもりです。

❶ 来週(らいしゅう)

サッカークラブに 入(はい)る

❷ これから

お酒(さけ)を 飲(の)まない

❸ 1時間後(じかんあと)

家(うち)へ 帰(かえ)る

❹ 明日(あした)

夏休(なつやす)みの計画(けいかく)を 立(た)てる

❺ 今晩(こんばん)

母(はは)に 言(い)う

해석 & 해답 02 Track 36

예 明日(あした)、旅行(りょこう)に 行(い)くつもりです。 내일 여행갈 생각입니다.

❶ 来週(らいしゅう)、サッカークラブに 入(はい)るつもりです。
다음 주 축구클럽에 들어갈 생각입니다.

❷ これから お酒(さけ)を 飲(の)まないつもりです。 앞으로 술을 안 마실 생각입니다.

❸ 1時間後(じかんご)、家(うち)へ 帰(かえ)るつもりです。 1시간 후에 집에 돌아갈 생각입니다.

❹ 明日(あした)、夏休(なつやす)みの計画(けいかく)を 立(た)てるつもりです。
내일 여름방학 계획을 세울 생각입니다.

❺ 今晩(こんばん)、母(はは)に 言(い)うつもりです。 오늘밤, 어머니께 말할 생각입니다.

- □ 明日(あした) 내일
- □ 旅行(りょこう)に行(い)く 여행가다
- □ 来週(らいしゅう) 다음 주
- □ サッカークラブ 축구클럽
- □ 入(はい)る 들어가다
- □ つもり 생각, 계획
- □ これから 앞으로
- □ お酒(さけ) 술
- □ 飲(の)む 마시다
- □ ~時間後(じかんご) ~시간 후
- □ 家 집
- □ ~へ ~에, ~로(방향)
- □ 帰(かえ)る 돌아가다
- □ 明日(あした) 내일
- □ 夏休(なつやす)み 여름방학
- □ 計画(けいかく) 계획
- □ 立(た)てる 세우다
- □ 今晩(こんばん) 오늘 밤
- □ 母(はは) 어머니
- □ ~に ~에게(대상)
- □ 言(い)う 말하다

회화 뻐개기 Conversation

QR Animation

Track 37

ミン　さかもとさん、お酒(さけ)を 飲(の)みに 行(い)きませんか。
사카모토 상 오사케오 노미니 이끼마셍까

さかもと　いつですか。
이쯔데스까

ミン　今週(こんしゅう)の金曜日(きんようび)ですが……。
곤슈노 킹요-비 데스가

さかもと　今週(こんしゅう)ですか。
곤슈- 데스까

ミン　どうしてですか。用事(ようじ)が ありますか。
도-시떼데스까 요-지가 아리마스까

さかもと　今週(こんしゅう)の金曜日(きんようび)は 東京(とうきょう)へ 出張(しゅっちょう)に 行(い)きますよ。
곤슈-노 킹요-비와 도-쿄-에 슛쵸-니 이끼마스요

ミン　そうですか。忙(いそが)しいですね。
소-데스까 이소가시-데스네

さかもと　はい。仕事(しごと)が 多(おお)くて 大変(たいへん)ですよ。
하이 시고또가 오-꾸떼 다이헨 데스요

ミン　それじゃ、また 今度(こんど) 行(い)きましょう。
소레쟈 마따 곤도 이끼마쇼-

저자 직강

민	사카모토 씨, 술을 마시러 가지 않겠습니까?
사카모토	언제입니까?
민	이번 주 금요일입니다만…
사카모토	이번 주입니까?
민	왜요? 볼일이 있습니까?
사카모토	이번 주 금요일은 도쿄에 출장 갑니다.
민	그렇습니까? 바쁘군요.
사카모토	예. 일이 많아서 힘듭니다.
민	그럼, 또 다음 번에 갑시다.

어휘 표현

- お酒(さけ) 술
- 飲(の)む 마시다
- 동사ます형 + に ~하러
- 行(い)く 가다
- いつですか 언제입니까
- 今週(こんしゅう) 이번 주
- 金曜日(きんようび) 금요일
- ～ですが ~입니다만
- どうして 왜
- 用事(ようじ) 볼일
- 東京(とうきょう) 도쿄(지명)
- ～へ ~으로
- 出張(しゅっちょう) 출장
- 忙(いそが)しい 바쁘다
- 仕事(しごと) 일
- 多(おお)い 많다
- 大変(たいへん)だ 힘들다
- それじゃ 그럼
- また 또
- 今度(こんど) 다음 번

Listening 내 귀에 착착~

01 음성을 듣고 맞는 그림에 번호를 써 넣어 주세요. Track 38

02 음성을 듣고, 문장을 완성해 주세요. Track 39

❶ 来週(らいしゅう) 日本(にほん)へ ________。

❷ 一緒(いっしょ)に 昼(ひる)ご飯(はん)を ________。

❸ 病院(びょういん)に ________。

❹ 彼女(かのじょ)は ________。

❺ 会社(かいしゃ)から ________。

해석 & 해답 01

❶ ❹ 窓(まど)を 閉(し)めます。 창문을 닫습니다.

❷ ❺ 掃除(そうじ)を しに 行(い)きます。 청소를 하러 갑니다.

❸ ❶ 友(とも)だちに 会(あ)いに 行(い)きます。 친구를 만나러 갑니다.

❹ ❷ 絵(え)を 見(み)に 出(で)かけます。 그림을 보러 나갑니다.

❺ ❸ 散歩(さんぽ)に 行(い)きましょう。 산책하러 갑시다.

해석 & 해답 02

❶ 来週(らいしゅう) 日本(にほん)へ 行(い)くつもりです。 다음 주 일본에 갈 생각입니다.

❷ 一緒(いっしょ)に 昼(ひる)ご飯(はん)を 食(た)べませんか。 함께 점심밥을 먹지 않겠습니까?

❸ 病院(びょういん)に 行(い)きませんでした。 병원에 가지 않았습니다.

❹ 彼女(かのじょ)は 会(あ)いませんでした。 그녀는 만나지 않았습니다.

❺ 会社(かいしゃ)から 早(はや)く 帰(かえ)りました。 회사에서 빨리 돌아왔습니다.

- □ 窓(まど) 창문
- □ 閉(し)める 닫다
- □ 掃除(そうじ) 청소
- □ ~を ~을(를)
- □ 동사ます형 + に ~하러
- □ 行(い)く 가다
- □ 友(とも)だちに 会(あ)う 친구를 만나다
- □ 絵(え) 그림
- □ 見(み)る 보다
- □ 出(で)かける 외출하다
- □ 散歩(さんぽ) 산책
- □ 동작성명사 + に ~하러
- □ 来週(らいしゅう) 다음 주
- □ 日本(にほん) 일본
- □ 一緒(いっしょ)に 함께
- □ 昼(ひる)ご飯(はん) 점심밥
- □ 食(た)べる 먹다
- □ 病院(びょういん) 병원
- □ 会社(かいしゃ) 회사
- □ ~から ~에서
- □ 早(はや)く 빨리
- □ 帰(かえ)る 돌아오다, 돌아가다

unit.8 Test

마무리~ 필기시험

제한 시간 30분

점수 :　　　/ 100

어휘

01 다음 동사의 「ます형」을 ひらがな로, 그리고 그 의미를 써주세요. (1문제 2점)

	ます형	의미
예 起(お)きる	起(お)きます	일어납니다
① 見(み)る		
② 飲(の)む		
③ 帰(かえ)る		
④ 来(く)る		
⑤ する		

02 다음 동사를 의미에 맞게 활용해 주세요. (1문제 2점)

	着(き)る
입습니다	
입었습니다	
안 입습니다	
입지 않았습니다	
입읍시다	

	行(い)く
갑니다	
갔습니다	
안 갑니다	
가지 않았습니다	
갑시다	

	立(た)つ
섭니다	
섰습니다	
안 섭니다	
서지 않았습니다	
섭시다	

	忘(わす)れる
잊습니다	
잊었습니다	
안 잊습니다	
잊지 않았습니다	
잊읍시다	

듣기

Test 08

01 단어를 듣고 받아 써 보세요. (1문제 4점)

① ② ③

④ ⑤

02 문장을 듣고 받아 써 보세요. (1문제 6점)

① ______

② ______

③ ______

④ ______

⑤ ______

unit 08 문제 풀이

어휘

01 다음 동사의 「ます형」을 ひらがな로, 그리고 그 의미를 써주세요.
(1문제 2점)

예 起(お)きる

① 見(み)る

② 飲(の)む

③ 帰(かえ)る

④ 来(く)る

⑤ する

02 다음 동사를 의미에 맞게 활용해 주세요.
(1문제 2점)

어휘 01

ます형	의미
예 起(お)きます	일어납니다
見(み)ます	봅니다
飲(の)みます	마십니다
帰(かえ)ります	돌아갑니다
来(き)ます	옵니다
します	합니다

어휘 02

	着(き)る
입습니다	着(き)ます
입었습니다	着(き)ました
안 입습니다	着(き)ません
입지 않았습니다	着(き)ませんでした
입읍시다	着(き)ましょう

	行(い)く
갑니다	行(い)きます
갔습니다	行(い)きました
안 갑니다	行(い)きません
가지 않았습니다	行(い)きませんでした
갑시다	行(い)きましょう

	立(た)つ
섭니다	立(た)ちます
섰습니다	立(た)ちました
안 섭니다	立(た)ちません
서지 않았습니다	立(た)ちませんでした
섭시다	立(た)ちましょう

	忘(わす)れる
잊습니다	忘(わす)れます
잊었습니다	忘(わす)れました
안 잊습니다	忘(わす)れません
잊지 않았습니다	忘(わす)れませんでした
잊읍시다	忘(わす)れましょう

듣기

01 단어를 듣고 받아 써 보세요. (1문제 4점)

① ②

③ ④

⑤

02 문장을 듣고 받아 써 보세요. (1문제 6점)

① ______

② ______

③ ______

④ ______

⑤ ______

Test 08

듣기 01

① 昼(ひる)ご飯(はん) [뜻] 점심밥

② 夏休(なつやす)み [뜻] 여름방학

③ 旅行(りょこう) [뜻] 여행

④ 予定(よてい) [뜻] 예정

⑤ 計画(けいかく) [뜻] 계획

듣기 02

① 明日(あした) 帰(かえ)るつもりです。 내일 돌아갈 생각입니다.

② 一緒(いっしょ)に 見(み)ましょう。 함께 봅시다.

③ お酒(さけ)は 飲(の)みませんでした。 술은 마시지 않았습니다.

④ 仕事(しごと)を 忘(わす)れましょう。 일을 잊읍시다.

⑤ ご飯(はん)を 食(た)べに 行(い)きませんか。 밥을 먹어러 가지 않겠습니까?

unit. 9

데 자 인 오 벵 쿄- 시 따 고 또 가 아 리 마 스 까

デザインを 勉強したことが ありますか。

べんきょう

QR Animation

이것 만은 꼭! **학습사항**

1. 1그룹 동사 [〜て형] : ~고, ~서
2. 2, 3그룹 동사의 [〜て형] : ~고, ~서
3. 동사의 과거형 [〜た형] : ~했다
4. 동사 과거형 + **ことが ある(ない)** ~한 적이 있다(없다)
5. 동사 과거형(부정형) + **ほうが いい** ~하는 편이 좋다

나혼자 한다! **혼공 Plan**

학습 체크 ☐1회 ☐2회 ☐3회
포인트 강의 09 (10분)
튜터 이세진

학습 체크 ☐1회 ☐2회 ☐3회
저자 직강 09 (15분)
강사 이장우

학습 체크 ☐1회 ☐2회 ☐3회
차곡차곡 내공쌓기 (15분)
Point (180~185p)

학습 체크 ☐1회 ☐2회 ☐3회
바로바로 말해보기 (15분)
Speaking (186~189p)

학습 체크 ☐1회 ☐2회 ☐3회
회화 뽀개기 (15분)
Conversation (190~191p)

학습 체크 ☐1회 ☐2회 ☐3회
내 귀에 착착~ (15분)
Listening (192~193p)

학습 체크 ☐1회 ☐2회 ☐3회
듣고 말하기 훈련 (15분)
MP3 S_09

학습 체크 ☐1회 ☐2회 ☐3회
9과 마무리 평가 (30분)
(194~197p)

차곡차곡 내공쌓기 Point

01

1그룹 동사 [~て형] : ~고, ~서

피자오 다베떼 고-라오 노미마시따

ピザを 食(た)べて コーラを 飲(の)みました。

피자를 먹고 콜라를 마셨습니다.

- □ ピザ 피자
- □ 食(た)べる 먹다
- □ コーラ 콜라
- □ 飲(の)む 마시다
- □ 買(か)う 사다
- □ 立(た)つ 서다
- □ 帰(かえ)る 돌아가다
- □ 新聞(しんぶん) 신문
- □ 読(よ)む 읽다
- □ 話(はな)す 이야기하다
- □ 家(いえ) 집
- □ 勉強(べんきょう)する 공부하다

「~て형」은 우리말의 「~하고, ~해서」의 의미로, 문장의 전후를 연결하는 역할을 합니다. 1그룹 동사의 「て형」은 동사의 「활용어미 형태」에 따라 아래와 같이 4가지로 분류됩니다.

❶ う・つ・る로 끝나는 동사 → って

う・つ・る → って	買(か)う 사다	買(か)って
	立(た)つ 서다	立(た)って
	帰(かえ)る 돌아가다	帰(かえ)って

新聞(しんぶん)を 買(か)って 読(よ)みました。 신문을 사서 읽었습니다.

立(た)って 話(はな)しました。 서서 이야기했습니다.

家(いえ)に 帰(かえ)って 勉強(べんきょう)しました。 집에 돌아와서 공부했습니다.

- □ 死(し)ぬ 죽다
- □ 運(はこ)ぶ 운반하다
- □ 犬(いぬ) 개
- □ 悲(かな)しい 슬프다
- □ 本(ほん) 책
- □ 寝(ね)る 자다
- □ 荷物(にもつ) 짐
- □ 休(やす)む 쉬다

❷ ぬ・む・ぶ로 끝나는 동사 → んで

ぬ・む・ぶ → んで	死(し)ぬ 죽다	死(し)んで
	読(よ)む 읽다	読(よ)んで
	運(はこ)ぶ 운반하다	運(はこ)んで

犬(いぬ)が 死(し)んで 悲(かな)しい。 개가 죽어서 슬프다.

本(ほん)を 読(よ)んで 寝(ね)ました。 책을 읽고 잤습니다.

荷物(にもつ)を 運(はこ)んで 休(やす)みました。 짐을 운반하고 쉬었습니다.

- □ 書(か)く 쓰다
- □ 泳(およ)ぐ 수영하다
- □ 日記(にっき) 일기
- □ 宿題(しゅくだい) 숙제
- □ 海(うみ) 바다
- □ 楽(たの)しい 즐겁다
- □ 展示会(てんじかい) 전시회
- □ 絵(え) 그림
- □ 見(み)る 보다

❸ く・ぐ 로 끝나는 동사 → いて・いで

く・ぐ→　いて・いで	書(か)く 쓰다	書いて
	泳(およ)ぐ 수영하다	泳いで

* 예외) 行(い)く → 行(い)って

日記(にっき)を 書(か)いて、宿題(しゅくだい)を しました。 일기를 쓰고 숙제를 했습니다.

海(うみ)で 泳(およ)いで 楽(たの)しかった。 바다에서 수영해서 즐거웠다.

展示会(てんじかい)に 行(い)って 絵(え)を 見(み)ました。 전시회에 가서 그림을 보았습니다.

- □ 話(はな)す 말하다
- □ 先生(せんせい) 선생님
- □ 帰(かえ)る 돌아가다

❹ す 로 끝나는 동사 → して

す→　して	話(はな)す 말하다	話して

先生(せんせい)に 話(はな)して 帰(かえ)りました。 선생님께 말하고 돌아갔습니다.

Point

차곡차곡 내공쌓기

02

2그룹, 3그룹 동사의 [~て형] : ~고, ~서

뉴 - 스 오 미 떼 와 까 리 마 시 따

ニュースを 見(み)て 分(わ)かりました。

뉴스를 보고 알았습니다.

- □ ニュース 뉴스
- □ 見(み)る 보다
- □ 分(わ)かる 알다
- □ 朝(あさ) 아침
- □ 顔(かお) 얼굴
- □ 洗(あら)う 씻다
- □ 赤(あか)い 빨갛다
- □ シャツ 셔츠
- □ 名前(なまえ) 이름
- □ すみません 죄송합니다

2그룹 동사의 「~て형」은 1그룹 동사와는 달리 활용어미인 「る」를 탈락시키고 곧바로 「て」를 접속시킵니다.

[る] 를 빼고 [て] 를 붙입니다.

る → て	起(お)きる 일어나다	起(お)きて
	見(み)る 보다	見(み)て
	着(き)る 입다	着(き)て
	忘(わす)れる 잊다	忘(わす)れて
	食(た)べる 먹다	食(た)べて
	寝(ね)る 자다	寝(ね)て
	燃(も)える 불타다	燃(も)えて

朝(あさ) 起(お)きて 顔(かお)を 洗(あら)います。 아침에 일어나서 얼굴을 씻습니다.

赤(あか)いシャツを 着(き)て 来(き)ました。 빨간 셔츠를 입고 왔습니다.

名前(なまえ)を 忘(わす)れて すみません。 이름을 잊어서 죄송합니다.

3그룹 동사의 「~て형」은 来(く)る → 来(き)て / する → して 입니다.

- □ 彼(かれ) 그
- □ 嬉(うれ)しい 기쁘다
- □ 少(すこ)し 조금
- □ 散歩(さんぽ) 산책
- □ 帰(かえ)る 귀가하다

彼(かれ)も 来(き)て 嬉(うれ)しかったです。 그도 와서 기뻤습니다.

少(すこ)し 散歩(さんぽ)して 帰(かえ)りました。 조금 산책하고 귀가했습니다.

03

✽ 동사의 과거형 [～た형] : ~했다

소 노 홍 와 모 - 욘 다

その本(ほん)は もう 読(よ)んだ。

그 책은 이미 읽었다.

- 本(ほん) 책
- もう 이미, 벌써
- 読(よ)む 읽다
- 昨日(きのう) 어제
- みんな 모두
- 一人(ひとり)で 혼자서
- 猫(ねこ) 고양이
- 雑誌(ざっし) 잡지
- かばん 가방
- 名前(なまえ) 이름
- 川(かわ) 강
- ～で ~에서(장소)
- 彼(かれ) 그
- 早(はや)く 일찍, 빨리
- 映画(えいが) 영화
- 勉強(べんきょう) 공부
- 先生(せんせい) 선생님

✽ 동사의 과거형은 [～て형]에서 [て]대신, [た]를 붙이면 과거형이 됩니다.

昨日(きのう) 買(か)った。 어제 샀다.

みんな 立(た)った。 모두 일어섰다.

一人(ひとり)で 帰(かえ)った。 혼자서 돌아왔다.

猫(ねこ)が 死(し)んだ。 고양이가 죽었다.

雑誌(ざっし)を 読(よ)んだ。 잡지를 읽었다.

かばんを 運(はこ)んだ。 가방을 운반했다.

名前(なまえ)を 書(か)いた。 이름을 썼다.

川(かわ)で 泳(およ)いだ。 강에서 수영했다.

彼(かれ)に 話(はな)した。 그에게 이야기했다.

早(はや)く 起(お)きた。 일찍 일어났다.

映画(えいが)を 見(み)た。 영화를 보았다.

勉強(べんきょう)を した。 공부를 했다.

先生(せんせい)も 来(き)た。 선생님도 왔다.

04

동사과거형 + ことがある(ない) ~한 적이 있다(없다)

데 자 인 오 벵 쿄- 시 타 고 또 가 아 리 마 스

デザインを 勉強(べんきょう)したことが あります。

디자인을 공부한 적이 있습니다.

- □ デザイン 디자인
- □ 勉強(べんきょう)する 공부하다
- □ 日本(にほん) 일본
- □ 行(い)く 가다
- □ 寿司(すし) 초밥
- □ 食(た)べる 먹다
- □ お酒(さけ) 술
- □ 飲(の)む 마시다
- □ 映画(えいが) 영화
- □ 見(み)る 보다

[동사과거형 + ことが ある(ない) 는 ~한 적이 있다(없다)]의 의미로 경험이 있고, 없음을 나타내는 표현입니다.

日本(にほん)へ 行(い)ったことが ある。 일본에 간 적이 있다.

寿司(すし)を 食(た)べたことが ない。 초밥을 먹은 적이 없다.

お酒(さけ)を 飲(の)んだことが あります。 술을 마신 적이 있습니다.

日本(にほん)の映画(えいが)を 見(み)たことが ないです(ありません)。

일본영화를 본 적이 없습니다.

05 동사과거형(부정형) + ほうが いい ~하는 편이 좋다, ~하지 않는 편이 좋다

나니 까 벵 쿄- 시 타 호 - 가 이 - 데 스 요

何か 勉強したほうが いいですよ。

なに べん きょう

뭔가 공부하는 편이 좋아요.

- □ 何か(なに) 뭔가, 무언가
- □ 早く(はや) 빨리
- □ 帰る(かえ) 돌아가다
- □ 窓(まど) 창문
- □ 閉める(し) 닫다
- □ お酒(さけ) 술
- □ 飲む(の) 마시다
- □ 授業(じゅぎょう) 수업
- □ 時間(じかん) 시간
- □ 寝る(ね) 자다

「동사과거형 + ほうが いい」는 「~하는 편이 좋다」의 의미로 자신의 의견을 제시하는 표현이고, 「동사부정형 + ほうが いい」는 「~하지 않는 편이 좋다」의 의미로 상대방의 의견과 생각에 대해 조언하거나 충고하는 표현입니다.

早(はや)く 帰(かえ)ったほうが いい。 빨리 돌아가는 편이 좋다.

窓(まど)を 閉(し)めたほうが いいです。 창문을 닫는 편이 좋습니다.

お酒(さけ)は 飲(の)まないほうが いい。 술은 마시지 않는 편이 좋다.

授業時間(じゅぎょうじかん)に 寝(ね)ないほうが いいです。 수업시간에 자지 않는 편이 좋습니다.

Speaking 바로바로 말해보기

01 아래의 예 와 같이 말해 보세요.

勉強を する

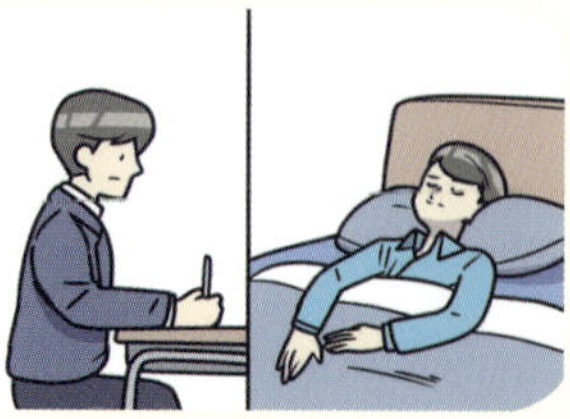

寝る

勉強をして 寝ます。

① コーヒーを 飲む

仕事を する

② テレビを 見る

宿題を する

③ ご飯を 食べる

歯を 磨く

④ 運動を する

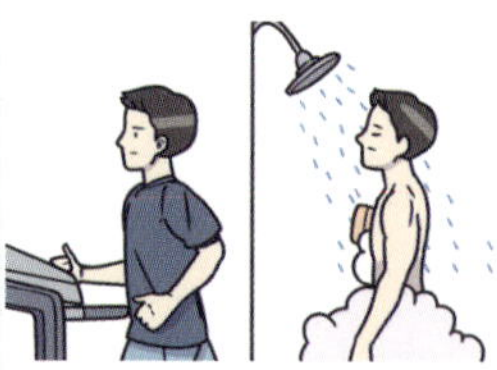

シャワーを あびる

⑤ 友だちに 会う

映画を 見る

해석 & 해답 01 Track 40

듣고말하기훈련 MP3 S_09

예 勉強(べんきょう)を して 寝(ね)ます。 공부를 하고 잡니다.

1. コーヒーを 飲(の)んで 仕事(しごと)をします。 커피를 마시고 일을 합니다.
2. テレビを 見(み)て 宿題(しゅくだい)を します。 텔레비전을 보고 숙제를 합니다.
3. ご飯(はん)を 食(た)べて 歯(は)を 磨(みが)きます。 밥을 먹고 이를 닦습니다.
4. 運動(うんどう)を して シャワーを あびます。 운동을 하고 샤워를 합니다.
5. 友(とも)だちに 会(あ)って 映画(えいが)を 見(み)ます。 친구를 만나서 영화를 봅니다.

- □ 勉強(べんきょう) 공부
- □ 寝(ね)る 자다
- □ コーヒー 커피
- □ 飲(の)む 마시다
- □ 仕事(しごと) 일
- □ テレビ 텔레비전
- □ 見(み)る 보다
- □ 宿題(しゅくだい) 숙제
- □ ご飯(はん) 밥
- □ 食(た)べる 먹다
- □ 歯(は) 이
- □ 磨(みが)く 닦다
- □ 運動(うんどう) 운동
- □ シャワーを あびる 샤워를 하다
- □ 友(とも)だちに 会(あ)う 친구를 만나다
- □ 映画(えいが) 영화
- □ 見(み)る 보다

Speaking 바로바로 말해보기

02 아래의 예 와 같이 말해 보세요.

中国

行(い)く (O)

中国(ちゅうごく)に 行(い)ったことが ありります。

さしみを 食(た)べたことが ないです。

さしみ

食(た)べる (X)

❶ サッカー

する (O)

❷ 海(うみ)

泳(およ)ぐ (X)

❸ 午前(ごぜん) 6時(じ)

起(お)きる (O)

❹ 会社(かいしゃ)

入(はい)る (X)

❺ 日記(にっき)

書(か)く (O)

해석 & 해답 02 Track 41

예 中国(ちゅうごく)に 行(い)ったことが あります。중국에 간 적이 있습니다.
さしみを 食(た)べたことが ないです。생선회를 먹은 적이 없습니다.

❶ サッカーを したことが あります。축구를 한 적이 있습니다.

❷ 海(うみ)で 泳(およ)いだことが ないです。바다에서 수영한 적이 없습니다.

❸ 午前(ごぜん) 6時(じ)に 起(お)きたことが あります。오전 6시에 일어난 적이 있습니다.

❹ 会社(かいしゃ)に 入(はい)ったことが ないです。회사에 들어간 적이 없습니다.

❺ 日記(にっき)を 書(か)いたことが あります。일기를 쓴 적이 있습니다.

- □ 中国(ちゅうごく) 중국
- □ 行(い)く 가다
- □ さしみ 생선회
- □ 食(た)べる 먹다
- □ サッカー 축구
- □ 海(うみ) 바다
- □ 泳(およ)ぐ 수영하다
- □ 午前(ごぜん) 오전
- □ ~時(じ) ~시
- □ 起(お)きる 일어나다
- □ 会社(かいしゃ) 회사
- □ 入(はい)る 들어가다
- □ 日記(にっき) 일기
- □ 書(か)く 쓰다

회화 뽀개기 Conversation

QR Animation

Track 42

さかもと ミンさんは デザインを 勉強(べんきょう)したことが ありますか。
민 상 와 데 자 인 오 벵 쿄- 시 따 코 또 가 아 리 마 스 까

ミン いいえ、ありません。どうしてですか。
이 - 에 아 리 마 셍 도 - 시 떼 데 스 까

さかもと 私(わたし)は 来週(らいしゅう)から 習(なら)うつもりです。
와따시와 라이 슈-까 라 나라 우 쯔 모 리 데 스

ミン 難(むずか)しくないですか。
무즈카시 꾸 나 이 데 스 까

さかもと それは よく わかりません。
소 레 와 요 꾸 와 까 리 마 셍

デザインを 勉強(べんきょう)して、英語(えいご)も 習(なら)うつもりです。
데 자 인 오 벵 쿄- 시 떼 에이 고 모 나라 우 쯔 모 리 데 스

ミン そうですか。すごいですね。
소 - 데 스 까 스 고 이 데 스 네

さかもと ミンさんは 日本(にほん)へ 来(き)て 何(なに)か 習(なら)ったことが ありますか。
민 상 와 니 혼 에 키 떼 나니 까 나 랏 따 코 또 가 아 리 마 스 까

ミン いいえ、全然(ぜんぜん) ありません。
이 - 에 젠 젠 아 리 마 셍

さかもと でも、何(なに)か 勉強(べんきょう)したほうが いいですよ。
데 모 나니 까 벵 쿄 시 따 호 - 가 이 - 데 스 요

ミン そうですね。ありがとうございます。
소 - 데 스 네 아 리 가 또 - 고 자 이 마 스

저자 직강

사카모토	민 씨는 디자인을 공부한 적이 있습니까?
민	아뇨, 없습니다. 왜요?
사카모토	나는 다음 주부터 배울 생각입니다.
민	어렵지 않겠습니까?
사카모토	그것은 잘 모르겠습니다. 디자인을 공부하고 영어도 배울 생각입니다.
민	그렇습니까? 굉장하군요.
사카모토	민 씨는 일본에 와서 뭔가 배운 적이 있습니까?
민	아뇨, 전혀 없습니다.
사카모토	하지만, 뭔가 공부하는 편이 좋아요.
민	맞아요. 감사합니다.

어휘 표현

- 勉強 공부
- 동사과거형 + ことが ある ~한 적이 있다
- ありません 없습니다
- どうして 왜
- 私 나
- 来週 다음 주
- ~から ~부터
- 習う 배우다
- ~つもり ~할 생각
- 難しい 어렵다
- よく わかりません 잘 모르겠습니다
- 英語 영어
- ~も ~도
- すごい 굉장하다
- 日本 일본
- 何か 뭔가
- 全然 전혀

Listening 내 귀에 착착~

01 음성을 듣고 맞는 그림에 번호를 써 넣어 주세요. Track 43

02 음성을 듣고, 문장을 완성해 주세요. Track 44

❶ アメリカへ ＿＿＿＿＿＿ 。

❷ 友(とも)だちの名前(なまえ)を ＿＿＿＿＿＿ 。

❸ 展示会(てんじかい)に ＿＿＿＿＿＿ 。

❹ ＿＿＿＿＿＿ 、水(みず)を 飲(の)みました。

❺ ＿＿＿＿＿＿ 、コーヒーを 飲(の)みました。

해석 & 해답 01

❶ ❷ 野球(やきゅう)を 見(み)たことが あります。야구를 본 적이 있습니다.

❷ ❸ 海(うみ)で 泳(およ)いだことが あります。바다에서 수영한 적이 있습니다.

❸ ❹ 飛行機(ひこうき)に 乗(の)ったことが あります。비행기를 탄 적이 있습니다.

❹ ❺ 外国人(がいこくじん)と 話(はな)したことが あります。외국인과 이야기한 적이 있습니다.

❺ ❶ 寿司(すし)を 食(た)べたことが あります。초밥을 먹는 적이 있습니다.

- □ 野球(やきゅう) 야구
- □ 見(み)る 보다
- □ 海(うみ) 바다
- □ ~で ~에서
- □ 泳(およ)ぐ 수영하다
- □ 飛行機(ひこうき)に 乗(の)る 비행기를 타다

* [乗(の)る]는 항상 조사 [に]를 수반합니다.

- □ 外国人(がいこくじん) 외국인
- □ 話(はな)す 이야기하다
- □ 寿司(すし) 초밥
- □ 食(た)べる 먹다
- □ アメリカ 미국
- □ 行(い)く 가다
- □ 友(とも)だち 친구
- □ 名前(なまえ) 이름
- □ 忘(わす)れる 잊다
- □ 展示会(てんじかい) 전시회
- □ ご飯(はん) 밥
- □ 水(みず) 물
- □ 飲(の)む 마시다
- □ 会社(かいしゃ) 회사
- □ 来(く)る 오다

해석 & 해답 02

❶ アメリカへ 行(い)ったことが ありません。미국에 간 적이 없습니다.

❷ 友(とも)だちの名前(なまえ)を 忘(わす)れたことが あります。친구의 이름을 잊은 적이 있습니다.

❸ 展示会(てんじかい)に 行(い)ったことが ないです。전시회에 간 적이 없습니다.

❹ ご飯(はん)を 食(た)べて、水(みず)を 飲(の)みました。밥을 먹고 물을 마셨습니다.

❺ 会社(かいしゃ)に 来(き)て、コーヒーを 飲(の)みました。회사에 와서 커피를 마셨습니다.

unit.9 Test

마무리~ 필기시험

제한 시간 30분

점수 :   / 100

어휘

01 다음의 동사를 「て」형으로 바꿔주세요. (1문제 2점)

2그룹동사	[て] 형
예 起(お)きる	起(お)きて
見(み)る	
着(き)る	
忘(わす)れる	
食(た)べる	
寝(ね)る	

1그룹동사	[て] 형
예 買(か)う	買(か)って
立(た)つ	
帰(かえ)る	
死(し)ぬ	
読(よ)む	
運(はこ)ぶ	

02 다음의 동사를 「た」형으로 바꿔주세요. (1문제 2점)

2그룹동사	[た] 형
예 起(お)きる	起(お)きた
見(み)る	
着(き)る	
忘(わす)れる	
食(た)べる	
寝(ね)る	

1그룹동사	[た] 형
예 買(か)う	買(か)った
立(た)つ	
帰(かえ)る	
死(し)ぬ	
読(よ)む	
運(はこ)ぶ	

Test 09

듣기

01 단어를 듣고 받아 써 보세요. (1문제 5점)

① ② ③

④ ⑤

02 문장을 듣고 받아 써 보세요. (1문제 7점)

①

②

③

④

⑤

unit 09 문제 풀이

어휘

01 다음의 동사를 「て」형으로 바꿔주세요.
(1문제 2점)

어휘 01

2그룹동사	[て] 형
예 起(お)きる	起(お)きて
見(み)る	見(み)て
着(き)る	着(き)て
忘(わす)れる	忘(わす)れて
食(た)べる	食(た)べて
寝(ね)る	寝(ね)て

1그룹동사	[て] 형
예 買(か)う	買(か)って
立(た)つ	立(た)って
帰(かえ)る	帰(かえ)って
死(し)ぬ	死(し)んで
読(よ)む	読(よ)んで
運(はこ)ぶ	運(はこ)んで

02 다음의 동사를 「た」형으로 바꿔주세요.
(1문제 2점)

어휘 02

2그룹동사	[た] 형
예 起(お)きる	起(お)きた
見(み)る	見(み)た
着(き)る	着(き)た
忘(わす)れる	忘(わす)れた
食(た)べる	食(た)べた
寝(ね)る	寝(ね)た

1그룹동사	[た] 형
예 買(か)う	買(か)った
立(た)つ	立(た)った
帰(かえ)る	帰(かえ)った
死(し)ぬ	死(し)んだ
読(よ)む	読(よ)んだ
運(はこ)ぶ	運(はこ)んだ

듣기

01 단어를 듣고 받아 써 보세요. (1문제 5점)

① ____ ② ____

③ ____ ④ ____

⑤ ____

02 문장을 듣고 받아 써 보세요. (1문제 7점)

① ____

② ____

③ ____

④ ____

⑤ ____

Test 09

듣기 01

① 習(なら)う [뜻] 배우다

② 泳(およ)ぐ [뜻] 수영하다

③ 宿題(しゅくだい) [뜻] 숙제

④ 磨(みが)く [뜻] 닦다

⑤ 何(なに)か [뜻] 뭔가

듣기 02

① アメリカの 映画(えいが)を 見(み)たことが あります。 미국영화를 본 적이 있습니다.

② 計画(けいかく)を 立(た)てたことが あります。 계획을 세운 적이 있습니다.

③ 本屋(ほんや)に 行(い)って 友(とも)だちに 会(あ)いました。 서점에 가서 친구를 만났습니다.

④ お酒(さけ)を 飲(の)んで 帰(かえ)りました。 술을 마시고 돌아왔습니다.

⑤ 早(はや)く 起(お)きたほうが いいです。 빨리 일어나는 편이 좋습니다.

스위츠 / 스시 바이킹(뷔페)

일정한 금액을 내고 정해진 시간 내에 음식을 맘껏 먹을 수 있는 뷔페를 일본에서는 바이킹(**バイキング**)이라고 부릅니다. 특히 스시나 스위츠(디저트)처럼 일정 가격대가 형성되어 있어, 평소에 맘껏 먹기 힘든 음식 위주로, 이 바이킹 가게들을 찾아 이용한다면 가격면에서도 부담이 덜하고 먹고 싶을 만큼 먹을 수 있는 게 큰 장점이기도 한데요... 이번에는 도쿄 근교에서 인기를 끌고 있는 스위츠(디저트)와 스시 바이킹 가게들을 한번 알아보도록 하겠습니다.

カフェ&バール
카페 & 바루

일본 유명 텔레비전 프로그램에서도 자주 소개되어 유명해진 신주쿠역에서 4분 정도 거리에 위치한 바이킹 음식점입니다. 고기, 생선 요리를 비롯해 매일 매일 바뀌는 파스타와 더블어 천연효모 빵과 다양한 종류의 스위츠를 맛보실 수 있습니다.
가격 : 1,530엔
(위치:도쿄 시부야/**東京都渋谷区区代々木1-60-11 東京興産本社ビル1F**)

タカノフルーツバー
다카노후르츠바

계절에 따라 월별로 메뉴가 바뀌며, 여러 종류의 스위츠를 맛볼 수 있습니다. 신주쿠역에서 걸어서 5분 거리에 위치해 있습니다. 과일을 사용하여 만든 다양한 스위츠를 즐길수 있다고 하니, 특히 과일을 좋아하시는 분들께 추천합니다.
가격: 2,700엔
(위치: 도쿄 신주쿠 / 주소: **東京都新宿区新宿3-26-11 5F**)

マーブルラウンジ
마블라운지

서신주쿠역으로부터 걸어서 2분거리에 위치한 초일류 호텔 〈힐튼〉의 로비라운지 〈마블라운지〉입니다. 여러가지 메뉴의 디저트와 더블어 계절마다 테마를 설정하여 특별 메뉴도 제공하고 있습니다. 딸기를 풍성하게 사용한 메뉴와 〈이상한 나라의 엘리스〉 영화를 모티브로한 세계관으로 선보이는 디저트 등도 선보이고 있습니다.
가격 : 평일 4,320엔
(위치: 도쿄 신주쿠 / 주소: **東京都新宿区西新宿6-6-2**)

プラチナビュッフェ
프라치나 뷔페

통상 20종류 이상의 스위츠를 구비하고 있습니다. 스위츠 이외에도 피자나 파스타 등 이탈리아 요리를 포함하여 50종류 가까운 메뉴가 제공됩니다.
가격 : 평일 런치 1,510엔
(위치: 도쿄 신주쿠 / 주소: **東京都新宿区西新宿1-1-3 新宿ミロード 9F**)

ビタースイーツビュッフェ
비타 스위츠 뷔페

매장에서 바로 구워주는 케이크, 와플, 피자, 파스타, 수제 햄버거 등. 스위츠 이외의 요리 메뉴도 충실한 것이 특징입니다. 그리고 쇼트 케이크의 경우에는 그 종류가 풍성하여 스위츠 매니아들에게 많은 인기를 끌고 있습니다.
(위치:도쿄 신주쿠 / 주소: **東京都新宿区新宿3-38-1 ルミネエスト新宿8F**)

ぎんざまぐろや 築地店(つきちてん)
긴자마구로야 즈키찌점

즈키찌역에서 걸어서 5분 거리 장소에 있는 스시 바이킹 식당입니다. 주말과 휴일에 한하여 고급 에도마에 스시를 90분 간 즐기실 수 있습니다.
가격 : 3,500엔
(위치:도쿄 츄오구 / 주소: **東京都中央区築地6-8-10小柴ビル1F**)

雛鮨(ひなすし) 西銀座店(にしぎんざてん)
히나스시 니시긴자점

긴자의 스시는 비싸다는 선입견이 있지만... 긴자에 위치하면서도 고급 스시를 맘껏 드실 수 있는 초밥가게입니다 .객석도 110석으로 비교적 넓은 공간이어서 여러명이 함께 방문하시기에 좋은 장소인듯 합니다.
가격 : 4,000엔
(위치:도쿄 긴자 / 주소: **東京都中央区銀座5-8-20 銀座コアB2F**)

喜代寿司(きよすし)
키요스시

스시 장인의 스시를 시간 무제한으로 즐길 수 있는 가게로 유명합니다. 가격도 1인당 1,800엔 정도로 저렴하고, 참치와 연어뿐 아니라, 새우, 연어알, 성게알 스시 등 비교적 가격대가 있는 고급 스시들도 맛볼 수 있습니다.
(위치:사이타마현 / 주소: **東京都江東区南砂3-4-10**)

うみめしアトレヴィ大塚店(おおつかてん)
우미메시아토레뷔 오츠카점

오후 5시부터 주문할 수 있는 〈본격 에도마에 스시〉는 2시간 제한으로 여성은 2,800엔, 남성은 3,800엔입니다.
(위치:도쿄 도시마쿠 / 주소: **東京都豊島区南大塚3-33-1 JR大塚南口ビル4F**)

鮨(すし)マムズ
스시맘즈

런치를 바이킹으로 제공하고 있습니다. 평일은 1,080엔으로 생선회를 중심으로 한 일본식. 주말, 휴일에는 1,620엔으로 초밥 장인이 만들어주는 본격적인 에도마에 스시와 더불어 일본식을 즐기실 수 있습니다.
(위치:도쿄 오타쿠 / 주소: **東京都大田区池上1-32-8 池上会館1F**)

unit. 10

마도 오 아 케 떼 모 이 ー 데 스 까

窓を 開けても いいですか。

まど あ

QR Animation

이것 만은 꼭!

학습사항

1. ~ている : ~하고 있다 • ~했다(현재 진행형 • 상태표현) / 일본어의 자동사 • 타동사
2. ~てください : ~해 주세요
3. ~てほしい : ~해 주기를 바라다
4. ~てしまう : ~해 버리다
5. ~ても いい : ~해도 좋다(허가/허락)
6. ~ては いけない : ~해서는 안 된다(금지)

나혼자 한다!

혼공 Plan

학습 체크 □1회 □2회 □3회
포인트 강의 10 (10분)
튜터 이세진

학습 체크 □1회 □2회 □3회
저자 직강 10 (15분)
강사 이장우

학습 체크 □1회 □2회 □3회
차곡차곡 내공쌓기 (15분)
Point (202~205p)

학습 체크 □1회 □2회 □3회
바로바로 말해보기 (15분)
Speaking (206~209p)

학습 체크 □1회 □2회 □3회
회화 뽀개기 (15분)
Conversation (210~211p)

학습 체크 □1회 □2회 □3회
내 귀에 착착~ (15분)
Listening (212~213p)

학습 체크 □1회 □2회 □3회
듣고 말하기 훈련 (15분)
MP3 S_10

학습 체크 □1회 □2회 □3회
10과 마무리 평가 (30분)
(214~217p)

차곡차곡 내공쌓기 Point

01

~ている : ~하고 있다・~했다(현재진행형・상태표현) / 일본어의 자동사 ・타동사

후타리 와 이마 츠 키 앗 떼 이 마 스

二人は 今 付き合っています。

ふたり いま つ あ

두 사람은 지금 사귀고 있습니다.

- □ 二人(ふたり) 두 사람
- □ 今(いま) 지금
- □ 付き合う(つきあう) 사귀다
- □ 船(ふね) 배
- □ 少し(すこし) 조금
- □ ~ずつ ~씩
- □ 動く(うごく) 움직이다
- □ 女の子(おんなのこ) 여자 아이
- □ 一人で(ひとりで) 혼자서
- □ 泳ぐ(およぐ) 수영하다
- □ 帽子(ぼうし) 모자
- □ かぶる (모자를) 쓰다
- □ 父(ちち) 아버지
- □ もう 이미, 벌써
- □ 帰る(かえる) 귀가하다
- □ 電気(でんき) 전기
- □ 消える(きえる) 꺼지다(자동사)
- □ ドア 문
- □ 開く(あく) 열리다(자동사)
- □ 消す(けす) 끄다(타동사)
- □ 開ける(あける) 열다(타동사)

앞 과에서 동사의 て형에 대하여 배웠는데요, 이 て형 뒤에 존재의 동사 いる를 붙여 우리말의 〈~하고 있다〉와 같은 표현을 만들 수가 있어요. 일본어 표현으로도 [~ている]는 [현재진행형] 과 [상태표현]에서 사용할 수가 있답니다.

▶현재진행형

船(ふね)が 少(すこ)しずつ 動(うご)いている。 배가 조금씩 움직이고 있다.

女(おんな)の子(こ)が 一人(ひとり)で 泳(およ)いでいます。 여자 아이가 혼자서 수영하고 있습니다.

▶상태표현

帽子(ぼうし)を かぶっている人(ひと)が さかもとさんです。

모자를 쓰고 있는 사람이 사카모토 씨입니다.

父(ちち)は もう 帰(かえ)っています。 아버지는 이미 귀가했습니다.

여기서 일본어의 [자동사]와 [타동사]에 대해서 알아두어야 하는데, [자동사]는 목적격 [~を:~을(를)]을 수반하지 않는 동사이고, [타동사]는 목적격을 수반하는 동사입니다. [타동사 + ~ている]는 [현재진행형/상태] 를 나타내지만 [자동사 + ~ている]는 [상태] 를 나타냅니다. 그리고 [타동사 + ~てある] 는 [상태]를 나타내지만, [자동사 + ~てある] 는 사용할 수 없습니다. [자동사 + ~ている]는 [자연스러운 상태]이지만, [타동사 +~てある] 는 [인위적인 상태]를 나타냅니다.

▶자동사 + ~ている (자연스러운 상태)

電気(でんき)が 消(き)えています。 전기가 꺼져 있습니다.

ドアが 開(あ)いています。 문이 열려 있습니다.

▶타동사 + ~てある (인위적인 상태)

電気(でんき)が 消(け)してあります。 전기가 꺼져 있습니다.

ドアが 開(あ)けてあります。 문이 열려 있습니다.

02

✿ ～てください : ~해 주세요

시부 야 에키 노 마에 데　맛 떼 구 다 사 이

渋谷駅の前で 待ってください。

しぶ や えき　まえ　ま

시부야역 앞에서　기다려 주세요.

- □ 渋谷駅(しぶやえき) 시부야역
- □ 前(まえ) 앞
- □ ～で ~에서
- □ 名前(なまえ) 이름
- □ 書(か)く 쓰다
- □ わかる 알다

✿ 상대방에게 지시하거나 명령, 부탁할 때에 사용합니다. [～てください]에 대한 대답으로는, [はい : 예] [はい、わかりました : 예, 알겠습니다] 등이 있습니다.

あした、9時(じ)に 来(き)てください。 내일 9시에 와 주세요.

A : 名前(なまえ)を 書(か)いてください。 이름을 써 주세요.

B : はい、わかりました。 예, 알겠습니다.

03

✿ ～てほしい : ~해 주기를 바라다

아 시 따　마 따　뎅 와 시 떼 호 시 - 데 스

明日、また 電話してほしいです。

あした　でん わ

내일　다시　전화해 주셨으면 합니다.

- □ 明日(あした) 내일
- □ また 또, 다시
- □ 電話(でんわ)する 전화하다
- □ 寮(りょう) 기숙사
- □ もっと 더욱
- □ 毎日(まいにち) 매일
- □ 部屋(へや) 방
- □ 掃除(そうじ) 청소

✿ 상대방에게 자신의 바람 · 의뢰 · 요구 등 원하는 동작이나 상태를 완곡하게 나타내는 표현입니다.

寮(りょう)のWifiを もっと よくしてほしい。 기숙사의 와이파이를 좀 더 잘해 줬으면 해.

毎日(まいにち)、部屋(へや)を 掃除(そうじ)してほしいです。 매일, 방 청소를 해 주기 바랍니다.

차곡차곡 내공쌓기 Point

04

✽ ～てしまう : ~해 버리다

가노 죠 또 와카 레 떼 시 마 이 마 시 따

彼女と 別れてしまいました。

かの じょ　わか

여자친구와　헤어져 버렸습니다.

- □ 彼女(かのじょ) 여자친구
- □ ～と ~와(과)
- □ 別(わか)れる 헤어지다
- □ 宿題(しゅくだい) 숙제
- □ 全部(ぜんぶ) 전부
- □ ごめん 미안
- □ 道(みち)に 迷(まよ)う 길을 잃다
- □ メールアドレス 메일주소
- □ 間違(まちが)える 틀리다

✽ [～てしまった : ~해 버렸다] 는 동작의 완료를 나타내며 화자의 의지와는 상관없이 부정적인 결과가 발생한 것에 대한 후회 · 유감 · 곤란함 등의 주관적인 의미를 나타냅니다. 그러므로 긍정적인 문장보다는 부정적인 문장에 적당하며, 회화체에서는 「～ちゃう(～じゃう)」를 사용하기도 합니다.

▶동작의 완료

宿題(しゅくだい)は、全部(ぜんぶ) してしまいました。 숙제는 전부 해 버렸습니다.

A : 昨日(きのう)のケーキは？ 어제 케익은?

B : ごめん、食(た)べてしまった。 미안, 먹어버렸어.

▶후회・유감

道(みち)に 迷(まよ)ってしまった。 길을 잃어버렸다.

メールアドレスを 間違(まちが)えてしまった。 메일주소를 틀려버렸다.

05

〜てもいい : ~해도 좋다(허가/허락)

아시타 와 고 나 꾸 떼 모 이 이 데 스
明日(あした)は 来(こ)なくてもいいです。
내일은 오지 않아도 좋습니다.

- □ 明日(あした) 내일
- □ 来(く)る 오다
- □ 休(やす)む 쉬다
- □ 先生(せんせい) 선생님
- □ 聞(き)く 묻다, 듣다

[〜てもいい : ~해도 좋다]의 의미로 상대방의 요구사항을 허락/허가하는 표현입니다.

[〜てもいい] 를 보다 정중하게 표현하면 [〜てもいいです:~해도 좋습니다] 입니다.

ここで 休(やす)んでもいい。 여기서 쉬어도 좋다.
先生(せんせい)に 聞(き)いてもいいです。 선생님께 물어도 좋습니다.

06

〜てはいけない : ~해서는 안 된다(금지)

고 꼬 데 다 바 꼬 오 숫 떼 와 이 께 마 셍
ここで たばこを 吸(す)ってはいけません。
여기서 담배를 피워서는 안 됩니다.

- □ たばこを 吸(す)う 담배를 피우다
- □ 図書館(としょかん) 도서관
- □ 騒(さわ)ぐ 떠들다
- □ 時速(じそく) 시속
- □ キロ 킬로미터
- □ 上以(いじょう)で 이상으로
- □ 運転(うんてん) 운전

[〜てはいけない : ~해서는 안 된다(금지)]의 의미로 어떠한 행위에 대한 강한 금지를 나타내는 표현이므로 일상적인 대화에서나 손윗사람에게는 주의해서 사용해야 합니다.

[〜てはいけない] 를 보다 정중하게 표현하면 [〜てはいけないです(〜てはいけません)] 입니다.

図書館(としょかん)で 騒(さわ)いではいけない。 도서관에서 떠들어서는 안 된다.
時速(じそく) 100キロ以上(いじょう)で 運転(うんてん)してはいけません。
시속 100킬로 이상으로 운전해서는 안 됩니다.

바로바로 말해보기 Speaking

01 아래의 예 와 같이 말해 보세요.

電気(でんき)

消(け)す

電気(でんき)を 消(け)してください。

❶ 窓(まど)

閉(し)める

❷ エアコン

つける

❸ 椅子(いす)

座(すわ)る

❹ 英語(えいご)

教(おし)える

❺ たばこ

止(や)める

해석 & 해답 01 Track 45

듣고말하기훈련 MP3 S_10

예 電気(でんき)を 消(け)してください。 전기를 꺼 주세요.

1. 窓(まど)を 閉(し)めてください。 창문을 닫아주세요.
2. エアコンを つけてください。 에어컨을 켜 주세요.
3. 椅子(いす)に 座(すわ)ってください。 의자에 앉아주세요.
4. 英語(えいご)を 教(おし)えてください。 영어를 가르쳐 주세요.
5. たばこを 止(や)めてください。 담배를 끊어주세요.

- □ 電気(でんき) 전기
- □ 消(け)す 끄다
- □ ~てください ~해 주세요
- □ 窓(まど) 창문
- □ 閉(し)める 닫다
- □ エアコン 에어컨
- □ つける 켜다
- □ 椅子(いす) 의자
- □ 座(すわ)る 앉다
- □ 英語(えいご) 영어
- □ 教(おし)える 가르치다
- □ たばこ 담배
- □ 止(や)める 끊다, 그만두다

바로바로 말해보기 Speaking

02 아래의 예 와 같이 말해 보세요.

教科書(きょうかしょ)

見(み)る(O)

教科書(きょうかしょ)を 見(み)ても いいです。

辞書(じしょ)を 見(み)ては いけません。

辞書(じしょ)

見(み)る(X)

① これから

帰(かえ)る(O)

② 自転車(じてんしゃ)

乗(の)る(X)

③ コーヒー

飲(の)む(O)

④ テレビ

見(み)る(X)

⑤ 友(とも)だち

遊(あそ)ぶ(O)

해석 & 해답 02 Track 46

예 教科書を 見てもいいです。교과서를 봐도 좋습니다.
辞書を 見ては いけません。사전을 보아서는 안 됩니다.

❶ これから 帰っても いいです。이제 돌아가도 좋습니다.

❷ 自転車に 乗っては いけません。자전거를 타서는 안 됩니다.

❸ コーヒーを 飲んでも いいです。커피를 마셔도 좋습니다.

❹ テレビを 見ては いけません。텔레비전을 보아서는 안 됩니다.

❺ 友だちと 遊んでも いいです。친구와 놀아도 좋습니다.

- □ 教科書 교과서
- □ 見る 보다
- □ ~てもいい ~해도 좋다
- □ 辞書 사전
- □ ~てはいけません ~해서는 안 됩니다
- □ これから 이제부터
- □ 帰る 돌아가다
- □ 自転車 자전거
- □ 乗る 타다
- □ コーヒー 커피
- □ 飲む 마시다
- □ テレビ 텔레비전
- □ 見る 보다
- □ 友だち 친구
- □ 遊ぶ 놀다

회화 뽀개기
Conversation

QR Animation

Track 47

ミン　窓(まど)が 閉(し)めてありますね。
마도가 시메 떼 아 리 마 스 네

さかもと　ちょっと 寒(さむ)くて……。
좃 또 사무 꾸 떼

ミン　かぜを 引(ひ)いてしまいましたか。
가 제 오 히 - 떼 시 마 이 마 시 따 까

さかもと　いいえ、そんなことないですが。
이 - 에 손 나 코 또 나 이 데 스 가

ミン　事務所(じむしょ)の空気(くうき)が 悪(わる)いですよ。
지 무 쇼 노 쿠- 끼 가 와루 이 데 스 요

窓(まど)を開(あ)けてもいいですか。
마도 오 아 께 떼 모 이 - 데 스 까

さかもと　はい、そうしてください。
하 이 소 - 시 테 꾸 다 사 이

でも、ここで たばこを 吸(す)ってはいけませんよ。
데 모 고 꼬 데 다 바 꼬 오 슷 떼 와 이 께 마 셍 요

ミン　たばこですか。もう 一(いっ)か月前(げつまえ)に 止(や)めました。
다 바 꼬 데 스 까 모 - 잇 까 게쯔 마에 니 야 메 마 시 따

さかもと　そうですか。ミンさん、お酒(さけ)も 止(や)めてほしいですが。
소 - 데 스 까 민 상 오 사께 모 야 메 떼 호 시 - 데 스 가

ミン　お酒(さけ)もですか。それは ちょっと 無理(むり)です。
오 사께 모 데 스 까 소 레 와 좃 또 무 리 데 스

さかもと　でも、体(からだ)のためには 止(や)めたほうが いいですよ。
데 모 가라다 노 타 메 니 와 야 메 따 호 - 가 이 - 데 스 요

저자 직강

민	창문이 닫혀 있군요.
사카모토	좀 추워서…
민	감기 걸렸습니까?
사카모토	아뇨, 그렇지 않습니다만.
민	사무실 공기가 나쁩니다. 창문을 열어도 되겠습니까?
사카모토	예, 그렇게 해 주세요. 하지만, 여기서 담배를 피워서는 안 됩니다.
민	담배입니까? 이미 한달 전에 끊었습니다.
사카모토	그렇습니까? 민 씨, 술도 끊어주기를 바랍니다만.
민	술도 입니까? 그것은 좀 무리입니다.
사카모토	하지만, 몸을 위해서는 끊는 편이 좋습니다.

어휘 표현

- 窓(まど) 창문
- 閉(し)める 닫다
- ちょっと 좀
- 寒(さむ)い 춥다
- かぜを引(ひ)く 감기 걸리다
- ～てしまう ~해 버리다
- そんなことないです 그렇지 않습니다
- 事務所(じむしょ) 사무실
- 空気(くうき) 공기
- 悪(わる)い 나쁘다
- 開(あ)ける 열다
- ～てもいい ~해도 좋다
- ～てください ~해 주세요
- でも 하지만
- ここで 여기서
- たばこ 담배
- 吸(す)う 피우다
- もう 이미, 벌써
- 一(いっ)か月前(げつまえ) 한달 전
- 止(や)める 끊다, 그만두다
- お酒(さけ) 술
- ～てほしい ~하기를 원하다
- 無理(むり)だ 무리이다
- でも 하지만
- 体(からだ) 몸
- 명사 + のために ~을(를) 위해서
- ～たほうがいい ~하는 편이 좋다

Listening 내 귀에 착착~

01 음성을 듣고 맞는 그림에 번호를 써 넣어 주세요. Track 48

02 음성을 듣고, 문장을 완성해 주세요. Track 49

❶ 辞書(じしょ)を ________ 。

❷ 財布(さいふ)が ________ 。

❸ もっと ________ 。

❹ 机(つくえ)の上(うえ)に ノートが ________ 。

❺ 一人(ひとり)で 全部(ぜんぶ) ________ 。

해석 & 해답 01

❶ ❸ 電話(でんわ)を 使(つか)っても いいです。 전화를 사용해도 좋습니다.

❷ ❺ 図書館(としょかん)で 騒(さわ)いでは いけません。 도서관에서 떠들어서는 안 됩니다.

❸ ❹ 夜遅(よるおそ)くまで 友(とも)だちと 遊(あそ)んでは いけません。

밤늦게까지 친구와 놀아서는 안 됩니다.

❹ ❶ お菓子(かし)を 食(た)べては いけません。 과자를 먹어서는 안 됩니다.

❺ ❷ 公園(こうえん)で 野球(やきゅう)を しても いいです。 공원에서 야구를 해도 좋습니다.

해석 & 해답 02

❶ 辞書(じしょ)を 貸(か)して ほしいです。 사전을 빌려주기를 바랍니다.

❷ 財布(さいふ)が 落(お)ちて います。 지갑이 떨어져 있습니다.

❸ もっと 運動(うんどう)して ほしい。 더욱 운동해 주기를 바란다.

❹ 机(つくえ)の上(うえ)に ノートが 置(お)いて あります。 책상 위에 노트가 놓여 있습니다.

❺ 一人(ひとり)で 全部(ぜんぶ) 食(た)べて しまいました。 혼자서 전부 먹어 버렸습니다.

- □ 電話(でんわ) 전화
- □ 使(つか)う 사용하다
- □ 図書館(としょかん) 도서관
- □ ~で ~에서
- □ 騒(さわ)ぐ 떠들다
- □ 夜遅(よるおそ)く 밤늦게
- □ ~まで ~까지
- □ 友(とも)だち 친구
- □ ~と ~와(과)
- □ 遊(あそ)ぶ 놀다
- □ お菓子(かし) 과자
- □ 食(た)べる 먹다
- □ 公園(こうえん) 공원
- □ 野球(やきゅう) 야구
- □ 辞書(じしょ) 사전
- □ 貸(か)す 빌려주다
- □ ~てほしい ~해 주기를 바라다
- □ 財布(さいふ) 지갑
- □ 落(お)ちる 떨어지다
- □ もっと 더욱
- □ 運動(うんどう) 운동
- □ 机(つくえ) 책상
- □ 上(うえ) 위
- □ ノート 노트
- □ 置(お)く 두다, 놓다
- □ 一人(ひとり)で 혼자서
- □ 全部(ぜんぶ) 전부

unit.10 Test

마무리~ 필기시험

제한 시간 30분

점수 : / 100

어휘

01 다음의 예 처럼 문장을 완성시켜 주세요. (1문제 4점)

	~해 주기를 바라다	~해 버렸다	~해도 좋다	~해서는 안 된다
예 寝(ね)る	寝(ね)てほしい	寝(ね)てしまった	寝(ね)てもいい	寝(ね)てはいけない
帰(かえ)る				
止(や)める				
勉強(べんきょう)する				
来(く)る				
貸(か)す				
見(み)る				
開(あ)ける				
乗(の)る				
食(た)べる				
座(すわ)る				

쓰기

01 두 개의 문장을 자연스럽게 연결시켜주세요. (1문제 3점)

① 自転車(じてんしゃ)を ここに ·		· 騒(さわ)いでは いけない
② 図書館(としょかん)で ·		· 見(み)てはいけません
③ 悪(わる)いものを ·		· 開(あ)けてもいいです
④ 窓(まど)を ·		· 食(た)べてはいけません
⑤ 悪(わる)い映画(えいが)を ·		· 止(と)めてはいけません

Test 10

듣기

01 단어를 듣고 받아 써 보세요. (1문제 4점)

① ______ ② ______ ③ ______

④ ______ ⑤ ______

02 문장을 듣고 받아 써 보세요. (1문제 5점)

① 友(とも)だちの日記(にっき)を ______

② 電気(でんき)が ______

③ ドアが ______

④ 早(はや)く ______

⑤ １１時(じ)に ______

unit 10 문제 풀이

어휘

01 다음의 예 처럼 문장을 완성시켜 주세요. (1문제 4점)

예 寝(ね)る

帰(かえ)る

止(や)める

勉強(べんきょう)する

来(く)る

貸(か)す

見(み)る

開(あ)ける

乗(の)る

食(た)べる

座(すわ)る

어휘 01

~해 주기를 바라다	~해 버렸다
예 寝(ね)てほしい	寝(ね)てしまった
帰(かえ)ってほしい	帰(かえ)ってしまった
止(や)めてほしい	止(や)めてしまった
勉強(べんきょう)してほしい	勉強(べんきょう)してしまった
来(き)てほしい	来(き)てしまった
貸(か)してほしい	貸(か)してしまった
見(み)てほしい	見(み)てしまった
開(あ)けてほしい	開(あ)けてしまった
乗(の)ってほしい	乗(の)ってしまった
食(た)べてほしい	食(た)べてしまった
座(すわ)ってほしい	座(すわ)ってしまった

~해도 좋다	~해서는 안 된다
寝(ね)ても いい	寝(ね)ては いけない
帰(かえ)っても いい	帰(かえ)っては いけない
止(や)めても いい	止(や)めては いけない
勉強(べんきょう)しても いい	勉強(べんきょう)しては いけない
来(き)ても いい	来(き)ては いけない
貸(か)しても いい	貸(か)しては いけない
見(み)ても いい	見(み)ては いけない
開(あ)けても いい	開(あ)けては いけない
乗(の)っても いい	乗(の)っては いけない
食(た)べても いい	食(た)べては いけない
座(すわ)っても いい	座(すわ)っては いけない

쓰기

01 두 개의 문장을 자연스럽게 연결시켜주세요. (1문제 3점)

① 自転車を ここに	騒いでは いけない
② 図書館で	見てはいけません
③ 悪いものを	開けてもいいです
④ 窓を	食べてはいけません
⑤ 悪い映画を	止めてはいけません

듣기

01 단어를 듣고 받아 써 보세요. (1문제 4점)

① ______ ② ______

③ ______ ④ ______

⑤ ______

02 문장을 듣고 받아 써 보세요.(1문제 5점)

① ______________________

② ______________________

③ ______________________

④ ______________________

⑤ ______________________

쓰기 01

(1) 自転車を ここに 止めては いけません。
자전거를 여기에 세워서는 안 됩니다.

(2) 図書館で 騒いでは いけない。
도서관에서는 떠들어서는 안 된다.

(3) 悪いものを 食べては いけません。
나쁜 것을 먹어서는 안 됩니다.

(4) 窓を 開けても いいです。
창문을 열어도 좋습니다.

(5) 悪い映画を 見ては いけません。
나쁜 영화를 보아서는 안 됩니다.

Test 10

듣기 01

① 騒ぐ [뜻] 떠들다

② 落ちる [뜻] 떨어지다

③ かぜを 引く [뜻] 감기에 걸리다

④ 空気 [뜻] 공기

⑤ 教える [뜻] 가르치다

듣기 02

① 友だちの日記を 見てしまいました。 친구의 일기를 봐 버렸습니다.

② 電気が ついて います。 전기가 켜져 있습니다.

③ ドアが 開けて あります。 문이 열려 있습니다.

④ 早く 来なくても いいです。 빨리 오지 않아도 좋습니다.

⑤ １１時に 寝なくては いけません。 11시에 자지 않고서는 안 됩니다.

unit. 11

노 무라 상 니 오시 에 떼 모 라 이 마 시 따

野村さんに 教えてもらいました。

のむら おし

QR Animation

이것 만은 꼭! 학습사항

1. 수수동사 : **やる·あげる** 주다 / **さしあげる** 드리다
2. 수수동사 : **くれる / くださる** 주다 / 주시다
3. 수수동사 : **もらう・いただく** 받다

나혼자 한다! 혼공 Plan

학습 체크 □1회 □2회 □3회

포인트 강의 11 (10분)
튜터 이세진

학습 체크 □1회 □2회 □3회

저자 직강 11 (15분)
강사 이장우

학습 체크 □1회 □2회 □3회

차곡차곡 내공쌓기 (15분)
Point (220~227p)

학습 체크 □1회 □2회 □3회

바로바로 말해보기 (15분)
Speaking (228~231p)

학습 체크 □1회 □2회 □3회

회화 뽀개기 (15분)
Conversation (232~233p)

학습 체크 □1회 □2회 □3회

내 귀에 착착~ (15분)
Listening (234~235p)

학습 체크 □1회 □2회 □3회

듣고 말하기 훈련 (15분)
MP3 S_11

학습 체크 □1회 □2회 □3회

11과 마무리 평가 (30분)
(236~239p)

차곡차곡 내공쌓기

Point

01

수수동사 : **やる・あげる** 주다 / **さしあげる** 드리다

가노죠니 단죠비노쁘레젠또오 아게마시따

彼女(かのじょ)に 誕生日(たんじょうび)のプレゼントを あげました。

그녀에게 생일선물을 주었습니다.

- □ 彼女(かのじょ) 그녀
- □ 誕生日(たんじょうび) 생일
- □ プレゼント 선물
- □ あげる 주다
- □ 母(はは) (나의) 어머니
- □ おい 남자조카
- □ 毎日(まいにち) 매일
- □ 花(はな) 꽃
- □ 水(みず) 물
- □ 弟(おとうと) 남동생
- □ 鳥(とり) 새
- □ えさ 모이

본인이 타인(2, 3인칭)에게 도움을 주거나, 도움을 받는 경우 등에 사용되는 [주고받는 의미의 일본어 동사]를 수수동사라고 합니다. 우선 화자가 타인(2, 3인칭)에게 도움을 주거나 타인이 타인에게 도움을 주는 경우에 사용할 수 있는 표현인 <やる・あげる・さしあげる>에 대하여 알아봅시다.

주다 (나 · 타인 → 타인)	
やる・あげる	
겸양어	さしあげる

손아랫사람이나, 동년배(위치나 지위), 동물에게 먹이 · 식물에게 물을 주다는 [やる]를 사용합니다.

▶やる : 주다(나 · 타인 → 타인 : 아랫사람, 동식물)

① 母(はは)は 私(わたし)のかばんを おいに やりました。
어머니는 나의 가방을 남자조카에게 주었습니다.

② 坂本君(さかもとくん)が クラスのサチコさんに 本(ほん)を やりました。
사카모토 군이 반의 사치코 씨에게 책을 주었습니다.

③ 毎日(まいにち) 花(はな)に 水(みず)を やります。
매일 꽃에 물을 줍니다.

④ 弟(おとうと)は 鳥(とり)に えさを やりました。
남동생은 새에게 모이를 주었습니다.

▶あげる : 주다(나 · 남→남)

▶あげる : 주다(나 · 타인 → 타인)

① 私(わたし)が 友(とも)だちに プレゼントを あげました。
내가 친구에게 선물을 주었습니다.

② 私(わたし)は サチコさんに 本(ほん)を あげました。
나는 사치코 씨에게 책을 주었습니다.

③ 父(ちち)は 隣(となり)のおじいさんに もちを あげました。
아버지는 이웃 할아버지에게 떡을 주었습니다.

④ 彼女(かのじょ)が 友(とも)だちに 傘(かさ)を あげました。
그녀가 친구에게 우산을 주었습니다.

▶さしあげる : 드리다 (나 · 타인 → 타인 : 손윗사람) 겸양어

① 私(わたし)は 先生(せんせい)に 花束(はなたば)を さしあげました。
나는 선생님께 꽃다발을 드렸습니다.

② 私(わたし)は 部長(ぶちょう)に お土産(みやげ)を さしあげました。
나는 부장님께 선물을 드렸습니다.

③ 私(わたし)は 先輩(せんぱい)に 時計(とけい)を さしあげました。
나는 선배에게 시계를 드렸습니다.

④ 私(わたし)は 教授(きょうじゅ)に プレゼントを さしあげました。
나는 교수님께 선물을 드렸습니다.

- □ 友(とも)だち 친구
- □ 本(ほん) 책
- □ 父(ちち) 아버지
- □ 隣(となり) 이웃
- □ おじいさん 할아버지
- □ もち 떡
- □ 傘(かさ) 우산
- □ 先生(せんせい) 선생님
- □ 花束(はなたば) 꽃다발
- □ 部長(ぶちょう) 부장
- □ お土産(みやげ) 선물
- □ 先輩(せんぱい) 선배
- □ 時計(とけい) 시계
- □ 教授(きょうじゅ) 교수

차곡차곡 내공쌓기 Point

- □ 弟(おとうと) 남동생
- □ 弁当(べんとう) 도시락
- □ 作(つく)る 만들다
- □ 妹(いもうと) 여동생
- □ 英語(えいご) 영어
- □ 教(おし)える 가르치다
- □ 子供(こども) 아이
- □ おもちゃ 장난감
- □ 買(か)う 사다
- □ 傘(かさ) 우산
- □ 貸(か)す 빌려주다
- □ 母(はは) 어머니
- □ 手伝(てつだ)う 돕다
- □ 荷物(にもつ) 짐
- □ 持(も)つ 들다, 가지다

위에서 학습한 수수동사 **やる・あげる**의 경우, 수수동사 단독으로 사용할 수 있지만, 동사의 **て**형 뒤에 연결하여 어떠한 동작을 「~해 주다, ~해 드리다」의 의미로도 사용할 수 있습니다.

▶~てやる : ~해 주다(아랫사람)

① 弟(おとうと)に 弁当(べんとう)を 作(つく)ってやりました。 남동생에게 도시락을 만들어 주었습니다.

② 妹(いもうと)に 英語(えいご)を 教(おし)えてやりました。 여동생에게 영어를 가르쳐 주었습니다.

③ 子供(こども)に おもちゃを 買(か)ってやりました。 아이에게 장난감을 사 주었습니다.

④ おいに お菓子(かし)を 買(か)ってやりました。 남자조카에게 과자를 사 주었습니다.

▶~てあげる : ~해 주다(나 · 타인 → 타인)

① 私(わたし)は 友(とも)だちに 傘(かさ)を 貸(か)してあげました。
나는 친구에게 우산을 빌려 주었습니다.

② 弟(おとうと)が 妹(いもうと)に 英語(えいご)を 教(おし)えてあげました。
남동생이 여동생에게 가르쳐 주었습니다.

③ 私(わたし)は 母(はは)を 手伝(てつだ)ってあげました。 나는 어머니를 도와 주었습니다.

④ 荷物(にもつ)を 持(も)ってあげます。 짐을 들어 주었습니다.

□ ペン 펜
□ 貸(か)す 빌리다

▶~てさしあげる : 겸양어

일반적으로 손윗사람에 대해서 직접 말할 때는 [동사 + ~てさしあげます]는 사용하지 않습니다. 이 경우에는 15과에서 학습할 일본어의 겸양표현 (お + 동사ます형 + する)이나 의뢰 표현을 사용하는 것이 일반적입니다.

先生(せんせい)、ペンを 貸(か)してさしあげましょうか。 선생님, 펜을 빌려 드릴까요?
→ 先生(せんせい)、ペンを 貸(か)しましょうか。(お貸(か)ししましょうか)

Point 차곡차곡 내공쌓기

02 수수동사 : くれる / くださる 주다/주시다

노무라 상 가 신세쯔니 오시에떼 쿠레마시따

野村(のむら)さんが 親切(しんせつ)に 教(おし)えてくれました。

노무라 씨가 친절하게 가르쳐 주었습니다.

- □ 親切(しんせつ)に 친절하게
- □ 教(おし)える 가르치다
- □ ~てくれる (남이 나에게) ~해 주다
- □ 妹(いもうと) 여동생
- □ 辞書(じしょ) 사전
- □ 帽子(ぼうし) 모자
- □ ハンカチ 손수건
- □ クラスメイト 클래스메이트, 학우
- □ パン 빵
- □ 先生(せんせい) 선생님
- □ おじいさん 할아버지
- □ おこづかい 용돈
- □ 社長(しゃちょう) 사장님
- □ 映画(えいが) 영화
- □ チケット 티켓
- □ 部長(ぶちょう) 부장님
- □ ケーキ 케이크

「くれる」는 타인(2, 3인칭)이 화자나 화자의 그룹에 속하는 쪽에게 도움을 줄 때나 화자 그룹이 화자에게 도움을 줄 때에 사용하며, 주는 사람에게 초점을 맞춘 표현입니다. 예를 들면 「3인칭이 화자(화자에 속하는 그룹)에게 주는 경우」, 「2인칭이 화자(화자에 속하는 그룹)에게 주는 경우」, 「3인칭이 2인칭에게 주는 경우」가 해당됩니다. 또한 화자보다 손윗사람이거나 친하지 않을 경우에는 「くださる」를 사용합니다.

주다 (타인→나)	
くれる	
존경어	くださる

▶くれる : 주다(타인→나)

① 妹(いもうと)が 私(わたし)に 辞書(じしょ)を くれました。 여동생이 나에게 사전을 주었습니다.

② 友(とも)だちが 私(わたし)に 帽子(ぼうし)を くれた。 친구가 나에게 모자를 주었다.

③ 彼(かれ)が 私(わたし)に ハンカチを くれた。 그나 나에게 손수건을 주었다.

④ クラスメートが 私(わたし)に パンを くれました。 클래스메이트가 나에게 빵을 주었습니다.

▶くださる : 주시다(타인→나) 존경어

① 先生(せんせい)が 私(わたし)に 辞書(じしょ)を くださいました。 선생님이 나에게 사전을 주셨습니다.

② おじいさんが 私(わたし)に おこづかいを くださいました。
할아버지가 나에게 용돈을 주셨습니다.

③ 社長(しゃちょう)が 私(わたし)に 映画(えいが)のチケットを くださいました。
사장님이 나에게 영화티켓을 주셨습니다.

④ 部長(ぶちょう)が 私(わたし)に ケーキを くださいました。
부장님이 나에게 케이크를 주셨습니다.

- □ 辞書(じしょ) 사전
- □ 貸(か)す 빌리다
- □ 店員(てんいん) 점원
- □ 服(ふく) 옷
- □ 見(み)せる 보여주다
- □ 母(はは) 어머니
- □ 送(おく)る 보내다
- □ きれいだ 예쁘다
- □ 紹介(しょうかい) 소개
- □ 推薦状(すいせんじょう) 추천장
- □ 書(か)く 쓰다
- □ 先輩(せんぱい) 선배
- □ 案内(あんない) 안내
- □ 体(からだ) 몸
- □ 状態(じょうたい) 상태
- □ 医者(いしゃ) 의사
- □ 診(み)る 진찰하다
- □ 課長(かちょう) 과장
- □ お金(かね) 돈

くれる・くださる 또한, 동사의 **て**형 뒤에 연결하여 어떠한 동작을 「~해 주다, ~해 주시다」의 의미로 사용할 수 있습니다.

▶ ~てくれる : ~해 주다(남→나)

① 鈴木(すずき)さんは 私(わたし)に 辞書(じしょ)を 貸(か)してくれました。
스즈키 씨는 나에게 사전을 빌려 주었습니다.

② 店員(てんいん)は 服(ふく)を 見(み)せてくれました。 점원은 옷을 보여 주었습니다.

③ 母(はは)が 私(わたし)に キムチを 送(おく)ってくれました。
어머니가 나에게 김치를 보내 주었습니다.

④ 友(とも)だちが きれいな女(おんな)の人(ひと)を 紹介(しょうかい)してくれました。
친구가 예쁜 여자를 소개해 주었습니다.

▶ ~てくださる : 존경어

① 鈴木先生(すずきせんせい)は 私(わたし)に 推薦状(すいせんじょう)を 書(か)いてくださいました。
스즈키 선생님은 나에게 추천장을 써 주셨습니다.

② 先輩(せんぱい)が ソウルを 案内(あんない)してくださいました。
선배가 서울을 안내해 주셨습니다.

③ 体(からだ)の状態(じょうたい)を 医者(いしゃ)が 診(み)てくださいました。
몸의 상태를 의사선생님이 진찰해 주셨습니다.

④ 課長(かちょう)が お金(かね)を 貸(か)してくださいました。 과장님이 돈을 빌려 주셨습니다.

차곡차곡 내공쌓기 Point

03

수수동사 : もらう・いただく 받다

노무라 상 니 오시에테 모라이마시따

野村(のむら)さんに 教(おし)えてもらいました。

노무라 씨에게 가르쳐 받았습니다.

- 教(おし)える 가르치다
- 英語(えいご) 영어
- 雑誌(ざっし) 잡지
- 花束(はなたば) 꽃다발
- いとこ 사촌
- 携帯(けいたい) 휴대폰
- おばあさん 할머니
- 教授(きょうじゅ) 교수님
- 公演(こうえん) 공연
- 招待状(しょうたいじょう) 초대장

「もらう」는 상대방으로부터 도움을 받는 쪽에 초점을 맞춘 표현입니다. 「あげる」나 「くれる」는 주는 사람이 주어의 위치에 오지만, 「もらう」는 받는 사람이 주어의 위치에 옵니다. 다른 사람이 해 준 행동을 자기 자신을 낮추어 받는 듯한 간접적인 표현으로, 상대방에게 경의를 나타내는 표현입니다. 또한 받는 사람보다 주는 상대가 손윗사람일 경우에는 「~ていただく」를 사용합니다.

받다 (나→타인) (타인→나) (타인→타인)	
もらう	
겸양어	いただく

▶もらう : 받다(나→타인)(타인→나) (타인→타인)

① 私(わたし)は 彼女(かのじょ)から 英語(えいご)の雑誌(ざっし)を もらった。 나는 그녀로부터 영어 잡지를 받았다.

② 彼(かれ)から 花束(はなたば)を もらった。 그로부터 꽃다발을 받았다.

③ 友(とも)だちから 英語(えいご)の本(ほん)を もらいました。 친구로부터 영어 책을 받았습니다.

④ いとこは ガールフレンドから 携帯(けいたい)を もらいました。
사촌은 걸프렌드로부터 휴대폰을 받았습니다.

▶いただく : 겸양어

① 私(わたし)は おばあさんから ケーキを いただきました。
나는 할머니로부터 케이크를 받았습니다.

② 私(わたし)は 先生(せんせい)から 辞書(じしょ)を いただきました。 나는 선생님으로부터 사전을 받았습니다.

③ 私(わたし)は 先生(せんせい)から 本(ほん)を いただきました。 나는 선생님으로부터 책을 받았습니다.

④ 私(わたし)は 教授(きょうじゅ)から 公演(こうえん)の招待状(しょうたいじょう)を いただきました。
나는 교수님으로부터 공연 초대장을 받았습니다.

- □ 本(ほん) 책
- □ 貸(か)す 빌려주다
- □ 手伝(てつだ)う 돕다
- □ 日本語(にほんご) 일본어
- □ 教(おし)える 가르치다
- □ 京都(きょうと) 교토(지명)
- □ お菓子(かし) 과자
- □ 送(おく)る 보내다
- □ 先生(せんせい) 선생님
- □ 推薦状(すいせんじょう) 추천장
- □ 先輩(せんぱい) 선배
- □ 案内(あんない) 안내
- □ 体(からだ) 몸
- □ 状態(じょうたい) 상태
- □ 医者(いしゃ) 의사
- □ 診(み)る 진찰하다
- □ 課長(かちょう) 과장
- □ お金(かね) 돈

もらう・いただく 또한, 동사의 **て**형 뒤에 연결하여 어떠한 동작을 「~해 받다」의 의미로 사용할 수 있습니다.

▶~てもらう : ~해 받다(나→남)(남→나)

① 木村(きむら)さんに 本(ほん)を 貸(か)してもらいました。
기무라 씨에게 책을 빌려 받았습니다.

② 小林(こばやし)さんに 手伝(てつだ)ってもらいました。 코바야시 씨에게 도움을 받았습니다.

③ 日本語(にほんご)は 木村(きむら)さん 教(おし)えてもらいましょう。
일본어는 기무라 씨에게 가르쳐 받읍시다.

④ 京都(きょうと)の友(とも)だちから お菓子(かし)を 送(おく)ってもらいました。
교토의 친구로부터 과자를 보내 받았습니다.

▶~ていただく : 겸양어

① 私(わたし)は 鈴木先生(すずきせんせい)に 推薦状(すいせんじょう)を 書(か)いていただきました。
나는 스즈키 선생님께 추천장을 써 받았습니다.

② 先輩(せんぱい)から ソウルを 案内(あんない)していただきました。
선배로부터 서울을 안내해 받았습니다.

③ 体(からだ)の状態(じょうたい)を 医者(いしゃ)に 診(み)ていただきました。
몸 상태를 의사선생님께 진찰해 받았습니다.

④ 課長(かちょう)に お金(かね)を 貸(か)していただきました。 과장님께 돈을 빌려 받았습니다.

Speaking 바로바로 말해보기

01 아래의 예 와 같이 말해 보세요.

私は 彼女から ネクタイを もらいました。
→ 彼女が 私に ネクタイを くれました。

① 私は 野村さんに 本を もらいました。

② 彼は 彼女に スマホを もらいました。

③ 私は 父に おこづかいを もらいました。

④ 私は 先生から 本を もらいました。

⑤ 私が 教授に ボールペンを もらいました。

해석 & 해답 01 Track 50

듣고말하기훈련 MP3 S_11

예 私(わたし)は 彼女(かのじょ)から ネクタイを もらいました。

나는 그녀로부터 넥타이를 받았습니다.

→ 彼女(かのじょ)が 私(わたし)に ネクタイを くれました。

그녀가 나에게 넥타이를 주었습니다.

❶ 私(わたし)は 野村(のむら)さんに 本(ほん)を もらいました。

나는 노무라 씨에게 책을 받았습니다.

→ 野村(のむら)さんが 私(わたし)に 本(ほん)を くれました。

노무라 씨가 나에게 책을 주었습니다.

❷ 私(わたし)は 彼女(かのじょ)に スマホを もらいました。

나는 그녀에게 스마트폰을 받았습니다.

→ 彼女(かのじょ)は 私(わたし)に スマホを くれました。

그녀는 나에게 스마트폰을 주었습니다.

❸ 私(わたし)は 父(ちち)に おこづかいを もらいました。

나는 아버지에게 용돈을 받았습니다.

→ 父(ちち)は 私(わたし)に おこづかいを くれました。

아버지는 나에게 용돈을 주었습니다.

❹ 私(わたし)は 先生(せんせい)から 本(ほん)を もらいました。

나는 선생님으로부터 책을 받았습니다.

→ 先生(せんせい)が 私(わたし)に 本(ほん)を くれました。

선생님이 나에게 책을 주었습니다.

❺ 私(わたし)が 教授(きょうじゅ)に ボールペンを もらいました。

내가 교수님에게 볼펜을 받았습니다.

→ 教授(きょうじゅ)が 私(わたし)に ボールペンを くれました。

교수님이 나에게 볼펜을 주었습니다.

- □ 彼女(かのじょ) 그녀
- □ ~から ~부터
- □ ネクタイ 넥타이
- □ もらう 받다
- □ くれる (남이 나에게) 주다
- □ 本(ほん) 책
- □ スマホ 스마트폰
- □ 父(ちち) 아버지
- □ おこづかい 용돈
- □ 先生(せんせい) 선생님
- □ 教授(きょうじゅ) 교수
- □ ボールペン 볼펜

바로바로 말해보기 Speaking

02 아래의 예 와 같이 말해 보세요.

先生(せんせい)が 私(わたし)に 外国語(がいこくご)を 教(おし)えて くださいました。
→ 私(わたし)は 先生(せんせい)に 外国語(がいこくご)を 教(おし)えて いただきました。

❶ 

先輩(せんぱい)が レポートを 貸(か)して くださいました。

❷ 

坂本(さかもと)さんが 来(き)て くださいました。

❸ 

阿部(あべ)さんが 私(わたし)に お菓子(かし)を 出(だ)して くださいました。

❹ 

教授(きょうじゅ)が 論文(ろんぶん)を 見(み)て くださいました。

❺ 

みんなが 助(たす)けて くださいました。

해석 & 해답 02 Track 51

예 先生が 私に 外国語を 教えてくださいました。

선생님이 나에게 외국어를 가르쳐 주셨습니다.

→ 私は 先生に 外国語を 教えていただきました。

나는 선생님께 외국어를 가르쳐 받았습니다.

- □ 先生 선생님
- □ 外国語 외국어
- □ 教える 가르치다
- □ ~て くださいました (님이) 나에게~해 주셨습니다
- □ 先輩 선배
- □ レポート 리포트
- □ 貸す 빌려주다
- □ 来る 오다
- □ お菓子 과자
- □ 出す 내다
- □ 教授 교수
- □ 論文 논문
- □ 見る 보다
- □ みんな 모두
- □ 助ける 돕다

❶ 先輩が レポートを 貸してくださいました。

선배가 리포트를 빌려 주셨습니다.

→ 先輩に レポートを 貸していただきました。

선배에게 리포트를 빌려 받았습니다.

❷ 坂本さんが 来てくださいました。

사카모토 씨가 와 주셨습니다.

→ 坂本さんに 来ていただきました。

사카모토 씨에게 와 받았습니다.

❸ 阿部さんが 私に お菓子を 出してくださいました。

아베 씨가 나에게 과자를 내어 주셨습니다.

→ 阿部さんに(から) 私は お菓子を 出していただきました。

아베 씨에게 나는 과자를 내어 받았습니다.

❹ 教授が 論文を 見てくださいました。

교수님이 논문을 봐 주셨습니다.

→ 教授に(から) 論文を 見ていただきました。

교수님께 논문을 보여 받았습니다.

❺ みんなが 助けてくださいました。

모두가 도와 주셨습니다.

→ みんなに(から) 助けていただきました。

모두에게 도움을 받았습니다.

Conversation 회화 뽀개기

QR Animation

Track 52

ミン 坂本(さかもと)さんは　デザインを　どこで　習(なら)いましたか。
사카모토 상 와 데 자 인 오 도 꼬 데 나라 이 마 시 따 까

さかもと 実(じつ)は、野村(のむら)さんに　教(おし)えてもらいました。
지쯔 와 노 무라 상 니 오시 에 떼 모 라 이 마 시 따

ミン 本当(ほんとう)ですか。
혼 또- 데 스 까

さかもと はい。野村(のむら)さんが　親切(しんせつ)に　教(おし)えてくれました。
하 이 노 무라 상 가 신 세쯔 니 오시 에 떼 쿠 레 마 시 따

ミン 私(わたし)も　習(なら)いたいですね。
와따시모 나라 이 따 이 데 스 네

さかもと ミンさんも　何(なに)か　習(なら)っていますか。
민 상 모 나니까 나 랏 떼 이 마 스 까

ミン はい。最近(さいきん)、水泳教室(すいえいきょうしつ)に　通(かよ)っています。
하 이 사이 낑 스이에이 쿄- 시쯔 니 카 욧 떼 이 마 스

さかもと 水泳(すいえい)ですか。私(わたし)も　高校(こうこう)のころ、習(なら)ったことが
스이 에이 데 스 까 와따시모 코- 꼬 노 코 로 나 랏 따 코 또 가

ありますが、なかなかね。
아 리 마 스 가 나 까 나 까 네

ミン あ、そうだ。野村(のむら)さんの友(とも)だちが　水泳(すいえい)が
아 소- 다 노 무라 상 노 토모 다 찌 가 스이 에이 가

上手(じょうず)だと聞(き)きましたが……。
죠- 즈 다 또 키 끼 마 시 따 가

さかもと そうですか。野村(のむら)さんに　聞(き)いてみます。
소- 데 스 까 노 무라 상 니 키 이 떼 미 마 스

저자 직강

민	사카모토 씨는 디자인을 어디서 배웠습니까?
사카모토	실은, 노무라 씨에게 가르쳐 받았습니다.
민	정말입니까?
사카모토	예. 노무라 씨가 친절하게 가르쳐 주었습니다.
민	저도 배우고 싶군요.
사카모토	민 씨도 뭔가 배우고 있습니까?
민	예. 최근에 수영교실에 다니고 있습니다.
사카모토	수영입니까? 저도 고등학교 때 배운 적이 있습니다만, 좀처럼...
민	아, 맞다. 노무라 씨의 친구가 수영을 잘한다고 들었습니다만...
사카모토	그렇습니까? 노무라 씨에게 물어 보겠습니다.

어휘 표현

- デザイン 디자인
- どこで 어디에서
- 習う 배우다
- 実は 실은
- 教える 가르치다
- ~てもらう ~해 받다
- 本当 정말, 사실
- 親切だ 친절하다
- ~てくれる 남이 나에게~해 주다
- 동사ます형 + たい ~하고 싶다
- 何か 뭔가
- 最近 최근
- 水泳 수영
- 教室 교실
- 通う 다니다
- 高校 고등학교
- ころ 무렵
- 동사과거형 + ことがある ~한 적이 있다
- なかなか 상당히(긍정문), 좀처럼(부정문)
- 友だち 친구
- 上手だ 능숙하다, 잘하다
- ~と 라고
- 聞く 듣다, 묻다
- ~てみる ~해 보다

Listening 내 귀에 착착~

01 음성을 듣고 맞는 그림에 번호를 써 넣어 주세요. Track 53

02 음성을 듣고, 문장을 완성해 주세요. Track 54

❶ 彼(かれ)は 彼女(かのじょ)に プレゼントを ＿＿＿＿＿＿＿＿ 。

❷ 妹(いもうと)は 先輩(せんぱい)に 花束(はなたば)を ＿＿＿＿＿＿＿＿ 。

❸ 先生(せんせい)は 私(わたし)に 手紙(てがみ)を ＿＿＿＿＿＿＿＿ 。

❹ 父(ちち)は 私(わたし)に おこづかい ＿＿＿＿＿＿＿＿ 。

❺ 私(わたし)は 森(もり)さんに 韓国(かんこく)の本(ほん)を ＿＿＿＿＿＿＿＿ 。

해석 & 해답 01

❶ ❶ 父(ちち)に おこづかいを いただきました。 아버지께 용돈을 받았습니다.

❷ ❸ 彼女(かのじょ)に 花(はな)を あげました。 그녀에게 꽃을 주었습니다.

❸ ❺ 父(ちち)が 宿題(しゅくだい)を 見(み)て くれました。 아버지가 숙제를 봐 주었습니다.

❹ ❷ 英語(えいご)を 教(おし)えて もらいました。 영어를 가르쳐 받았습니다.

❺ ❹ 母(はは)に プレゼントを もらいました。 어머니께 선물을 받았습니다.

해석 & 해답 02

❶ 彼(かれ)は 彼女(かのじょ)に プレゼントを あげました。 그는 그녀에게 선물을 주었습니다.

❷ 妹(いもうと)は 先輩(せんぱい)に 花束(はなたば)を もらいました。 여동생은 선배에게 꽃다발을 받았습니다.

❸ 先生(せんせい)は 私(わたし)に 手紙(てがみ)を くださいました。 선생님은 나에게 편지를 주셨습니다.

❹ 父(ちち)は 私(わたし)に おこづかいを くれました。 아버지는 나에게 용돈을 주었습니다.

❺ 私(わたし)は 森(もり)さんに 韓国(かんこく)の本(ほん)を さしあげました。

나는 모리 씨에게 한국의 책을 드렸습니다.

□ 父(ちち) 아버지
□ おこづかい 용돈
□ いただく
[もらう-받다] 의 겸양표현
□ 彼女(かのじょ) 그녀
□ 花(はな) 꽃
□ あげる 주다
□ 宿題(しゅくだい) 숙제
□ 見(み)る 보다
□ ~てくれる
남이 나에게~해 주다
□ 英語(えいご) 영어
□ 教(おし)える 가르치다
□ ~てもらう
~해 받다
□ 母(はは) 어머니
□ 彼(かれ) 그
□ 妹(いもうと) 여동생
□ 先輩(せんぱい) 선배
□ 花束(はなたば) 꽃다발
□ もらう 받다
□ 先生(せんせい) 선생님
□ 手紙(てがみ) 편지
□ くださる 주시다
□ くれる
남이 나에게 주다
□ 韓国(かんこく) 한국
□ 本 책
□ さしあげる
[あげる-주다] 의 겸양표현

마무리~ 필기시험

제한 시간 30분

점수 :   / 100

어휘

01 다음 공란을 의미에 맞게 채워 주세요. (1문제 5점)

①

주다 (나 · 남→남)	주다 (남→나)	받다 (나→남)(남→나)
겸양어	존경어	겸양어

② (~て형으로)

주다 (나 · 남→남)	주다 (남→나)	받다 (나→남)(남→나)
겸양어	존경어	겸양어

02 표현이 맞는 문장과 틀린 문장을 찾으세요. (1문제 4점)

① 隅田(すみだ)さんは 妹(いもうと)に 本(ほん)を あげました。 (○・×)

② 弟(おとうと)は 友(とも)だちから 鉛筆(えんぴつ)を もらいました。 (○・×)

③ 私(わたし)は 高橋先生(たかはしせんせい)に 花(はな)を さしあげました。 (○・×)

④ 私(わたし)は 彼女(かのじょ)に 本(ほん)を くれます。 (○・×)

⑤ 社長(しゃちょう)が 私(わたし)に ボーナスを くださいました。 (○・×)

Test 11

듣기

01 단어를 듣고 받아 써 보세요. (1문제 4점)

①

②

③

④

⑤

02 문장을 듣고 받아 써 보세요. (1문제 6점)

① 彼(かれ)は 私(わたし)に プレゼントを ____________________

② 私(わたし)は 先生(せんせい)に チョコレートを ____________________

③ 友(とも)だちを 家(いえ)まで ____________________

④ 教授(きょうじゅ)から コンピューターを ____________________

⑤ 部長(ぶちょう)が お金(かね)を ____________________

unit 11 문제 풀이

어휘

01 다음 공란을 의미에 맞게 채워 주세요.
(1문제 5점)

어휘 01

(1)

주다 (나 · 남→남)	
あげる・やる	
겸양어	さしあげる
주다 (남→나)	
くれる	
존경어	くださる
받다 (나→남)(남→나)	
もらう	
겸양어	いただく

(2)

주다 (나 · 남→남)	
～てあげる・～てやる	
겸양어	～てさしあげる
주다 (남→나)	
～てくれる	
존경어	～てくださる
받다 (나→남)(남→나)	
～てもらう	
겸양어	～ていただく

쓰기

01 표현이 맞는 문장과 틀린 문장을 찾으세요. (1문제 4점)

듣기

01 단어를 듣고 받아 써 보세요. (1문제 4점)

① ______ ② ______

③ ______ ④ ______

⑤ ______

02 문장을 듣고 받아 써 보세요. (1문제 6점)

① ______

② ______

③ ______

④ ______

⑤ ______

쓰기 01

(1) 隅田(すみだ)さんは 妹(いもうと)に 本(ほん)を あげました。　(○)

스미타 씨는 여동생에게 책을 주었습니다.

(2) 弟(おとうと)は 友(とも)だちから 鉛筆(えんぴつ)を もらいました。　(○)

남동생은 친구로부터 연필을 받았습니다.

(3) 私(わたし)は 高橋先生(たかはしせんせい)に 花(はな)を さしあげました。　(○)

나는 타카하시 선생님에게 꽃을 드렸습니다.

(4) 私(わたし)は 彼女(かのじょ)に 本(ほん)を くれます。　(×)

나는 그녀에게 책을 줍니다.(받습니다)

→ 私(わたし)は 彼女(かのじょ)に 本(ほん)を あげます(もらいます)。

(5) 社長(しゃちょう)が 私(わたし)に ボーナスを くださいました。　(○)

사장님이 나에게 보너스를 주셨습니다.

Test 11

듣기 01

① おこづかい 【뜻】 용돈

② 花束(はなたば) 【뜻】 꽃다발

③ 通(かよ)う 【뜻】 다니다

④ 論文(ろんぶん) 【뜻】 논문

⑤ 先輩(せんぱい) 【뜻】 선배

듣기 02

① 彼(かれ)は 私(わたし)に プレゼントを くれた。

그는 나에게 선물을 주었다.

② 私(わたし)は 先生(せんせい)に チョコレートを もらいました。

나는 선생님에게 쵸코렛을 받았습니다.

③ 友(とも)だちを 家(いえ)まで 送(おく)って あげました。

친구를 집까지 보내 주었습니다.

④ 教授(きょうじゅ)から コンピューターを 教(おし)えて いただきました。

교수님으로부터 컴퓨터를 가르쳐 받았습니다.

⑤ 部長(ぶちょう)が お金(かね)を 貸(か)して くださいました。

부장님이 돈을 빌려 주셨습니다.

일본 캐릭터 카페 베스트 10

귀여운 캐릭터의 천국 일본~!! 캐릭터 덕후들에게는 빼놓을 수 없는 곳이 귀여운 캐릭터를 테마로 한 캐릭터 전용 카페가 아닐 수 없습니다. 자신이 좋아하는 캐릭터에 둘러쌓여, 잠시나마 복잡한 일상에서 벗어나 자신이 좋아하는 캐릭터와 함께 일본에서의 추억을 한번 만들어 보는 것도 좋지 않을까요? 유명한 캐릭터 카페를 한 자리에 모아 봤습니다.

シナモロールカフェ
시나모롤 카페

산리오의 인기 캐릭터 시나모롤을 테마로한 카페입니다. 시나모롤이 계란 이불을 덮고 잠들어 있는 〈오야스미 오믈렛〉의 가격이 1,380엔, 〈구름위의 두둥실 쇼트 케이크〉가 1,280엔 등... 귀여워서 이걸 어떻게 먹어? 라는 말이 절로 나오는 비쥬얼의 음식과 디저트 메뉴가 한가득합니다. 매장에서는 각종 오리지널 굿즈도 함께 구입할 수 있다고 하네요. 도쿄 신쥬쿠점과 쿄토의 교토점 2개 점포가 운영되고 있습니다.
(위치:도쿄 신쥬쿠/**東京都 新宿区 新宿 3-1-26 新宿マルイ アネックス 1F**)
(위치:교토/**京都府京都市中京区河原町通四条上る 河原町OPA3F**)

ムーミンベーカリー&カフェ
무민 베이커리 & 카페

세계적으로 사랑받고 있는 핀란드작가 토데 양슨의 동화 〈무민〉의 세계관을 모티브한 〈무민 베이커리 & 카페〉는 도쿄와 후쿠오카 점포가 운영되고 있습니다.
(위치:도쿄도 / 주소: **東京都 文京区 春日 1-1-1 東京ドームシティラクーア 1 F**)
(위치:후쿠오카 / 주소: **福岡県福岡市博多区 住吉1-2-22 B1**)

ぐでたまかふぇOsaka
구데타마 카페 Osaka

귀여운 캐릭터 메뉴는 물론, 매장안에는 구데타마와 함께 사진을 찍을 수 있는 포토존이 함께 구비되어 있다고 합니다. 오사카 매장에서만 구입할 수 있는 티셔츠나 오리지널 굿즈도 판매되고 있어요.
(위치:오사카 / 주소: **大阪府大阪市北区角田町5-15 HEP FIVE7F**)

Cafe de Miki with Hello Kitty
헬로키티 카페

효고현에 있는 헬로키티 카페는 헬로키티가 태어난 고향 런던을 테마로한 카페입니다. 런던을 대표하는 스위츠로 유명한 스콘과 빵, 케이크와 등... 본격적인 영국식 홍차와 함께 즐길 수 있습니다.
(위치:효고현 / 주소: **兵庫県姫路市駅前町309 ラボビル1F**)

ポムポムプリンカフェ
뽐뽐푸딩 카페

일본 전국에 4개의 점포(도쿄 하라주쿠, 카나가와현 요코하마, 오사카 우메다, 아이티현 나고야)가 운영되고 있습니다. 〈뽐뽐푸딩 카페〉는 산리오의 인기 캐릭터 〈뽐뽐푸딩을 테마로한 카페인데요... 뽐뽐푸딩의 집을 이미지한 점포 안에는 푸딩들과 함께 사진을 찍을 수 있는 포토존도 준비되어 있습니다.

(위치:도쿄 하라주쿠 / 주소: **東京都 渋谷区 神宮前 1-7-1 CUTE CUBE HARAJUKU 3F**)

アンパンマン＆ペコズキッチン
앙팡맨 & 페코즈 키친

앙팡맨과 페코쨩의 코라보레이션 레스토랑입니다. 앙팡맨의 세계를 재현한 디스플레이, 넉넉한 공간, 엄선 소재를 사용한 오리지널 메뉴 등. 어린이부터 어른까지 함께 즐기실 수 있습니다.

(위치:가나가와현 요코하마시 / 주소: **神奈川県横浜市西区みなとみらい4-3-1**)

嵐山りらっくま茶房
아라시야마 리라쿠마 다방

교토의 세계문화유산 덴류지(**天龍寺**)의 정면에 위치하고 있는 2층 건물의 창고를 이미지한 〈아라시야마 리라쿠라 다방〉입니다. 교토다운 전통적인 메뉴 구성과 꿀을 사용한 디저트가 한 가득 준비되어 있습니다. 모던하고 귀여운 일본 전통 음식들도 맛볼 수 있습니다.

(위치:교토 / 주소: **京都市右京区嵯峨天龍寺北造路町15**)

Cafe BARBAPAPA
카페 바바파파

세계적으로 사랑받는 프랑스 태생 바바파파를 모티브로한 캐릭터 카페입니다. 수입 생활용품 판매점인 PLAZA 건물 내에 입점해 있는 카페로 어른에서부터 아이들까지 즐길 수 있는 공간이 마련되어 있습니다.

(위치:사이타마현 / 주소: **埼玉県 越谷市 レイクタウン4-2-2 イオンレイクタウンKAZE 2F**)

ピーターラビットTM ガーデンカフェ 自由が丘
피터래빗 TM 가든카페 지유가오카

세계적인 베스트셀러 그림책 〈피터래빗의 이야기〉의 세계관과 영국스러운 분위기를 느낄 수 있는 카페입니다. 매장 안은 모던하면서도 클래식한 분위기. 테라스석과 선룸석 등, 좌석 타입도 기호에 맞춰 고를 수 있다고 하네요.

(위치:도쿄 지유가오카 / 주소: **東京都目黒区自由が丘1-25-20 自由が丘MYU 1階**)

TOLO COFFEE &BAKERY
토로 커피 & 베이커리

우리나라에도 잘 알려진 토토로를 모티브로한 카페입니다. 카페 주변에는 형형색색의 꽃화분으로 장식되어 있습니다. 다양한 캐릭터 베이커리를 즐기실 수 있으며, 런치타임에는 수제 파스타를 사용한 카르보나라와 볼로네제 등도 맛볼 수 있습니다 .

(위치:도쿄 / 주소: **東京都世田谷区代田5-3-1**)

unit. 12

아메 가 후루소-데스

雨が 降るそうです。

あめ ふ

QR Animation

이것 만은 꼭! **학습사항**

1. 희망 조동사 **～たい** ~하고 싶다
2. 조동사 [**そうだ**]의 양태 용법 : (마치) ~한(인) 것 같다
3. 조동사 [**そうだ**]의 전문 용법 : ~에 의하면 ~한다고(라고) 한다
4. 불확실한 단정 · 비유 · 예시 조동사 **～ようだ** : ~인 것 같다

나혼자 한다! **혼공 Plan**

학습 체크 ☐1회 ☐2회 ☐3회
포인트 강의 12 (10분)
튜터 이세진

학습 체크 ☐1회 ☐2회 ☐3회
차곡차곡 내공쌓기 (15분)
Point (244~251p)

학습 체크 ☐1회 ☐2회 ☐3회
저자 직강 12 (15분)
강사 이장우

학습 체크 ☐1회 ☐2회 ☐3회
바로바로 말해보기 (15분)
Speaking (252~255p)

학습 체크 ☐1회 ☐2회 ☐3회
회화 뽀개기 (15분)
Conversation (256~257p)

학습 체크 ☐1회 ☐2회 ☐3회
내 귀에 착착~ (15분)
Listening (258~259p)

학습 체크 ☐1회 ☐2회 ☐3회
듣고 말하기 훈련 (15분)
MP3 S_12

학습 체크 ☐1회 ☐2회 ☐3회
12과 마무리 평가 (30분)
(260~263p)

차곡차곡 내공쌓기 Point

01

희망 조동사 ～たい ~하고 싶다

早く(はや) あなたに 会(あ)いたいです。

하야꾸 아나타니 아이따이데스

빨리 / 당신을 / 만나고 싶어요.

이번 과부터는 일본어의 [조동사]에 대하여 학습합니다. 우선, [조동사]란 무엇인지 알아보도록 하죠.

❶ 단독으로 문절을 구성할 수 없는 부속어이며 활용을 합니다.
❷ 용언(동사 · イ형용사 · ナ형용사)이나 체언에 접속하여 다양한 의미를 첨가합니다.

희망의 조동사「たい」는「~하고 싶다」라고 하는 화자의 희망을 나타내는 조동사입니다.

접속방법

형태	접속되는 동사 활용형
たい	1그룹 동사 · 2그룹 동사 · 3그룹 동사의 **ます**형

「たい」의 활용형

조동사「たい」는 활용어미가 동일한「イ형용사」와 활용형태가 같습니다.

	활용형	활용형태	의미
食(た)べる 먹다	기본형	たべたい	먹고 싶다
	부정형(ない형)	たべたくない	먹고 싶지 않다
	추측	たべたいだろう	먹고 싶겠지
	정중형(です형)	たべたいです	먹고 싶습니다
	접속형(て형)	たべたくて	먹고 싶어 하고(해서)
	과거형(た형)	たべたかった	먹고 싶었다
	연체형	たべたいもの	먹고 싶은 것
	가정형	たべたければ	먹고 싶으면

- □ 何(なに)か 뭔가
- □ 甘(あま)いもの 단 것
- □ 日本語(にほんご) 일본어
- □ 勉強(べんきょう) 공부
- □ 会社(かいしゃ) 회사
- □ 入(はい)る 들어가다
- □ 風邪(かぜ) 감기
- □ ひどい 심하다
- □ 何(なに)も 아무것도

何(なに)か 甘(あま)いものが 食(た)べたい。

뭔가 단 것이 먹고싶다.

日本語(にほんご)を 勉強(べんきょう)して、日本(にほん)の会社(かいしゃ)に 入(はい)りたいです。

일본어를 공부해서, 일본 회사에 들어가고 싶습니다.

風邪(かぜ)が ひどくて、何(なに)も 食(た)べたくないです。

감기가 심해서, 아무것도 먹고 싶지 않습니다.

차곡차곡 내공쌓기 Point

02

조동사 [そうだ]의 양태 용법 : (마치) ~한(인) 것 같다, ~한(인)듯하다

고 노 케 - 끼 오 이 시 소 - 데 스 네

このケーキ、おいしそうですね。

이 케이크, 맛있을 것 같네요.

- 親切(しんせつ)だ 친절하다
- 店員(てんいん) 점원
- おいしい 맛있다
- 上(うえ) 위
- 行(い)く 가다

조동사「そうだ」는 두 가지 용법이 있는데, 그 중 하나는 화자가 직접 현장에서 어떠한 사건이나 정보를 보고 추측하여 판단을 내리는 양태 용법이 있습니다. 이 양태 용법은 현장감이 생생한 표현이며, 추측의 확신도가 높다고 할 수 있습니다. 또한 미래의 가능성이나 예상을 나타내는 말투이므로 과거에 대한 표현으로는 사용되지 않습니다.

다른 품사와의 접속방법

품사	활용 예		접속 방법
	긍정	부정	
동사	降(ふ)りそうだ 내릴 것 같다	降(ふ)りそうにない 내릴 것 같지 않다	ます형 접속
イ형용사	面白(おもしろ)そうだ 재미있을 것 같다	面白(おもしろ)くなさそうだ 재미있을 것 같지 않다 面白(おもしろ)くそうで(は)ない 재미있을 것 같지 않다	어간에 접속
ナ형용사	便利(べんり)そうだ 편리할 것 같다	便利(べんり)ではなさそうだ 편리할 것 같지 않다 便利(べんり)そうで(は)ない 편리할 것 같지 않다	어간에 접속

명사 + そうだ : 사용불가

[いい] [ない]는 다른 방식으로 변형합니다.

いい(좋다) → よさそうだ(좋을 것 같다) / ない(없다) → なさそうだ(없을 것 같다)

[そうです] 라고 하면 정중한 표현이 됩니다.

親切(しんせつ)そうな 店員(てんいん)が いました。 친절할 것 같은 점원이 있었습니다.

とても おいしそうなパンが テーブルの上(うえ)に あった。
매우 맛있을 것 같은 빵이 테이블 위에 있었다.

彼(かれ)も 行(い)きそうです。 그도 갈 것 같습니다.

03

❀ 조동사 [そうだ]의 전문 용법 : ~에 의하면 ~한다고(라고) 한다

아메 가　후 루 소 - 데 스

雨(あめ)が 降(ふ)るそうです。

비가　내린다고 합니다.

- □ 雨(あめ) 비
- □ 降(ふ)る 내리다
- □ 会社員(かいしゃいん) 회사원
- □ テニス 테니스
- □ 上手(じょうず)だ 능숙하다
- □ 映画(えいが) 영화
- □ 怖(こわ)い 무섭다
- □ ニュース 내일
- □ ~に よると ~에 의하면
- □ ギリシア 그리스
- □ 大地震(だいじしん) 대지진

❀ 조동사 [そうだ] 의 다른 한가지 용법은 화자가 다른 곳에서 얻은 정보나 사항을 듣고 제 3자에게 다시 전달할 때 사용하는 전문 용법이 있습니다.

❀ 다른 품사와의 접속 방법

품사	활용 예		접속 방법
	긍정	부정	
동사	行(い)くそうだ 간다고 한다	行(い)かないそうだ 가지 않는다고 한다	기본형에 접속
イ형용사	忙(いそが)しいそうだ 바쁘다고 한다	忙(いそが)しくないそうだ 바쁘지 않다고 한다	기본형에 접속
ナ형용사	元気(げんき)だそうだ 건강하다고 한다	元気(げんき)ではないそうだ 건강하지 않다고 한다	기본형에 접속
명사	先生(せんせい)だそうだ 선생님이라고 한다	先生(せんせい)ではないそうだ 선생님이 아니라고 한다	명사 + だ

❀ [そうです] 라고 하면 정중한 표현이 됩니다.

坂本(さかもと)さんは 会社員(かいしゃいん)だそうです。 사카모토 씨는 회사원이라고 합니다.

岡村(おかむら)さんは テニスが 上手(じょうず)だそうです。 오카모토 씨는 테니스를 잘한다고 합니다.

この映画(えいが)は とても 怖(こわ)いそうだ。 이 영화는 매우 무섭다고 한다.

明日(あした)は 雨(あめ)が 降(ふ)るそうだ。 내일은 비가 내린다고 한다.

❀ 전문의 [そうだ] 는 다른 곳에서 얻은 정보나 사항을 듣고 제 3자에게 다시 전달할 때 사용하는 표현이므로, 대부분 정보의 출처가 되는 부분에 「~によると / ~によれば ~에 의하면」, 「~では ~에서는 / ~로는」, 「~から聞(き)くと ~로부터 들으면」 등이 함께 접속되어 쓰이는 것이 일반적입니다.

ニュースに よると ギリシアに 大地震(だいじしん)が あったそうだ。

뉴스에 의하면, 그리스에 대지진이 있었다고 한다.

Point 차곡차곡 내공쌓기

04

추정의 조동사 ~らしい : ~답다, ~같다

가레 와　　쿄 - 모　　코 나 이 라 시 이

彼(かれ)は　今日(きょう)も　来(こ)ないらしい。

그는　오늘도　오지 않을 것 같아 .

□ 男(おとこ) 남자
□ 春(はる) 봄
□ 季節(きせつ) 계절

추정의 조동사「らしい」는 완전한 사실이라고 단정할 수는 없지만, 거의 확실하다고 추측할 때 사용되는 표현입니다. 또한「らしい」는 화자의 주관적인 판단에 의해 추정하는 것이 아니라, 객관적인 상태나 사실을 근거로 한 추정을 나타냅니다. 앞에서 배운 이와 비슷한 의미를 갖는 양태의 조동사 「そうだ」 보다 확신도가 다소 낮은 편이라 할 수 있습니다.

다른 품사와의 접속 방법

품사	활용 예	접속 방법
동사	行(い)くらしい 갈 것 같다	기본형에 접속
イ형용사	忙(いそが)しいらしい 바쁜 것 같다	기본형에 접속
ナ형용사	元気(げんき)らしい 건강한 것 같다	어간에 접속
명사	先生(せんせい)らしい 선생님인 것 같다	명사에 접속

명사에 접속이 되는 경우에는 [충분한 자질]을 갖추고 있다, [~라고 부르기에 어울린다, ~답다] 라는 의미를 지니고 있습니다.

[らしい] 는 [い] 로 끝나기 때문에, [い형용사] 활용을 합니다.

▶ 자질

彼(かれ)は 男(おとこ)らしい。 그는 남자답다.

春(はる)らしい季節(きせつ)。 봄다운 계절

- □ スマホ 스마트폰
- □ 故障(こしょう)する 고장나다
- □ 街(まち) 거리
- □ とても 매우
- □ にぎやかだ 번화하다

▶ 느낌

スマホが 故障(こしょう)したらしい。스마트폰이 고장난 것 같다.

この街(まち)は とても にぎやからしい。이 거리는 매우 번화한 것 같다.

차곡차곡 내공쌓기 Point

05

불확실한 단정 · 비유 · 예시 조동사 ～ようだ : ~인 것 같다, ~인 듯하다

まるで モデルのように 歩く。
(마루데 모데루노요-니 아루꾸)

마치 / 모델처럼 / 걷는다.

- □ まるで 마치
- □ モデル 모델
- □ ～ように ~처럼
- □ 歩く(ある) 걷다
- □ 午前中(ごぜんちゅう) 오전 중
- □ 雨(あめ)が 降(ふ)る 비가 내리다
- □ 警察(けいさつ) 경찰
- □ 赤(あか)ちゃん 아기
- □ かわいい 귀엽다
- □ 絵(え) 그림
- □ 写真(しゃしん) 사진
- □ 性格(せいかく) 성격

조동사「ようだ」는 화자가 직접 보고, 직접 듣고, 체험한 것을 바탕으로 추측하여 주관적 판단을 내리는 표현입니다. 그러므로 조동사「そうだ」보다는 추측의 확신도가 낮고, 「らしい」보다는 추측의 확신도가 높은 편입니다. 또한「ようだ」는 의미적으로 불확실한 단정(~인 것 같다, ~인 듯하다), 비유(마치 ~와 같다), 예시(~와 같은, ~처럼)등으로 분류할 수 있습니다. 회화체에서는「みたいだ」를 사용하기도 합니다.

「ようだ」가 명사 뒤에 올때는「~のように」으로 활용되며 이때는「~같이, ~처럼」으로 해석됩니다.

▶ 불확실한 단정

午前中(ごぜんちゅう)は 雨(あめ)が 降(ふ)るようです。 오전 중에는 비가 내릴 것 같습니다.

あの人(ひと)は 警察(けいさつ)じゃないようです。 저 사람은 경찰이 아닌 것 같습니다.

▶ 비유

彼女(かのじょ)は 赤(あか)ちゃんのように かわいい。 그녀는 아기처럼 귀엽다.

この絵(え)は 写真(しゃしん)のようだ。 이 그림은 사진 같다.

▶ 예시

私(わたし)のように してください。 저처럼 해 주세요.

彼女(かのじょ)のような性格(せいかく)が いい。 그녀와 같은 성격이 좋다.

다른 품사와의 접속 방법

품사	활용 예	접속 방법
동사	行(い)くようだ 갈 것 같다	기본형에 접속
イ형용사	忙(いそが)しいようだ 바쁜 것 같다	기본형에 접속
ナ형용사	元気(げんき)なようだ 건강한 것 같다	어간 + な
명사	先生(せんせい)のようだ 선생님인 것 같다	명사 + の

「ようだ」의 활용형

	활용형	활용 형태	의미
来(く)る 오다	기본형	くるようだ	올 것 같다
	추측형	くるようで	올 것 같아서
	부정형(ない형)	くるようでない	올 것 같지 않다
	정중형(です형)	くるようです	올 것 같습니다
	과거형(た형)	くるようだった	올 것 같았다
	연체형	くるようなひと	올 것 같은 사람

바로바로 말해보기 Speaking

01 아래의 예 와 같이 말해 보세요.

예

明日(あした)は 雨(あめ)が 降(ふ)る。
→ 明日(あした)は 雨(あめ)が 降(ふ)りそうです。
→ 明日(あした)は 雨(あめ)が 降(ふ)るそうです。
→ 明日(あした)は 雨(あめ)が 降(ふ)るようです。
→ 明日(あした)は 雨(あめ)が 降(ふ)るらしいです。

❶ その仕事(しごと)は 友(とも)だちが する。

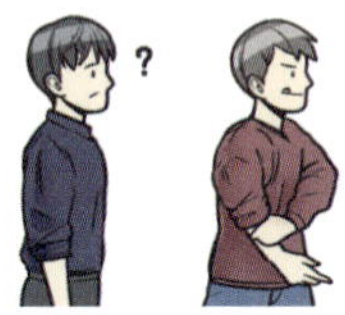

→ ____________________
→ ____________________
→ ____________________
→ ____________________

❷ 岡本先生(おかもとせんせい)は やさしい。

→ ____________________
→ ____________________
→ ____________________
→ ____________________

❸ 明日(あした)は 寒(さむ)い。

→ ____________________
→ ____________________
→ ____________________
→ ____________________

해석 & 해답 01 Track 55

듣고말하기훈련 MP3 S_12

예 明日は 雨が 降る。 내일은 비가 내린다.

→ 明日は 雨が 降りそうです。 내일은 비가 내릴 것 같습니다.
→ 明日は 雨が 降るそうです。 내일은 비가 내린다고 합니다.
→ 明日は 雨が 降るようです。 내일은 비가 내릴 것 같습니다.
→ 明日は 雨が 降るらしいです。 내일은 비가 내릴 것 같습니다.

- □ 明日 내일
- □ 雨が 降る 비가 내리다
- □ 仕事 일
- □ 友だち 친구
- □ 先生 선생님
- □ やさしい 착하다, 상냥하다, 쉽다
- □ 寒い 춥다

❶ その仕事は 友だちが する。 그 일은 친구가 한다.

→ その仕事は 友だちが しそうです。 그 일은 친구가 할 것 같습니다.
→ その仕事は 友だちが するそうです。 그 일은 친구가 한다고 합니다.
→ その仕事は 友だちが するようです。 그 일은 친구가 할 것 같습니다.
→ その仕事は 友だちが するらしいです。 그 일은 친구가 할 것 같습니다.

❷ 岡本先生は やさしい。 오카모토 선생님은 상냥하다.

→ 岡本先生は やさしそうです。 오카모토 선생님은 상냥할 것 같습니다.
→ 岡本先生は やさしいそうです。 오카모토 선생님은 상냥하다고 합니다.
→ 岡本先生は やさしいようです。 오카모토 선생님은 상냥할 것 같습니다.
→ 岡本先生は やさしいらしいです。 오카모토 선생님은 상냥할 것 같습니다.

❸ 明日は 寒い。 내일은 춥다.

→ 明日は 寒そうです。 내일은 추울 것 같습니다.
→ 明日は 寒いそうです。 내일은 춥다고 합니다.
→ 明日は 寒いようです。 내일은 추울 것 같습니다.
→ 明日は 寒いらしいです。 내일은 추울 것 같습니다.

Speaking 바로바로 말해보기

❹ この店(みせ)は 高(たか)い。

→

→

→

→

❺ この町(まち)は 静(しず)かだ。

→

→

→

→

❹ この店(みせ)は 高(たか)い。이 가게는 비싸다.

→ この店(みせ)は 高(たか)そうです。이 가게는 비쌀 것 같습니다.

→ この店(みせ)は 高(たか)いそうです。이 가게는 비싸다고 합니다.

→ この店(みせ)は 高(たか)いようです。이 가게는 비쌀 것 같습니다.

→ この店(みせ)は 高(たか)いらしいです。이 가게는 비쌀 것 같습니다.

❺ この町(まち)は 静(しず)かだ。이 마을은 조용하다.

→ この町(まち)は 静(しず)かそうです。이 마을은 조용할 것 같습니다.

→ この町(まち)は 静(しず)かだそうです。이 마을은 조용하다고 합니다.

→ この町(まち)は 静(しず)かなようです。이 마을은 조용할 것 같습니다.

→ この町(まち)は 静(しず)からしいです。이 마을은 조용할 것 같습니다.

□ 店(みせ) 가게

□ 高(たか)い 비싸다

□ 町(まち) 마을

□ 静(しず)かだ 조용하다

회화 뽀개기 Conversation

QR Animation

Track 56

ミン 坂本(さかもと)さん、明日(あした)の運動会(うんどうかい)に 来(き)ますか。
사카모토 상 아시따 노 운 도- 까이 니 키 마 스 까

さかもと 天気予報(てんきよほう)に よると、雨(あめ)が 降(ふ)るそうですよ。
뎅 끼 요 호- 니 요 루 또 아메 가 후 루 소 - 데 스 요

ミン 私(わたし)も ニュースを 見(み)ましたが、
와따시모 뉴 - 스 오 미 마 시 따 가

午前中(ごぜんちゅう)は 雨(あめ)で 午後(ごご)は 晴(は)れるらしいです。
고 젠 쮸- 와 아메 데 고 고 와 하 레 루 라 시 이 데 스

さかもと そうですか。
소 - 데 스 까

すみませんが、運動会(うんどうかい)は 何時(なんじ)からですか。
스 미 마 셍 가 운 도- 까이 와 난 지 까 라 데 스 까

ミン 午後(ごご) 1時(じ)からです。
고 고 이찌 지 까 라 데 스

社長(しゃちょう)も いらっしゃるそうです。
샤 쬬 모 이 랏 샤 루 소 - 데 스

さかもと 社長(しゃちょう)も？ 困(こま)ったな。
샤 쬬 모 고 맛 따 나

ミン どうしてですか。
도 - 시 떼 데 스 까

さかもと どうも 田舎(いなか)の両親(りょうしん)が 交通事故(こうつうじこ)に あったようです。
도 - 모 이 나까 노 료- 가 고- 쯔- 지 꼬 니 앗 따 요 - 데 스

ミン えっ！それは いけませんね。
엣 소 레 와 이 께 마 센 네

さかもと でも、大(たい)したことではないようです。
데 모 다이 시 따 코 또 데 와 나 이 요 - 데 스

저자 직강

민	사카모토 씨, 내일 운동회에 옵니까?
사카모토	일기예보에 의하면 비가 내린다고 합니다.
민	저도 뉴스를 보았습니다만, 오전 중에는 비가 내리고 오후는 맑을 것 같습니다.
사카모토	그렇습니까? 죄송합니다만, 운동회는 몇 시부터입니까?
민	오후 1시부터입니다. 사장님도 오신다고 합니다.
사카모토	사장님도? 난처하군.
민	왜요?
사카모토	아무래도 시골에 계시는 부모님이 교통사고를 당한 것 같습니다.
민	예? 그거 안 됐군요.
사카모토	하지만 큰 부상은 아닌 것 같습니다.

어휘 표현

- 明日(あした) 내일
- 運動会(うんどうかい) 운동회
- 天気(てんき) 날씨, 일기
- 予報(よほう) 예보
- ~によると ~에 의하면
- 雨(あめ)が 降(ふ)る 비가 내리다
- ニュース 뉴스
- 午前中(ごぜんちゅう) 오전 중
- 午後(ごご) 오후
- 晴(は)れる 맑다, 개다
- 何時(なんじ) 몇 시
- 社長(しゃちょう) 사장
- いらっしゃる [行(い)く-가다/来(く)る-오다/いる-있다] 의 존경표현
- 困(こま)る 곤란하다
- どうして 왜
- どうも 아무래도
- 田舎(いなか) 시골
- 両親(りょうしん) 부모님
- 交通事故(こうつうじこ)に あう 교통사고를 당하다
- それは いけません 그거 안 됐군요
- でも 하지만
- 大(たい)したことではない 대단한 것이 아니다

Listening 내 귀에 착착~

01 음성을 듣고 맞는 그림에 번호를 써 넣어 주세요. Track 57

02 음성을 듣고, 문장을 완성해 주세요. Track 58

❶ 彼女(かのじょ)は とても きれいで、咲(さ)いている ______ 。

❷ 今日(きょう)は、______ 暖(あたた)かい日(ひ)でした。

❸ 田中(たなか)さんは 家(いえ)に ______ 。

❹ 岡田(おかだ)さんは ______ 。

❺ この公園(こうえん)は 木(き)が 多(おお)くて、森(もり)の中(なか)を ______ 。

해석 & 해답 01

❶ ❹ 午後(ごご)は 雨(あめ)が 降(ふ)らないようだ。 오후에는 비가 내리지 않을 것 같다.

❷ ❸ 彼女(かのじょ)の友(とも)だちは 銀行員(ぎんこういん)らしい。 그녀의 친구는 은행원인 것 같다.

❸ ❺ あの雲(くも)は 車(くるま)のように 見(み)えます。 저 구름은 자동차처럼 보입니다.

❹ ❶ 今度(こんど)の社員旅行(しゃいんりょこう)は アメリカへ 行(い)くらしいです。
이번 사원여행은 미국에 갈 것 같습니다.

❺ ❷ 友(とも)だちは 男(おとこ)らしい。 친구는 남자답다.

해석 & 해답 02

❶ 彼女(かのじょ)は とても きれいで、咲(さ)いている花(はな)のようです。
그녀는 매우 예뻐서, 피어있는 꽃같습니다.

❷ 今日(きょう)は、春(はる)らしい暖(あたた)かい日(ひ)でした。
오늘은 봄다운 따듯한 날이었습니다.

❸ 田中(たなか)さんは 家(いえ)に いないそうです。
다나카 씨는 집에 없다고 합니다.

❹ 岡田(おかだ)さんは 忙(いそが)しいらしいです。
오카다 씨는 바쁜 것 같습니다.

❺ この公園(こうえん)は 木(き)が 多(おお)くて、森(もり)の中(なか)を 歩(ある)いているようです。
이 공원은 나무가 많아서, 숲 속을 걷고 있는 것 같습니다.

- □ 午後(ごご) 오후
- □ 雨(あめ)が 降(ふ)る 비가 내리다
- □ 彼女(かのじょ) 그녀
- □ 友(とも)だち 친구
- □ 銀行員(ぎんこういん) 은행원
- □ 雲(くも) 구름
- □ 車(くるま) 자동차
- □ 見(み)える 보이다
- □ 今度(こんど) 이번
- □ 社員(しゃいん) 사원
- □ 旅行(りょこう) 여행
- □ アメリカ 미국
- □ 行(い)く 가다
- □ 男(おとこ) 남자
- □ とても 매우
- □ きれいだ 예쁘다
- □ 咲(さ)く 피다
- □ 花(はな) 꽃
- □ 今日(きょう) 오늘
- □ 春(はる) 봄
- □ 暖(あたた)かい 따뜻하다
- □ 日(ひ) 날
- □ 家(いえ) 집
- □ 忙(いそが)しい 바쁘다
- □ 公園(こうえん) 공원
- □ 木(き) 나무
- □ 多(おお)い 많다
- □ 森(もり) 숲
- □ 中(なか) 속, 안
- □ 歩(ある)く 걷다

마무리~ 필기시험

제한 시간 30분

점수 : / 100

어휘

01 다음 공란을 의미에 맞게 채워 주세요. (1문제 5점)

	~처럼	~같은	~같고	~같다
예) 彼(かれ)	彼(かれ)のように	彼(かれ)のような	彼(かれ)のようで	彼(かれ)のようだ
行(い)く				
上手(じょうず)だ				
寒(さむ)い				
俳優(はいゆう)				

02 예 처럼 양태표현의 [そう] 로 바꿔주세요. (1문제 3점)

예 おもしろい → おもしろそうな本(ほん)ですね。

① 幸(しあわ)せだ → ________________ 家族(かぞく)ですね。

② つまらない → ________________ 映画(えいが)ですね。

③ いい → ________________ かばんですね。

④ 親切(しんせつ)だ → ________________ 店(みせ)ですね。

⑤ 雪(ゆき)が 降(ふ)る → ________________ 天気(てんき)ですね。

03 두 개의 문장을 자연스럽게 연결시켜 주세요. (1문제 3점)

① 山口先生(やまぐちせんせい)は	・ ・	雪(ゆき)が 降(ふ)るそうです。
② 明日(あした)は	・ ・	元気(げんき)だそうです。
③ 病院(びょういん)で	・ ・	赤(あか)ちゃんが 生(う)まれたそうです。
④ 友(とも)だちのお母(かあ)さんは	・ ・	来週(らいしゅう) 結婚(けっこん)するそうです。
⑤ この映画(えいが)は	・ ・	全然(ぜんぜん) 怖(こわ)くないそうです。

Test 12

듣기

01 단어를 듣고 받아 써 보세요. (1문제 4점)

① ② ③

④ ⑤

02 문장을 듣고 받아 써 보세요. (1문제 6점)

① ________________ 人(ひと)は 初(はじ)めてだ。

② とても ________________。

③ 来週(らいしゅう)の火曜日(かようび)に テストが ________________。

④ この店(みせ)は とても ________________。

⑤ ________________家具(かぐ)ですね。

unit 12 문제 풀이

어휘

01 다음 공란을 의미에 맞게 채워 주세요.
(1문제 5점)

어휘 01

	~처럼	~같은	~같고	~같다
예) 彼	彼のように	彼のような	彼のようで	彼のようだ
行く	行くように	行くような	行くようで	行くようだ
上手だ	上手なように	上手なような	上手なようで	上手なようだ
寒い	寒いように	寒いような	寒いようで	寒いようだ
俳優	俳優のように	俳優のような	俳優のようで	俳優のようだ

02 예처럼 양태표현의 [そう] 로 바꿔주세요.
(1문제 3점)

어휘 02

おもしろい → おもしろそうな本ですね。
재미있을 것 같은 책이군요.

① 幸せそうな家族ですね。 행복한 듯한 가족이군요.

② つまらなそうな映画ですね。 시시할 것 같은 영화이군요.

③ よさそうなかばんですね。 좋을 것 같은 가방이군요.

④ 親切そうな店ですね。 친절할 것 같은 가게이군요.

⑤ 雪が降りそうな天気ですね。 눈이 내릴 것 같은 날씨이군요.

03 두 개의 문장을 자연스럽게 연결시켜 주세요. (1문제 3점)

① 山口先生(やまぐちせんせい)は	雪(ゆき)が 降(ふ)るそうです。
② 明日(あした)は	元気(げんき)だそうです。
③ 病院(びょういん)で	赤(あか)ちゃんが 生(う)まれたそうです。
④ 友(とも)だちのお母(かあ)さんは	来週(らいしゅう) 結婚(けっこん)するそうです。
⑤ この映画(えいが)は	全然(ぜんぜん) 怖(こわ)くないそうです。

듣기

01 단어를 듣고 받아 써 보세요. (1문제 4점)

① ② ③ ④ ⑤

02 문장을 듣고 받아 써 보세요.(1문제 6점)

① ② ③ ④ ⑤

어휘 03

(1) 山口先生(やまぐちせんせい)は 来週結婚(らいしゅうけっこん)するそうです。
야마구치 선생님은 다음 주 결혼한다고 합니다.

(2) 明日(あした)は 雪(ゆき)が 降(ふ)るそうです。
내일은 눈이 내린다고 합니다.

(3) 病院(びょういん)で 赤(あか)ちゃんが 生(う)まれたそうです。
병원에서 아이가 태어났다고 합니다.

(4) 友(とも)だちのお母(かあ)さんは 元気(げんき)だそうです。
친구의 어머니는 건강하다고 합니다.

(5) この映画(えいが)は 全然(ぜんぜん) 怖(こわ)くないそうです。
이 영화는 전혀 무섭지 않다고 합니다.

Test 12

듣기 01

① 雨(あめ)が 降(ふ)る 【뜻】 비가 내리다

② 交通事故(こうつうじこ) 【뜻】 교통사고

③ 田舎(いなか) 【뜻】 시골

④ 午前中(ごぜんちゅう) 【뜻】 오전 중

⑤ 運動会(うんどうかい) 【뜻】 운동회

듣기 02

① 彼(かれ)のような人(ひと)は 初(はじ)めてだ。 그와 같은 사람은 처음이다.

② とても 大切(たいせつ)なようです。 매우 소중한 것 같습니다.

③ 来週(らいしゅう)の火曜日(かようび)に テストが あるそうです。
다음 주 화요일에 테스트가 있다고 합니다.

④ この店(みせ)は とても 高(たか)いそうです。 이 가게는 매우 비싸다고 합니다.

⑤ 丈夫(じょうぶ)そうな家具(かぐ)ですね。 튼튼할 것 같은 가구이군요.

unit. 13

지 깡 가 아 레 바 갓 떼 키 마 스

時間が あれば 買ってきます。

じかん か

QR Animation

이것 만은 꼭! **학습사항**

1. 가정형 ～と
2. 가정형 ～ば
3. 가정형 ～たら
4. 가정형 ～なら

나혼자 한다! **혼공 Plan**

학습 체크 1회 2회 3회
포인트 강의 13 (10분)
튜터 이세진

학습 체크 1회 2회 3회
차곡차곡 내공쌓기 (15분)
Point (266~271p)

학습 체크 1회 2회 3회
저자 직강 13 (15분)
강사 이장우

학습 체크 1회 2회 3회
바로바로 말해보기 (15분)
Speaking (272~275p)

학습 체크 1회 2회 3회
회화 뽀개기 (15분)
Conversation (276~277p)

학습 체크 1회 2회 3회
내 귀에 착착~ (15분)
Listening (278~279p)

학습 체크 1회 2회 3회
듣고 말하기 훈련 (15분)
MP3 S_13

학습 체크 1회 2회 3회
13과 마무리 평가 (30분)
(280~283p)

차곡차곡 내공쌓기 Point

01

가정형 ～と、～ば、～たら、～なら

時間(じかん)が あれば 買(か)って 来(き)ます。

(지깡가 아레바 갓떼 끼마스)

시간이 있으면 사 오겠습니다.

- □ 時間(じかん) 시간
- □ ある 있다
- □ ～ば ~면
- □ 買(か)う 사다
- □ 来(く)る 오다
- □ 学生(がくせい) 학생
- □ 親切(しんせつ)だ 친절하다
- □ おいしい 맛있다
- □ 食(た)べる 먹다

우리말의 [~면] 처럼 가정을 나타내는 일본어 표현에는 ～と、～ば、～たら、～なら 등이 있습니다. 우선 각 품사별 가정형 만드는 방법에 대해서 알아 볼까요?

명사	예시
명사 + だと	学生(がくせい)だと
명사 + ならば	学生(がくせい)ならば
명사 + なら	学生(がくせい)なら
명사 + だったら	学生(がくせい)だったら

な형용사	예시
な형용사어간 + だと	親切(しんせつ)だと
な형용사어간 + ならば	親切(しんせつ)ならば
な형용사어간 + なら	親切(しんせつ)なら
な형용사어간 + だったら	親切(しんせつ)だったら

い형용사	예시
い형용사기본형 + と	おいしいと
い형용사어간 + ければ	おいしければ
い형용사기본형 + なら	おいしいなら
い형용사어간 + かったら	おいしかったら

동사	예시
동사기본형 + と	食(た)べると
え단 + ば	食べれば
동사기본형 + なら	食べるなら
동사과거형 + ら	食べたら

「~と」의 용법 정리

❶ 필연적 결과 · 자연현상 · 예상 가능한 일

春に なると 花が 咲きます。봄이 되면 꽃이 핍니다.

右に 曲がると 銀行が あります。오른쪽으로 돌면 은행이 있습니다.

❷ 의외의 일(~하니, ~하자)

図書館に 行くと 休みだった。도서관에 가니 휴관이었다.

朝、窓を 開けると 雪が 降っていた 。아침에 창문을 여니 눈이 내리고 있었다.

家へ 帰ると おじいさんが 私を 待っていた。

집에 돌아가니 할아버지가 나를 기다리고 있었다.

❸ 습관적인 일

朝 起きると すぐ 顔を 洗う。아침에 일어나면 바로 얼굴을 씻는다.

★ ❷와 ❸은 가정형 「たら」도 사용할 수 있습니다.

図書館に 行ったら 休みだった。도서관에 갔더니 휴관이었다.

朝、窓を 開けたら 雪が 降っていた。아침에, 창문을 열었더니 눈이 내리고 있었다.

家へ 帰ったら おじいさんが 私を 待っていた。

집에 돌아갔더니 할아버지가 나를 기다리고 있었다.

朝、 起きたら すぐ 顔を 洗う。아침에 일어나면 바로 세수를 한다.

▶「~と」의 특징

「~と」 뒤에 오는 문장은 필연적인 결과가 옵니다. 따라서, 말하는 사람의 의지, 판단, 허가, 의견, 명령, 요구 등을 나타내는 문장이 뒤에 올 수는 없습니다. 예를 들어보면, お金が ないと 働きなさい。(돈이 없으면 일하세요) / 夏に なると 水泳を するつもりだ。여름이 되면 수영할 예정이다) 등은 사용할 수 없습니다.

- □ 春 봄
- □ 명사 + になる ~이(가) 되다
- □ 花 꽃
- □ 咲く 피다
- □ 右 오른쪽
- □ 曲がる 돌다
- □ 銀行 은행
- □ 図書館 도서관
- □ 休み 쉬는 날
- □ 朝 아침
- □ 窓 창문
- □ 開ける 열다
- □ 雪 눈
- □ 降る 내리다
- □ 家 집
- □ 帰る 돌아오다
- □ おじいさん 할아버지
- □ 待つ 기다리다
- □ 起きる 일어나다
- □ 顔 얼굴
- □ 洗う 씻다
- □ お金 돈
- □ 働く 일하다
- □ 夏 여름
- □ 水泳 수영

차곡차곡 내공쌓기 Point

❁「~ば」의 용법 정리

❶ 가정

雨ならば 出かけません。비가 내리면 안 나갑니다.
高ければ 買わない。비싸면 사지 않는다.
あした 晴れれば、遊びに 行きましょう。내일 맑으면 놀러 갑시다.
お金が なければ 働いてください。돈이 없으면 일하세요.

★이 용법은 가정형「たら」의 용법에서도 공부하겠지만,「たら」의 용법 ❶과 같습니다.

❷ 필연적 결과 · 자연현상 · 예상 가능한 일

春に なれば 花が 咲きます。봄이 되면 꽃이 핀다.
工場が 増えれば 空気が 汚れます。공장이 늘어나면 공기가 더러워집니다.
お金を 入れれば 切符が 出ます。돈을 넣으면 표가 나옵니다.

★「と」의 ❶ 용법과 같습니다.

▶「ば」의 특징

가정형「ば」뒤에는 일반적으로 과거형은 올 수 없지만, 다음과 같은 경우에는 과거형을 사용할 수가 있습니다.

(1) 실제로는 없었던 일, 불가능한 일을 가정할 때

私が 鳥ならば あなたのところに 飛んで 行けたのに。
내가 새라면 당신이 있는 곳으로 날아 갈 수 있었을 텐데.

お金が あれば 海外旅行に 行けたのに。
돈이 있으면 해외여행을 갈 수 있었을텐데.

(2) 과거의 습관

大学時代、お金が あれば よく お酒を 飲んだ。
대학 시절, 돈이 있으면 자주 술을 마셨다.

- □ 雨(あめ) 비
- □ 出かける(でかける) 외출하다, 나가다
- □ 高い(たかい) 비싸다
- □ 買う(かう) 사다
- □ 晴れる(はれる) 맑다
- □ 遊ぶ(あそぶ) 놀다
- □ 行く(いく) 가다
- □ お金(おかね) 돈
- □ ない 없다
- □ 働く(はたらく) 일하다
- □ 春(はる) 봄
- □ 명사+になる ~이(가) 되다
- □ 花(はな) 꽃
- □ 咲く(さく) 피다
- □ 工場(こうじょう) 공장
- □ 増える(ふえる) 늘어나다
- □ 空気(くうき) 공기
- □ 汚れる(よごれる) 더러워지다
- □ 入れる(いれる) 넣다
- □ 切符(きっぷ) 표
- □ 出る(でる) 나오다
- □ 鳥(とり) 새
- □ 飛ぶ(とぶ) 날다
- □ 海外(かいがい) 해외
- □ 旅行(りょこう) 여행
- □ 行く(いく) 가다
- □ 大学(だいがく) 대학
- □ 時代(じだい) 시대, 시절
- □ お酒(おさけ) 술
- □ 飲む(のむ) 마시다

「~たら」의 용법 정리

❶ 가정

雨が 降ったら 出かけません。 비가 내리면 안 나갑니다.

高かったら 買わない。 비싸면 안 삽니다.

明日 晴れたら 遊びに 行きましょう。 내일 맑으면 놀러 갑시다.

お金が なかったら 働いて ください。 돈이 없으면 일하세요.

★ 이 용법은 「ば」의 ❶용법과 같습니다다. 따라서 「ば」와 바꿔 사용할 수도 있습니다.

❷ 발견(~하니, ~했더니)

道を 歩いたら 大きい看板が 見えた。 길을 걸었더니 큰 간판이 보였다.

図書館に 行ったら 休みだった。 도서관에 갔더니 휴관이었다.

❸ 결과(~하니, ~했더니)

薬を 飲んだら 風邪が 治った。 약을 먹었더니 감기가 나았다.

☆ ❷ 발견과 ❸ 결과는「と」를 사용할 수도 있습니다.

❹ 확실한 미래

宿題が 終わったら 貸してください。 숙제가 끝나면 빌려주세요.

家に 帰ったら 電話してください。 집에 돌아가면 전화해 주세요.

▶「たら」의 특징

「と」「ば」「たら」「なら」 중에서 「たら」가 가장 특징이 적기 때문에(특정한 경우에 사용해야 한다는 것), 「たら」의 사용범위가 가장 넓습니다.

단, ❹번 확실한 미래는 「たら」만 가지고 있는 특징으로서 「ば」「と」「なら」로 바꾸어 사용할 수 없습니다.

- □ 雨(あめ)が 降(ふ)る 비가 내리다
- □ 出(で)かける 나가다, 외출하다
- □ 高(たか)い 비싸다, 높다
- □ 買(か)う 사다
- □ 明日(あした) 내일
- □ 晴(は)れる 맑다
- □ 遊(あそ)ぶ 놀다
- □ お金(かね) 돈
- □ 働(はたら)く 일하다
- □ 道(みち) 길
- □ 歩(ある)く 걷다
- □ 大(おお)きい 크다
- □ 看板(かんばん) 간판
- □ 見(み)える 보이다
- □ 図書館(としょかん) 도서관
- □ 行(い)く 가다
- □ 休(やす)み 휴일
- □ 薬(くすり)を 飲(の)む 약을 먹다
- □ 風邪(かぜ) 감기
- □ 治(なお)る 낫다
- □ 宿題(しゅくだい) 숙제
- □ 終(お)わる 끝나다
- □ 貸(か)す 빌려주다
- □ 家(いえ) 집
- □ 帰(かえ)る 돌아가다
- □ 電話(でんわ) 전화

Point 차곡차곡 내공쌓기

□日本語(にほんご) 일본어
□もっと 더욱
□上手(じょうず)だ 능숙하다
□たくさんの＋명사 많은~
□人(ひと) 사람
□～で ~로(수단)
□話(はな)す 이야기하다
□来週(らいしゅう) 다음 주
□中国(ちゅうごく) 중국
□お茶(ちゃ) 차
□買(か)う 사다
□店(みせ) 가게
□靴(くつ) 신발, 구두
□安(やす)い 싸다
□いっしょに 함께
□今度(こんど) 이번
□日曜日(にちようび) 일요일
□映画(えいが) 영화
□大丈夫(だいじょうぶ)だ 괜찮다, 문제없다
□留学(りゅうがく) 유학
□東京(とうきょう) 도쿄
□～ほう ~쪽
□秋葉原(あきはばら) 아키하바라(지명)

「~なら」의 용법 정리

❶ 충고

A：日本語が もっと 上手に なりたいな。일본어를 더욱 능숙하게 되고 싶군.
B：日本語が もっと 上手に なりたいなら、たくさんの人と 日本語で 話してください。
일본어를 더욱 능숙하게 되고 싶다면, 많은 사람과 일본어로 이야기해 주세요.

❷ 요구

A：来週 中国に 行きます。다음 주 중국에 갑니다.
B：中国に 行くなら お茶を 買ってきてください。중국에 간다면 차를 사와 주세요.

A：あの店、靴が 安いそうですよ。저 가게, 신발이 싸다고 합니다.
B：安いなら いっしょに 行きましょう。싸다면 함께 갑시다.

❸ 판단

A：今度の日曜日 映画を 見に 行きましょう。이번 일요일에 영화를 보러 갑시다.
B：いいよ。今度の日曜日なら 大丈夫。좋아. 이번 일요일이라면 괜찮아.

❹ 권유

A：日本へ 留学に 行きたいです。일본에 유학가고 싶습니다.
B：留学に 行くなら 東京のほうが いいです。일본에 유학간다면 도쿄 쪽이 좋습니다.

A：コンピュータは どこが 安いですか。컴퓨터는 어디가 쌉니까?
B：コンピュータを 買うなら 秋葉原が いいですよ。컴퓨터를 산다면 아키하바라가 좋습니다.

▶「なら」의 특징

「なら」의 용법은 「と」「ば」「たら」와 조금 다릅니다.

「なら」는 말하는 사람이 다른 곳에서 정보를 얻고, 그것을 바탕으로 말할 때 자주 사용됩니다. 그리고 「なら」 뒤에 오는 문장에는, 「충고 · 조언 · 요구 · 판단」이 되는 경우가 많습니다. 정리를 하자면, [행위 전 + 가정형 「なら」 + 충고 · 요구 · 판단 · 권유] 로 문장이 성립됩니다.

02

✽ 동사의 가능 용법

英語(えいご)で メールが 打(う)てますか。

에-고데 메-루가 우떼마스까

영어로 / 메일을 / 칠 수 있습니까?

- □ 英語(えいご) 영어
- □ ～で ~로(수단)
- □ メール 메일
- □ 打(う)つ (타이핑) 치다
- □ 行(い)く 가다
- □ 言(い)う 말하다
- □ 遊(あそ)ぶ 놀다
- □ 飲(の)む 마시다
- □ 泳(およ)ぐ 수영하다
- □ 消(け)す 끄다
- □ 待(ま)つ 기다리다
- □ 乗(の)る 타다
- □ 見(み)る 보다
- □ 着(き)る 입다
- □ 出(で)る 나가다
- □ 投(な)げる 던지다
- □ 起(お)きる 일어나다
- □ いる 있다
- □ 食(た)べる 먹다
- □ 寝(ね)る 자다
- □ する 하다
- □ 来(く)る 오다

✽ 우리말의 [~할 수 있다] 처럼 일본어 동사를 가지고 가능형을 만드는 법에 대하여 알아보도록 합시다.

✽ 1그룹 동사

활용어미인 「u」모음을 「e」모음으로 바꾸고 「る」를 접속합니다.

- いく → 行(い)ける 갈 수 있다
- いう → 言(い)える 말할 수 있다
- あそぶ → 遊(あそ)べる 놀 수 있다
- のむ → 飲(の)める 마실 수 있다
- およぐ → 泳(およ)げる 수영할 수 있다
- けす → 消(け)せる 끌 수 있다
- まつ → 待(ま)てる 기다릴 수 있다
- のる → 乗(の)れる 탈 수 있다

✽ 2그룹 동사

부정형에 「られる」를 접속합니다.

- みる → 見(み)られる 볼 수 있다
- きる → 着(き)られる 입을 수 있다
- でる → 出(で)られる 나갈 수 있다
- なげる → 投(な)げられる 던질 수 있다
- おきる → 起(お)きられる 일어날 수 있다
- いる → いられる 있을 수 있다
- たべる → 食(た)べられる 먹을 수 있다
- ねる → 寝(ね)られる 잘 수 있다

✽ 3그룹 동사

- する → できる 할 수 있다
- くる → 来(こ)られる 올 수 있다

✽ 위에서처럼 동사를 활용하여 가능형을 만드는 법 이외에, 모든 동사의 기본형에 〈ことが できる : ~할 수 있다〉 라는 문형을 붙여 가능 표현을 만들 수도 있으므로 함께 알아두도록 합시다.

行(い)くことが できる 갈 수 있다

食(た)べることが できる 먹을 수 있다

Speaking 바로바로 말해보기

01 아래의 예 와 같이 말해 보세요.

예 この薬(くすり)を 飲(の)む ／ 熱(ねつ)が 下(さ)がった (と)
→ この薬(くすり)を 飲(の)むと 熱(ねつ)が 下(さ)がった。

10万円(まんえん) ある ／ 何(なに)を 買(か)いますか (ば)
→ 10万円(まんえん) あれば、何(なに)を 買(か)いますか。

❶ このボタンを 押(お)す ／ ドアが 開(ひら)きます(と)
→

❷ あの角(かど)を 左(ひだり)に 曲(ま)がる ／ 右(みぎ)に 学校(がっこう)が あります (と)
→

❸ 箱(はこ)を 開(あ)ける ／ 服(ふく)が 入(はい)っていました (と)
→

❹ 窓(まど)を 開(あ)ける ／ 冷(つめ)たい風(かぜ)が 入(はい)ってきた (と)
→

❺ お金(かね)が ある ／ 買(か)いたい (ば)
→

❻ 安(やす)い ／ 買(か)おう (ば)
→

❼ 明日(あした) もし 晴(は)れる ／ ドライブに 行(い)きます (ば)
→

❽ わかる ／ 勉強(べんきょう)しなさい (ば)
→

해석 & 해답 01 Track 59

예 この薬を 飲む ／ 熱が 下がった (と)
→この薬を 飲むと 熱が 下がった。 이 약을 먹었더니 열이 내려갔다.

１０万円 ある ／ 何を 買いますか。 (ば)
→ １０万円 あれば、何を 買いますか。 10만 엔 있으면 무엇을 삽니까?

❶ このボタンを 押すと、ドアが 開きます。 이 버튼을 누르면 문이 열립니다.

❷ あの 角を 左に 曲がると、右に 学校が あります。
저 모퉁이를 왼쪽으로 돌면 오른쪽에 학교가 있습니다.

❸ 箱を 開けると、服が 入っていました。 상자를 열자 옷이 들어 있었습니다.

❹ 窓を 開けると、冷たい風が 入ってきた。
창문을 열자 차가운 바람이 들어왔다.

❺ お金が あれば、買いたい。 돈이 있으면 사고 싶다.

❻ 安ければ、買おう。 싸면 사자.

❼ 明日 もし 晴れれば ドライブに 行きます。
내일 만일 맑으면 드라이브하러 갑니다.

❽ わからなければ、勉強しなさい。 모르면 공부하세요.

듣고말하기훈련 MP3 S_13

- □ 薬を 飲む 약을 먹다
- □ 熱 열
- □ 下がる 내려가다
- □ ～万円 ~만 엔
- □ 何 무엇
- □ 買う 사다
- □ 押す 누르다
- □ ドア 문
- □ 開く 열리다
- □ 角 모퉁이
- □ 左 왼쪽
- □ 曲がる 돌다
- □ 右 오른쪽
- □ 学校 학교
- □ 箱 상자
- □ 開ける 열다
- □ 服 옷
- □ 入る 들어가다
- □ 窓 창문
- □ 冷たい 차갑다, 시원하다
- □ 風 바람
- □ 安い 싸다
- □ 明日 내일
- □ もし 만일
- □ 晴れる 맑다
- □ わかる 알다
- □ 勉強 공부

Speaking 바로바로 말해보기

02 아래의 예 와 같이 말해 보세요.

예 新(あたら)しい家(いえ)に 引(ひ)っ越(こ)す ／ 住所(じゅうしょ)を 教(おし)えてください (なら)
→ 新(あたら)しい家(いえ)に 引(ひ)っ越(こ)すなら、住所(じゅうしょ)を 教(おし)えてください。

お湯(ゆ)が 沸(わ)く ／ 火(ひ)を とめてください (たら)
→ お湯(ゆ)が 沸(わ)いたら、火(ひ)を とめてください。

❶ 暑(あつ)い ／ エアコンを つけてください (なら)
→

❷ あの大学(だいがく)へ 行(い)く ／ 車(くるま)が 便利(べんり)です (なら)
→

❸ 東京(とうきょう)へ 行(い)く ／ 飛行機(ひこうき)が 一番(いちばん) 安(やす)い (なら)
→

❹ 大学(だいがく)に 行(い)く ／ もっと がんばって 勉強(べんきょう)しなければなりません (なら)
→

❺ 12時(じ)に なる ／ お昼(ひる)に しましょう (たら)
→

❻ 大人(おとな)に なる ／ 警察官(けいさつかん)に なる (たら)
→

❼ いい ／ 手伝(てつだ)ってくれない？ (たら)
→

❽ 山田(やまだ)さんが 来(く)る ／ パーティーを 始(はじ)めましょう (たら)
→

해석 & 해답 02 Track 60

예 新(あたら)しい家(いえ)に 引(ひ)っ越(こ)す ／ 住所(じゅうしょ)を 教(おし)えてください (なら)
→ 新(あたら)しい家(いえ)に 引(ひ)っ越(こ)すなら、住所(じゅうしょ)を 教(おし)えてください。
새로운 집에 이사한다면 주소를 가르쳐 주세요.

お湯(ゆ)が 沸(わ)く ／ 火(ひ)を とめてください (たら)
→ お湯(ゆ)が 沸(わ)いたら、火(ひ)を とめてください。
물이 끓으면 불을 멈추어(꺼) 주세요.

1. 暑(あつ)いなら、エアコンを つけてください。 덥다면 에어컨을 켜 주세요.
2. あの大学(だいがく)へ 行(い)くなら、車(くるま)が 便利(べんり)です。 저 대학에 간다면 자동차가 편리합니다.
3. 東京(とうきょう)へ 行(い)くなら、飛行機(ひこうき)が 一番(いちばん) 安(やす)い。 도쿄에 간다면 비행기가 가장 싸다.
4. 大学(だいがく)に 行(い)くなら、もっと がんばって 勉強(べんきょう)しなければなりません。
대학에 간다면 더욱 열심히 공부하지 않으면 안 됩니다.
5. １２時(じ)に なったら、お昼(ひる)に しましょう。 12시가 되면 점심을 합시다.
6. 大人(おとな)に なったら 警察官(けいさつかん)に なる。 어른이 되면 경찰관이 될래.
7. よかったら 手伝(てつだ)ってくれない？ 괜찮다면 도와 주지 않을래?
8. 山田(やまだ)さんが 来(き)たら、パーティーを 始(はじ)めましょう。
야마다 씨가 오면 파티를 시작합시다.

- □ 新(あたら)しい 새롭다
- □ 家(いえ) 집
- □ 引(ひ)っ越(こ)す 이사하다
- □ 住所(じゅうしょ) 주소
- □ 教(おし)える 가르치다
- □ お湯(ゆ)が 沸(わ)く 물이 끓다
- □ 火(ひ) 불
- □ とめる 멈추다, 세우다
- □ 暑(あつ)い 덥다
- □ エアコン 에어컨
- □ つける 켜다
- □ 大学(だいがく) 대학
- □ 行(い)く 가다
- □ 車(くるま) 자동차
- □ 便利(べんり)だ 편리하다
- □ 東京(とうきょう) 도쿄(지명)
- □ 飛行機(ひこうき) 비행기
- □ 一番(いちばん) 가장
- □ 安(やす)い 싸다
- □ もっと 더욱
- □ がんばる 열심히 하다
- □ 勉強(べんきょう) 공부
- □ ~なければなりません ~하지 않으면 안 됩니다 (~해야만 합니다)
- □ お昼(ひる) 점심(밥)
- □ 大人(おとな) 어른
- □ 警察官(けいさつかん) 경찰관
- □ 手伝(てつだ)う 돕다
- □ 始(はじ)める 시작하다

회화 뽀개기 Conversation

QR Animation

Track 61

さかもと ミンさんは 英語(えいご)で メールを 打(う)てますか。
민 상 와 에-고 데 메-루 오 우 떼 마 스 까

ミン 英語(えいご)の辞書(じしょ)が あれば 打(う)てますが、
에-고 노 지 쇼 가 아 레 바 우 떼 마 스 가

なければ できません。
나 께 레 바 데 끼 마 셍

さかもと それでも すごいですよ。
소 레 데 모 스 고 이 데 스 요

私(わたし)は 辞書(じしょ)が あっても できません。
와따시와 지 쇼 가 앗 떼 모 데 끼 마 셍

ミン 私(わたし)も 最初(さいしょ)は できませんでしたが、
와따시모 사이 쇼 와 데 끼 마 센 데 시 따 가

一生懸命(いっしょうけんめい) 勉強(べんきょう)しました。
잇 쇼- 켐 메- 벵 쿄- 시 마 시 따

さかもと 大変(たいへん)だったでしょう。
다이 헨 닷 따 데 쇼-

ミン はい。でも、勉強(べんきょう)したかいは ありました。
하 이 데 모 벵 쿄- 시 따 카 이 와 아 리 마 시 따

ところで、来週(らいしゅう)から 出張(しゅっちょう)だそうですね。
도 코 로 데 라이 슈- 까 라 슛 쪼- 다 소- 데 스 네

さかもと はい。中国(ちゅうごく)へ 行(い)きます。
하 이 츄-고꾸 에 이 끼 마 스

ミン そうですか。
소 - 데 스 까

中国(ちゅうごく)へ 行(い)くなら お茶(ちゃ)を お願(ねが)いしても いいですか。
쥬- 고꾸 에 이 꾸 나 라 오 쨔 오 오 네가 이 시 떼 모 이 - 데 스 까

저자 직강

さかもと いいですよ。もし 時間(じかん)が あれば 買(か)ってきます。
이-데스요 모시 지깡가 아레바 캇떼끼마스

ミン すみません。お願(ねが)いします。
스미마셍 오네가이시마스

사카모토	민 씨는 영어로 메일을 칠 수 있습니까?
민	영어사전이 있으면 칠 수 있습니다만, 없으면 못 합니다.
사카모토	그래도 굉장합니다. 저는 사전이 있어도 못합니다.
민	저도 처음에는 할 수 없었습니다만, 열심히 공부했습니다.
사카모토	힘들었죠?
민	네. 하지만, 공부한 보람은 있었습니다. 그런데, 다음 주부터 출장간다고 하던데요?
사카모토	네. 중국에 갑니다.
민	그렇습니까? 중국에 간다면 차를 부탁해도 되겠습니까?
사카모토	좋습니다. 만일 시간이 있으면 사 오겠습니다.
민	감사합니다. 부탁합니다.

어휘 표현

- 英語(えいご) 영어
- メールを 打(う)つ 메일을 치다
- 辞書(じしょ) 사전
- ~なければ ~없으면
- できる 할 수 있다
- それでも 그래도
- すごい 굉장하다
- 最初(さいしょ) 최초, 처음
- 一生懸命(いっしょうけんめい) 열심히
- 勉強(べんきょう) 공부
- 大変(たいへん)だ 힘들다
- かい 보람
- ところで 그런데(화제전환)
- 来週(らいしゅう) 다음 주
- 出張(しゅっちょう) 출장
- 中国(ちゅうごく) 중국
- お茶(ちゃ) 차
- お願(ねが)いする 부탁하다
- もし 만일
- 時間(じかん) 시간
- 買(か)う 사다

Listening 내 귀에 착착~

01 음성을 듣고 맞는 그림에 번호를 써 넣어 주세요. Track 62

02 음성을 듣고, 문장을 완성해 주세요. Track 63

❶ [　　　　　] ディズニーランドは 楽(たの)しいと 思(おも)う。

❷ [　　　　　] 遊(あそ)びに 行(い)きたいですね。

❸ [　　　　　] 電気(でんき)が 入(はい)りますよ。

❹ [　　　　　] 鳥(とり)の声(こえ)が 聞(き)こえました。

❺ [　　　　　] すぐに 出(で)ました。

해석 & 해답 01

❶ ❹ 暑(あつ)いなら、エアコンを つけてください。
더우면 에어컨을 켜 주세요.

❷ ❸ 日本(にほん)へ 行(い)くなら、京都(きょうと)のほうが いい。
일본에 간다면 교토 쪽이 좋다.

❸ ❺ エレベーターで 人(ひと)に 会(あ)ったら あいさつを しなさい。
엘리베이터에서 사람을 만나면 인사를 해라.

❹ ❶ 天気(てんき)が いいと、いつも 公園(こうえん)を 散歩(さんぽ)します。
날씨가 좋으면 항상 공원을 산책합니다.

❺ ❷ 急(いそ)いで 行(い)けば、電車(でんしゃ)に 間(ま)に合(あ)います。
서둘러 가면 전철시간에 맞습니다.

해석 & 해답 02

❶ 子(こ)どもが いるなら、ディズニーランドは 楽(たの)しいと 思(おも)う。
아이가 있다면 디즈니랜드는 즐겁다고 생각한다.

❷ 試験(しけん)が 終(お)わったら 遊(あそ)びに 行(い)きたいですね。
시험이 끝나면 놀러 가고 싶군요.

❸ このボタンを 押(お)せば、電気(でんき)が 入(はい)りますよ。
이 버튼을 누르면 전기가 들어옵니다.

❹ 窓(まど)を 開(あ)けると、鳥(とり)の声(こえ)が 聞(き)こえました。
창문을 열자 새소리가 들렸습니다.

❺ 彼女(かのじょ)に 電話(でんわ)すると、すぐに 出(で)ました。
그녀에게 전화를 하자 바로 받았습니다.

□ 暑(あつ)い 덥다
□ つける 켜다
□ 京都(きょうと) 교토(지명)
□ ほう 쪽
□ 人(ひと) 사람
□ 会(あ)う 만나다
□ あいさつ 인사
□ 동사ます형＋なさい ～해라
□ 天気(てんき) 날씨
□ いい 좋다
□ いつも 항상
□ 公園(こうえん) 공원
□ 散歩(さんぽ) 산책
□ 急(いそ)ぐ 서두르다
□ 電車(でんしゃ) 전철
□ 間(ま)に合(あ)う 시간에 맞다
□ 子(こ)ども 아이
□ 楽(たの)しい 즐겁다
□ ～と思(おも)う ～라고 생각하다
□ 試験(しけん) 시험
□ 終(お)わる 끝나다
□ 遊(あそ)ぶ 놀다
□ 押(お)す 누르다
□ 電気(でんき) 전기
□ 入(はい)る 들어오다
□ 窓(まど) 창문
□ 開(あ)ける 열다
□ 鳥(とり) 새
□ 声(こえ) 소리
□ 聞(き)こえる 들리다
□ 電話(でんわ) 전화
□ すぐに 바로
□ 出(で)る 나오다, 전화를 받다

마무리~ 필기시험

제한 시간 30분

점수 : / 100

어휘

01 두 개의 문장을 자연스럽게 연결시켜주세요. (1문제 3점)

① 雨(あめ)が 降(ふ)れば ・	・ 公園(こうえん)が あります
② もし 課長(かちょう)に 会(あ)うなら ・	・ すずしい風(かぜ)が 入(はい)ってきた
③ 窓(まど)を 開(あ)けると ・	・ 暖(あたた)かくなります
④ 右(みぎ)に 曲(ま)がると ・	・ 外出(がいしゅつ)できません
⑤ このボタンを 押(お)すと ・	・ 早(はや)く 着(つ)くよ
⑥ 春(はる)に なると ・	・ 帰(かえ)ります
⑦ 寒(さむ)ければ、 ・	・ 暑(あつ)くなる
⑧ これが 終(お)われば ・	・ テレビが つきます
⑨ 飛行機(ひこうき)で 行(い)けば ・	・ ストーブを つけてください
⑩ 夏(なつ)に なると ・	・ これを 伝(つた)えてください

쓰기

01 다음 문장을 일본어로 바꾸어 주세요. (1문제 4점)

① 야마다 씨에게 메일을 보냈더니 바로 답변이 왔습니다. (たら)

② 맑으면 공원에 가지 않겠습니까? (たら)

③ 일본에 유학 간다면 도쿄 쪽이 좋습니다. (なら)

④ 만일 괜찮다면 영화를 보러 가지 않겠습니까? (たら)

⑤ 만일 당신이 선생님이라면 어떻게 하겠습니까? (なら)

Test 13

듣기

01 단어를 듣고 받아 써 보세요. (1문제 4점)

①

②

③

④

⑤

02 문장을 듣고 받아 써 보세요. (1문제 6점)

① ________________ すぐに 帰(かえ)りなさい。

② ________________ 渋谷(しぶや)デパートが 安(やす)いですよ。

③ 一日(いちにち) 何時間(なんじかん)ぐらい ________________ いいでしょうか。

④ ________________ やっぱり ワシントンのほうが いい。

⑤ ________________ 電話(でんわ)してください。

unit 13 문제 풀이

어휘

01 두 개의 문장을 자연스럽게 연결시켜주세요. (1문제 3점)

① 雨(あめ)が 降(ふ)れば	公園(こうえん)が あります
② もし 課長(かちょう)に 会(あ)うなら	すずしい風(かぜ)が 入(はい)ってきた
③ 窓(まど)を 開(あ)けると	暖(あたた)かくなります
④ 右(みぎ)に 曲(ま)がると	外出(がいしゅつ)できません
⑤ このボタンを 押(お)すと	早(はや)く 着(つ)くよ
⑥ 春(はる)に なると	帰(かえ)ります
⑦ 寒(さむ)ければ、	暑(あつ)くなる
⑧ これが 終(お)われば	テレビが つきます
⑨ 飛行機(ひこうき)で 行(い)けば	ストーブを つけてください
⑩ 夏(なつ)に なると	これを 伝(つた)えてください

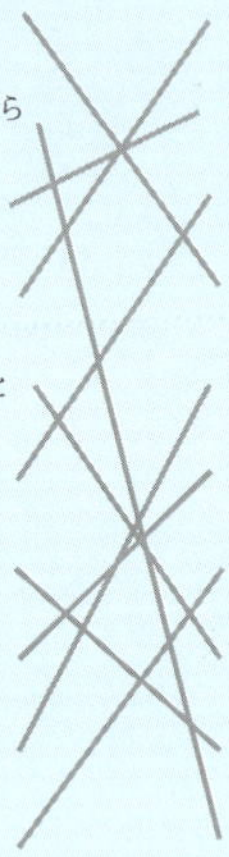

어휘 01

(1) 雨(あめ)が 降(ふ)れば、外出(がいしゅつ)できません。
비가 내리면 외출할 수 없습니다.

(2) もし 課長(かちょう)に会(あ)うなら、これを 伝(つた)えてください。
만일 과장님을 만난다면 이것을 전해주세요.

(3) 窓(まど)を 開(あ)けると すずしい風(かぜ)が 入(はい)ってきた。
창문을 여니 시원한 바람이 들어왔다.

(4) 右(みぎ)に 曲(ま)がると、公園(こうえん)が あります。
오늘쪽으로 돌면 공원이 있습니다.

(5) このボタンを 押(お)すと テレビが つきます。
이 버튼을 누르면 텔레비전이 켜집니다.

(6) 春(はる)に なると 暖(あたた)かくなります。
봄이 되면 따뜻해집니다.

(7) 寒(さむ)ければ、ストーブを つけてください。
추우면 스토브를 켜주세요.

(8) これが 終(お)われば 帰(かえ)ります。
이것이 끝나면 돌아가겠습니다.

(9) 飛行機(ひこうき)で 行(い)けば 早(はや)く 着(つ)くよ。
비행기로 가면 빨리 도착해.

(10) 夏(なつ)に なると 暑(あつ)くなる。
여름이 되면 더워진다.

쓰기

01 다음 문장을 일본어로 바꾸어 주세요. (1문제 4점)

① 야마다 씨에게 메일을 보냈더니 바로 답변이 왔습니다. (たら)

____

② 맑으면 공원에 가지 않겠습니까? (たら)

____

③ 일본에 유학 간다면 도쿄 쪽이 좋습니다. (なら)

____

④ 만일 괜찮다면 영화를 보러 가지 않겠습니까? (なら)

____

⑤ 만일 당신이 선생님이라면 어떻게 하겠습니까? (なら)

____

듣기

01 단어를 듣고 받아 써 보세요. (1문제 4점)

① ______ ② ______

③ ______ ④ ______

⑤ ______

02 문장을 듣고 받아 써 보세요. (1문제 6점)

① ______________________

② ______________________

③ ______________________

④ ______________________

⑤ ______________________

어휘 03

①山田(やまだ)さんに メールを 送(おく)ったら すぐに 返事(へんじ)が きました。

②晴(は)れたら 公園(こうえん)へ 行(い)きませんか。

③日本(にほん)へ 留学(りゅうがく)に 行(い)くなら 東京(とうきょう)のほうが いい。

④もし よかったら 映画(えいが)を 見(み)に 行(い)きませんか。

⑤もし あなたが 先生(せんせい)なら どうしますか。

Test 13

듣기 01

①急(いそ)ぐ [뜻] 서두르다

②始(はじ)める [뜻] 시작하다

③一生懸命(いっしょうけんめい) [뜻] 열심히

④警察官(けいさつかん) [뜻] 경찰관

⑤間(ま)に合(あ)う [뜻] 시간에 맞다

듣기 02

①用事(ようじ)が なかったら、すぐに 帰(かえ)りなさい。

용무가 없다면, 바로 돌아가세요.

②かばんなら、渋谷(しぶや)デパートが 安(やす)いですよ。

가방이라면, 시부야 백화점이 쌉니다.

③一日(いちにち) 何時間(なんじかん)ぐらい 勉強(べんきょう)すれば いいでしょうか。

하루 몇 시간 정도 공부하면 좋을까요?

④アメリカへ 留学(りゅうがく)に 行(い)くなら やっぱり ワシントンの ほうが いい。

미국에 유학하러 간다면 역시 워싱턴이 좋아.

⑤駅(えき)に 着(つ)いたら 電話(でんわ)してください。

역에 도착하면 전화해 주세요.

일본 테마파크 베스트10

東京(とうきょう)ディズニーランド
도쿄디즈니랜드

1983년 일본에서 처음으로 디즈니의 테마파크로 오픈한 도쿄디즈니랜드. 모험과 동화, 미래 등을 테마로 한 7개의 랜드로 구성되어 있습니다. 일본인이라면 누구나 어렸을 때 혹은 학창시절 친구들과 도쿄디즈니랜드에서 찍은 사진 한장 쯤은 가지고 있을 정도로 국민적인 테마파크라 할 수 있습니다. (위치:치바현)

東京(とうきょう)ディズニーシー
도쿄디즈니씨

2001년 도쿄디즈니랜드와 근접한 도쿄만의 바다와 접해있는 위체에 바다를 테마로 하여 오픈한 디즈니의 두번 째 테마파크. 각각의 시대적 배경이 다른 7개의 테마 항구로 구성되어 있습니다. 도쿄디즈니랜드와 더불어 일본인들의 많은 사랑을 받는 테마파크로 정착되어 많은 인기를 얻고있습니다. (위치:치바현)

ハウステンボス
하우스텐보스

도쿄돔의 33배 크기만한 입지에 17세기 네델란드의 마을을 고스란히 옮겨놓은 듯한 워터파크 리조트. 〈하우스텐보스〉라는 말은 네델란드어로 〈숲속의 집〉이라는 의미입니다. 각종 놀이 기구와 쇼핑, 레스토랑 등이 만재하며, 특히 1년 4계절 내내 피어있는 꽃밭과 야간 일루미네이션 등이 볼거리입니다. (위치: 나가사키현)

ユニバーサル・スタジオ・ジャパン（USJ）
유니버셜 스튜디오 재팬

오픈한 년도에만 1,100만명 이상이 입장한 것으로 화제가 되었던 유니버셜 스튜디오 재팬. 헐리웃 영화를 테마로한 놀이 시설부터 화제의 캐릭터를 테마로한 것까지 볼거리 즐길거리가 한가득한 테마파크입니다. (위치:오사카시)

ナガシマスパーランド
나가시마 슈퍼랜드

40종의 오락시설을 갖춘 종합 레저시설입니다. 세계 최고 규모의 제트코스터로 알려진 '스틸 드래곤(강철의 용) 2000'을 비롯하여 '화이트 사이클론', '슈트 더 슈트', 세계 최대급의 워터파크 '점보 해수풀' 등 약 40종의 오락시설과 숙박시설을 갖추고 있습니다. 고난도 애트랙션을 좋아하는 어른에서부터 물놀이나 회전목마 등... 어린이들도 맘껏 즐길 수 있는 시설들이 잘 갖추어져 있어 인기라고 하네요.(위치:미에현)

横浜(よこはま)アンパンマンこどもミュージアム
요코하마 호빵맨 어린이 박물관

우리나라에는 호빵맨으로 알려져있는 '앙팡맨'을 테마로한 참여형 박물관 및 쇼핑몰의 복합 시설입니다. 박물관 지역은 입장료가 필요하지만, 쇼핑몰 지역은 무료로 입장 가능합니다. (위치:요코하마시)

サンリオキャラクターパーク　ハーモニーランド
산리오 캐릭터 파크 하모니 랜드

인기있는 헬로키티를 비롯하여 산리오 캐릭터를 만날 수 있는 테마파크. 매일 상영하는 퍼레이드와 뮤지컬 등의 화려한 볼거리와 시즌 한정쇼, 보트를 타고 캐릭터 월드를 순례할 수 있는「산리오 캐릭터 보트 놀이기구」, 키티의 귀여운 집「키티의 성」을 비롯한 많은 놀이기구는 어른부터 아이까지 폭 넓게 즐기실 수 있습니다. (위치:하야미군)

ひらかたパーク
히라가타파크

오사카에 위치하며 사철인 게이한 전철이 운영하는 히라가타 파크 일명 히라파(**ひらパー**)는 자연과 애트랙션이 어우러진 곳으로 어린이부터 어른까지 즐길 수 있는 유원지로 관서지방 최대급의 유원지이며 오사카 내 USJ 다음의 규모를 자랑합니다. 40종류 이상의 애트랙션을 구비하고 있으며, 계절에 따라 다양한 이벤트를 개최하고 있습니다. (위치:오사카)

横浜(よこはま)・八景島(はっけいじま)シーパラダイス
요코하마·핫케이지마 씨파라다이스

요코하마만의 끝부분에 위치한 유원지로 1993년 완공되었으며, 현재는 일본 최고 수준의 수족관으로 자리잡고 있습니다. 해양박물관은 7만 종 이상의 어류가 있는 거대한 수족관과 수중세계를 돌아볼 수 있는 아쿠아 에스컬레이터(Aqua Escalator)가 설치되어 있어요. 일본 최초로 설치된 바다 위를 회전하는 서프 코스터(Surf Coaster), 개관 1주년 기념으로 설치된 수직 낙하 기구인 블루 폴(Blue Fall) 등이 인기입니다. (위치:요코하마시)

よこはまコスモワールド
요코하마 코스모스몰

요코하마의 스카이라인을 대표하는 높이 112.5m, 480명이 탈 수 있는 세계 최대급 관람차 〈코스모스록크21〉이 심볼인 유원지입니다. 연인들이 데이트 코스로 자주 찾는 스폿이기도 합니다. 연인과 함께라면 관람차 앞에서의 인증샷은 필수! (위치:요코하마시)

unit. 14

이 야 나　시 고또 오　사 세 라 레 마 시 따

いやな 仕事を させられました。

しごと

QR Animation

이것 만은 꼭! **학습사항**

1. 수동 조동사 **~れる・~られる** ~하게 되다, ~함을 당하다 / 1, 2그룹 동사의 수동형
2. 3그룹 **する・くる**의 수동형
3. 직접 수동 / 간접 수동 / 불특정 주체의 수동
4. 사역 조동사 **~せる・~させる** ~시키다, ~하게 하다
5. 사역수동 조동사 **~せられる・~させられる** 어쩔 수 없이 ~하다

나혼자 한다! **혼공 Plan**

학습 체크 ☑1회 ☑2회 ☑3회
포인트 강의 14 (10분)
튜터 이세진

학습 체크 ☑1회 ☑2회 ☑3회
저자 직강 14 (15분)
강사 이장우

학습 체크 ☑1회 ☑2회 ☑3회
차곡차곡 내공쌓기 (15분)
Point (288~297p)

학습 체크 ☑1회 ☑2회 ☑3회
바로바로 말해보기 (15분)
Speaking (298~301p)

학습 체크 ☑1회 ☑2회 ☑3회
회화 뽀개기 (15분)
Conversation (302~303p)

학습 체크 ☑1회 ☑2회 ☑3회
내 귀에 착착~ (15분)
Listening (304~305p)

학습 체크 ☑1회 ☑2회 ☑3회
듣고 말하기 훈련 (15분)
MP3 S_14

학습 체크 ☑1회 ☑2회 ☑3회
14과 마무리 평가 (30분)
(306~309p)

Point 차곡차곡 내공쌓기

01

수동 조동사 ~れる・~られる ~하게 되다, ~함을 당하다 / 1,2그룹 동사의 수동형

시라나이히또까라 뎅와방고-오 키까레마시따

知(し)らない人(ひと)から 電話番号(でんわばんごう)を 聞(き)かれました。

모르는 사람으로부터 / 전화번호를 / 묻게됨을 당했습니다.

- □ 知(し)る 알다
- □ 人(ひと) 사람
- □ ~から ~로부터
- □ 電話番号(でんわばんごう) 전화번호
- □ 聞(き)く 듣다 / 묻다
- □ 頼(たの)む 부탁하다
- □ 母(はは) 엄마
- □ 布団(ふとん) 이불
- □ 洗濯(せんたく) 세탁, 빨래

✿ 수동표현이란 상대방에 의해 상황이나 행동이 이루어질 때에 사용되는 표현을 말합니다. 위의 예문에서처럼 「聞(き)く: 묻다」 동사를 수동표현 「聞(き)かれる: 묻게됨을 당하다」로 만들어 본인의 의지와는 상관없이 「~하게 되다」, 「~함을 당하다」의 의미를 강조한 화자보다는 상대방 중심의 표현이라고 할 수 있으며, 상대방으로부터 어떠한 행동이나 동작을 받아 곤란했다라는 의미가 강한 표현입니다.

✿ 일본어의 수동표현은 수동 조동사 ~れる・~られる를 동사에 접속하여 만듭니다.

✿ 1그룹 동사의 수동형

동사의 기본형인 「u」모음을 「a」모음으로 바꾼 후 「れる」를 접속시킵니다.

	활용형	활용형태	의미
頼(たの)む 부탁하다	기본형	たのまれる	부탁받다
	부정형(ない형)	たのまれない	부탁받지 않는다
	의지·권유·추측	たのまれよう	부탁받겠다 / 부탁받자 / 부탁받겠지
	정중형(ます형)	たのまれます	부탁 받습니다
	접속형(て형)	たのまれて	부탁 받고/부탁 받아서
	과거형(た형)	たのまれた	부탁받았다
	연체형	たのまれるひと	부탁받는 사람
	가정형	たのまれれば	부탁받으면
	명령형	たのまれろ / よ	부탁받아라

母(はは)に 布団(ふとん)の洗濯(せんたく)を 頼(たの)まれました。 엄마에게 이불빨래를 부탁받았습니다.

- □ 見る(み) 보다
- □ 子供(こども) 아이
- □ ~のように ~처럼
- □ いやだ 싫다
- □ 化粧(けしょう) 화장

2그룹 동사의 수동형

동사의 활용어미 「る」를 탈락시키고 「られる」를 접속시킵니다.

	활용형	활용형태	의미
見る(み) 보다	기본형	みられる	보여지다
	부정형(ない형)	みられない	보여지지 않는다
	의지·권유·추측	みられよう	보여지게 하겠다/ 보여지게 하자/보여지겠지
	정중형(ます형)	みられます	보여집니다
	접속형(て형)	みられて	보여지고/보여져서
	과거형(た형)	みられた	보여졌다
	연체형	みられるひと	보여지는 사람
	가정형	みられれば	보여지면
	명령형	みられろ/よ	보여져라

子供(こども)のように 見(み)られるのが いやで 化粧(けしょう)を しました。

아이처럼 보여지는 것이 싫어서 화장을 했습니다.

02

3그룹 する・くる의 수동형

도모다찌 노 켓 꼰 시끼 니 쇼-따이 사 레 마 시 따
友達(ともだち)の結婚式(けっこんしき)に 招待(しょうたい)されました。
친구의 결혼식에 초대받았습니다.

- □ 友達(ともだち) 친구
- □ 結婚式(けっこんしき) 결혼식
- □ 招待(しょうたい)する 초대하다
- □ 子供(こども) 아이
- □ ～の時(とき) ~때
- □ 見(み)る 보다
- □ 映画(えいが) 영화
- □ 影響(えいきょう) 영향

3그룹 동사 **する**의 수동형

「する」는「される」처럼 불규칙하게 형태가 변화됩니다.

	활용형	활용형태	의미
する 하다	기본형	**される**	받다
	부정형(**ない**형)	**されない**	받지 않는다
	의지·권유·추측	**されよう**	받겠다/받자/받겠지
	정중형(**ます**형)	**されます**	받습니다
	접속형(**て**형)	**されて**	받고/받아서
	과거형(**た**형)	**された**	받았다
	연체형	**されるひと**	받는 사람
	가정형	**されれば**	받으면
	명령형	**されろ/よ**	받아라

子供(こども)の時(とき)に 見(み)た この映画(えいが)に 大(おお)きく 影響(えいきょう)されました。
어렸을 때 본 이 영화에 크게 영향받았습니다.

□ 夜遅く(よるおそく) 밤늦게
□ 友達(ともだち) 친구

3그룹 동사 **くる**의 수동형

「くる」는「こられる」처럼 불규칙하게 형태가 변화됩니다.

	활용형	활용형태	의미
来る(くる) 오다	기본형	**こられる**	오게 되다
	부정형(**ない**형)	**こられない**	오게 되지 않는다
	의지·권유·추측	**こられよう**	오게 되도록 하겠다/ 오게 하자/오게 되겠지
	정중형(**ます**형)	**こられます**	오게 됩니다
	접속형(**て**형)	**こられて**	오게 되고/오게 되어서
	과거형(**た**형)	**こられた**	오게 되었다
	연체형	**こられるひと**	오게 되는 사람
	가정형	**こられれば**	오게 되면
	명령형	**こられろ/よ**	오게 되도록 하여라

夜遅く(よるおそく)、友達(ともだち)に 来(こ)られた。

밤늦게, 친구가 찾아왔다. (찾아옴을 당하여 곤란했다)

차곡차곡 내공쌓기 Point

03 직접 수동 / 간접 수동 / 불특정 주체의 수동

요루오소꾸 도모다찌니 고라레마시따

夜遅く、友達に 来られました。

よる おそ / とも だち / こ

밤늦게, 친구에게 오게됨을 당했습니다.

□ 夜遅く(よるおそく) 밤늦게
□ 友達(ともだち) 친구

앞에서는 수동 조동사 ~れる・~られる를 사용하여 일본어의 수동표현을 만드는 법에 대하여 알아 보았는데요, 일본어의 수동표현에 대하여 좀더 깊숙히 살펴보도록 할까요? 일본어의 수동표현은 크게 직접 수동 / 간접 수동 / 불특정 주체의 수동, 이렇게 3가지로 나눌 수가 있는데, 이중 특히 간접 수동표현은 상대방이나 다른 것으로 인해 자신이 피해를 받았을 경우, 자신이 받은 귀찮음이나 성가심 같은 피해를 직접적으로 나타내지 않고 완곡하게 나타내는 일본인의 언어 습관을 엿볼수 있는 대표적인 일본어 표현이라 할 수 있답니다.

앞에서 다루었던,

夜遅く(よるおそく)、友達(ともだち)に 来(こ)られた。 밤늦게, 친구에게 오게됨을 당했습니다. (피해)
(밤늦게, 친구가 찾아와서 곤란했습니다.)

의 경우, 사실은 친구가 밤늦게 찾아와서 「困(こま)りました 곤란했습니다」나 「大変(たいへん)でした 큰 일이었다」와 같은 의미가 「来(こ)られた」의 간접 수동표현 안에 내재되어 있다고 볼 수 있습니다. 따라서 이와같은 간접 수동을 「迷惑(めいわく)の受(う)け身(み)(귀찮음, 성가심의 수동)」이라고도 부릅니다.

- □ 社長(しゃちょう) 사장님
- □ ほめる 칭찬하다
- □ 先輩(せんぱい) 선배
- □ 後輩(こうはい) 후배
- □ いじめる 괴롭히다
- □ 朝寝坊(あさねぼう)を する 늦잠을 자다
- □ 叱(しか)る 혼내다, 꾸짖다
- □ いきなり 갑자기
- □ 先生(せんせい) 선생님
- □ 質問(しつもん) 질문

직접 수동

수동문의 주어가 기본문(능동문)의 주어가 행하는 동작의 영향을 직접 받는 수동을 말하며, 「~에게(한테) 당하다」, 「~받다」라는 의미를 나타냅니다. 그리고 화자나 동작의 영향을 받는 대상이 기본문(능동문)에는 모두 나타나게 됩니다.

직접 수동문의 기본문형

기본문(능동문)	**社長(しゃちょう)が ミンさんを ほめる。** 사장님이 민 씨를 칭찬한다.
수동문	**ミンさんが 社長(しゃちょう)に ほめられる。** 민 씨가 사장님한테 칭찬받다.

先輩(せんぱい)が 後輩(こうはい)を いじめる。 선배가 후배를 괴롭힌다.

→ 後輩(こうはい)は 先輩(せんぱい)に いじめられる。 후배는 선배로부터 괴롭힘을 당한다.

朝寝坊(あさねぼう)を して、母(はは)が 私(わたし)を 叱(しか)りました。 늦잠을 자서 어머니가 나를 꾸짖었습니다.

→ 朝寝坊(あさねぼう)を して、私(わたし)は 母(はは)に 叱(しか)られました。

늦잠을 자서 나는 어머니에게 야단맞았습니다.

いきなり 先生(せんせい)が 私(わたし)に 質問(しつもん)しました。 갑자기 선생님이 나에게 질문했습니다.

→ いきなり 私(わたし)は 先生(せんせい)に 質問(しつもん)されました。 갑자기 나는 선생님에 질문 받았습니다.

Point

차곡차곡 내공쌓기

- □ 家(うち) 집
- □ 帰(かえ)る 돌아가다
- □ 途中(とちゅう) 도중
- □ 雨(あめ) 비
- □ 降(ふ)る (비/눈)내리다
- □ 困(こま)る 곤란하다
- □ 電車(でんしゃ) 전철
- □ 中(なか) 안
- □ 子供(こども) 아니
- □ 泣(な)く 울다
- □ 親(おや) 부모님
- □ 急(きゅう)に 갑자기
- □ 死(し)ぬ 죽다
- □ 泥棒(どろぼう) 도둑
- □ 入(はい)る 들어오다
- □ 大変(たいへん)だ 큰일이다

간접 수동

일본어 수동문의 대표적인 형태이며 상대방이나 다른 것으로 인해 자신이 피해를 받았을 경우 자신이 받은 귀찮음이나 성가심 같은 피해를 직접적으로 나타내지 않고 완곡하게 나타내는 표현입니다.

간접 수동문의 기본문형

기본문	家(うち)へ 帰(かえ)る途中(とちゅう)、雨(あめ)が 降(ふ)った。 집에 돌아가는 도중 비가 내렸다.
간접 수동문	家(うち)へ 帰(かえ)る途中(とちゅう)、雨(あめ)に 降(ふ)られた。 집에 돌아가는 도중 비를 맞았다. 家へ 帰(かえ)る途中、雨に 降られて 困(こま)った。 집에 돌아가는 도중 비를 맞아 곤란했다.

電車(でんしゃ)の中(なか)で 子供(こども)が 泣(な)いた。 전철 안에서 아이가 울었다

→ 電車(でんしゃ)の中(なか)で 子供(こども)に 泣(な)かれた。

→ 電車(でんしゃ)の中(なか)で 子供(こども)に 泣(な)かれて、困(こま)った。 전철 안에서 아이가 울어서 곤란했다(힘들었다).

親(おや)が 急(きゅう)に 死(し)にました。 부모님이 갑자기 돌아가셨습니다.

→ 親(おや)に 急(きゅう)に 死(し)なれました。

→ 親(おや)に 急(きゅう)に 死(し)なれて、大変(たいへん)でした。 부모님이 갑자기 돌아가셔서 힘들었습니다.

泥棒(どろぼう)が 入(はい)りました。 도둑이 들었습니다.

→ 泥棒(どろぼう)に 入(はい)られました。

→ 泥棒(どろぼう)に 入(はい)られて、大変(たいへん)でした。 도둑이 들어서 끔찍했습니다.

- 韓国(かんこく) 한국
- オリンピック 올림픽
- 開(ひら)く 열다, 개최하다
- ビル 빌딩
- 去年(きょねん) 작년
- 建(た)てる 세우다
- 工場(こうじょう) 공장
- 自動車(じどうしゃ) 자동차
- 生産(せいさん) 생산
- お酒(さけ) 술
- 米(こめ) 쌀
- 造(つく)る 만들다
- テレビ 텔레비전
- 朝(あさ) 아침
- 放送(ほうそう) 방송
- 石油(せきゆ) 석유
- 船(ふね) 배
- 運(はこ)ぶ 운반하다
- ゴム 고무
- インド 인도
- 輸入(ゆにゅう) 수입
- 機械(きかい) 기계
- アメリカ 미국
- 輸出(ゆしゅつ) 수출
- みかん 귤
- 分(わ)ける 나누다

불특정 주체의 수동

동작의 주체가 불특정 다수, 사회적 사실, 일정하지 않은 경우 등에 사용하는 수동표현이며 사용 빈도수가 높은 편입니다. 또한 수동문의 주어에는 무생물이나 식물도 올 수 있으며 다른 수동표현과는 달리 피해의식이 없는 중립적인 수동표현이라고 할 수 있습니다. 구체적으로 어떤 일이나 사건을 나타낼 때, 과거 · 역사적 사실을 나타낼 때, 상태 · 성질을 나타낼 때, 새로운 사태 · 상품을 나타낼 때, 원료 · 재료를 나타낼 때 사용되는 수동표현입니다.

불특정 주체의 수동문의 기본문형

기본문	**韓国(かんこく)で オリンピックを 開(ひら)いた(開く)。** 한국에서 올림픽을 개최했다.
불특정 주체의 수동문	**オリンピックは 韓国(かんこく)で 開(ひら)かれた。** (과거 · 역사적 사실) 올림픽은 한국에서 개최되었다.

このビルは 去年(きょねん) 建(た)てられた。 이 빌딩은 작년에 세워졌다. (무생물 주어)

この工場(こうじょう)で 自動車(じどうしゃ)が 生産(せいさん)される。 이 공장에서 자동차가 생산된다. (무생물 주어 / 상품)

お酒(さけ)は 米(こめ)から 造(つく)られる。 술은 쌀로 만들어진다. (무생물 주어 / 원료 · 재료)

テレビは 朝(あさ) 6時(じ)から 放送(ほうそう)される。 텔레비전은 아침 6시부터 방송된다. (무생물 주어)

石油(せきゆ)は 船(ふね)で 運(はこ)ばれる。 석유는 배로 운반된다. (무생물 주어 / 상품)

ゴムは インドから 輸入(ゆにゅう)される。 고무는 인도에서 수입된다. (무생물 주어 / 상품)

この機械(きかい)は アメリカへ 輸出(ゆしゅつ)される。 이 기계는 미국으로 수출된다. (무생물 주어 / 상품)

みかんは 機械(きかい)で 分(わ)けられる。 귤은 기계로 나뉘어진다. (무생물 주어 / 상품)

차곡차곡 내공쌓기 Point

04

사역 조동사 ～せる・～させる ~시키다, ~하게 하다

센세-가 각세-니 홍오 요마세따

先生(せんせい)が 学生(がくせい)に 本(ほん)を 読(よ)ませた。

선생님이 학생에게 책을 읽게 했다.

- □ 先生(せんせい) 선생님
- □ 学生(がくせい) 학생
- □ 本(ほん) 책
- □ 読(よ)む 읽다
- □ 行(い)く 가다
- □ 生徒(せいと) 생도(학생)
- □ 映画(えいが) 영화
- □ 見(み)る 보다
- □ 母(はは) 어머니
- □ 弟(おとうと) 남동생
- □ 運動(うんどう) 운동
- □ 一番(いちばん) 가장
- □ 早(はや)く 일찍
- □ 会社(かいしゃ) 회사

✽ 사역표현이란 화자가 상대방의 의지와는 상관없이 동작 · 작용 등을 하도록 강요하거나 유발시키는 표현이며 「~시키다, ~하게 하다」의 의미를 나타냅니다.

✽ 일본어의 사역표현은 사역 조동사 ～せる・～させる를 동사에 접속하여 만듭니다.

✽ 접속 형태

동사 형태	접속되는 동사 활용형
1그룹 동사	부정형 + せる
2그룹 동사させる	부정형 + させる
3그룹 동사	する → させる ・ 来(く)る → 来(こ)させる

先生(せんせい)は 山田(やまだ)さんを 行(い)かせた。 선생님은 야마다 씨를 가게 했다

先生(せんせい)は 生徒(せいと)に 映画(えいが)を 見(み)させる。 선생님은 학생에게 영화를 보게 한다.

母(はは)は 弟(おとうと)に 運動(うんどう)を させた。 어머니는 남동생에게 운동을 하게 했다.

一番(いちばん) 早(はや)く 会社(かいしゃ)に 来(こ)させた。 가장 일찍 회사에 오게했다.

05

사역수동 조동사 ~せられる・~させられる 어쩔 수 없이 ~하다, 마지못해 ~하다

野菜(やさい)を 全部(ぜんぶ) 食(た)べさせられました。

야 사이 오 / 젠 부 / 다 베 사 세 라 레 마 시 따

야채를 / 전부 / 먹게함을 당했습니다. (어쩔수 없이 먹었습니다)

- □ 野菜(やさい) 채소(야채)
- □ 全部(ぜんぶ) 전부
- □ 食(た)べる 먹다
- □ ビール 맥주
- □ 飲(の)む 마시다
- □ 社長(しゃちょう) 사장님
- □ 歌(うた)を 歌(うた)う 노래를 부르다
- □ 買(か)い物(もの)に 行(い)く 물건 사러 가다
- □ 小言(こごと) 잔소리
- □ 聞(き)く 듣다

사역수동 표현이란 사역의 조동사 「(さ)せる」와 수동의 조동사 「(ら)れる」가 결합된 형태이며, 자신의 의지와는 달리 상대방에게 강요당하여 「어쩔 수 없이 ~하다」, 「마지못해 ~하다」라는 의미를 나타내므로 문장 안에 「~困(こま)ります(곤란합니다)」라는 의미를 내포하고 있습니다.

사역수동 표현은 다른 수동표현과는 달리 화자의 입장에서 사태를 파악하며, 또한 1그룹 동사에서는 음절 축약현상이 나타나므로 주의해서 알아둡시다.

기본문	ミンさんが ビールを **飲(の)む**。 민 씨가 맥주를 마신다.
사역문	社長(しゃちょう)が ミンさんに ビールを **飲(の)ませる**。 사장님이 민 씨에게 맥주를 마시게 한다.
사역 수동문	ミンさんは 社長(しゃちょう)に ビールを **飲(の)ませられる**。 민 씨는 사장님이 시켜서 어쩔 수 없이 맥주를 마신다.

歌(うた)を 歌(うた)わせられました(歌(うた)わされました)。

(어쩔 수 없이 · 마지못해) 노래를 했습니다.

買(か)い物(もの)に 行(い)かせられました(行(い)かされました)。

(어쩔 수 없이 · 마지못해) 물건을 사러 갔습니다.

母(はは)に 小言(こごと)を 聞(き)かせられました(聞(き)かされました)。

엄마에게 (어쩔 수 없이 · 마지못해) 잔소리를 들었습니다.

Speaking 바로바로 말해보기

01 아래의 예 와 같이 말해 보세요.

예 かばんを 盗む。(수동)
→ かばんを 盗まれた。

子供が 掃除した。(사역)
→ 子供に 掃除させた。

❶ 先生が 作文を ほめた。(수동)
→

❷ 隣の人が 足を 踏んだ。(수동)
→

❸ 夕べは 子供が 泣いた。(수동)
→

❹ この仕事、先輩が 頼んだ。(수동)
→

❺ 子供が 歯医者に 行きました。(사역)
→

❻ 彼は 留学しました。(사역)
→

❼ 彼女が 好きなものを 選びました。(사역)
→

❽ 子供が 野菜を 食べた。(사역)
→

해석 & 해답 01 Track 64

듣고말하기훈련 MP3 S_14

예 かばんを 盗(ぬす)む。 가방을 훔치다.
→かばんを 盗(ぬす)まれた。 가방을 도둑맞았다.

子供(こども)が 掃除(そうじ)した。 아이가 청소했다.
→ 子供(こども)に 掃除(そうじ)させた。 아이에게 청소시켰다.

❶ 先生(せんせい)が 作文(さくぶん)を ほめた。 선생님이 작문을 칭찬했다.
→ 先生(せんせい)に 作文(さくぶん)を ほめられた。 선생님에게 작문을 칭찬받았다.

❷ 隣(となり)の人(ひと)が 足(あし)を 踏(ふ)んだ。 옆 사람이 다리를 밟았다.
→ 隣(となり)の人(ひと)に 足(あし)を 踏(ふ)まれた。 옆 사람에게 다리를 밟혔다.

❸ 夕(ゆう)べは 子供(こども)が 泣(な)いた。 어제는 아이가 울었다.
→ 夕(ゆう)べは 子供(こども)に 泣(な)かれた。 어제는 아이가 울어서 곤란했다.

❹ この仕事(しごと)、先輩(せんぱい)が 頼(たの)んだ。 이 일, 선배가 부탁했다.
→ この仕事(しごと)、先輩(せんぱい)に 頼(たの)まれた。 이 일, 선배에게 부탁받았다.

❺ 子供(こども)が 歯医者(はいしゃ)に 行(い)きました。 아이가 치과에 갔습니다.
→ 子供(こども)を 歯医者(はいしゃ)に 行(い)かせました。 아이를 치과에 가게했습니다.

❻ 彼(かれ)は 留学(りゅうがく)しました。 그는 유학했습니다.
→ 彼(かれ)を 留学(りゅうがく)させました。 그를 유학시켰습니다.

❼ 彼女(かのじょ)が 好(す)きなものを 選(えら)びました。 그녀가 좋아하는 것을 선택했습니다.
→ 彼女(かのじょ)に 好(す)きなものを 選(えら)ばせました。

그녀에게 좋아하는 것을 선택하게 했습니다.

❽ 子供(こども)が 野菜(やさい)を 食(た)べた。 아이가 채소를 먹었다.
→ 子供(こども)に 野菜(やさい)を 食(た)べさせた。 아이에게 채소를 먹게 했습니다.

- □ 盗(ぬす)む 훔치다
- □ 子供(こども) 아이
- □ 掃除(そうじ) 청소
- □ 先生(せんせい) 선생님
- □ 作文(さくぶん) 작문
- □ ほめる 칭찬하다
- □ 隣(となり) 이웃, 근처
- □ 人(ひと) 사람
- □ 足(あし) 다리
- □ 踏(ふ)む 밟다
- □ 夕(ゆう)べ 어젯밤
- □ 泣(な)く 울다
- □ 仕事(しごと) 일
- □ 先輩(せんぱい) 선배
- □ 頼(たの)む 부탁하다
- □ 歯医者(はいしゃ) 치과
- □ 留学(りゅうがく) 유학
- □ 好(す)きだ 좋아하다
- □ もの 물건
- □ 選(えら)ぶ 선택하다
- □ 野菜(やさい) 채소(야채)

Speaking 바로바로 말해보기

02 아래의 예 와 같이 말해 보세요.

예 父(ちち)が 歯医者(はいしゃ)に 行(い)った。(사역수동)

→ 父(ちち)は 歯医者(はいしゃ)に 行(い)かされた。

❶ 嫌(きら)いな物(もの)を 食(た)べた。(사역수동)

→

❷ 子(こ)どもの時(とき)、英語(えいご)を 習(なら)いました。(사역수동)

→

❸ 学校(がっこう)へ 来(き)ました。(사역수동)

→

❹ 今(いま)の実力(じつりょく)では だめだと 痛感(つうかん)した。(사역수동)

→

해석 & 해답 02 Track 65

예 父(ちち)が 歯医者(はいしゃ)に 行(い)った。 아버지가 치과에 갔다.
→ 父(ちち)は 歯医者(はいしゃ)に 行(い)かされた。 아버지는 가기 싫은 치과에 억지로 갔다.

❶ 嫌(きら)いな物(もの)を 食(た)べた。 싫은 것을 먹었다.
→ 嫌(きら)いな物(もの)を 食(た)べさせられた。 싫은 것을 억지로 먹었다.

❷ 子(こ)どもの時(とき)、英語(えいご)を 習(なら)いました。 어릴 때, 영어를 배웠습니다.
→ 子(こ)どもの時(とき)、英語(えいご)を 習(なら)わされました。 어릴 때, 영어를 억지로 배웠습니다.

❸ 学校(がっこう)へ 来(き)ました。 학교에 왔습니다.
→ 学校(がっこう)へ 来(こ)させられました。 학교에 억지로 왔습니다.

❹ 今(いま)の実力(じつりょく)では だめだと 痛感(つうかん)した。 지금의 실력으로는 안 된다고 통감했다.
→ 今(いま)の実力(じつりょく)では だめだと 痛感(つうかん)させられた。

지금의 실력으로는 안 된다고 통감하게 되었다.

- □ 父(ちち) 아버지
- □ 歯医者(はいしゃ) 치과
- □ 嫌(きら)いだ 싫어하다
- □ 物(もの) 물건
- □ 子(こ)どもの時(とき) 어릴 때
- □ 英語(えいご) 영어
- □ 習(なら)う 배우다
- □ 学校(がっこう) 학교
- □ 今(いま) 지금
- □ 実力(じつりょく) 실력
- □ だめだ 안 되다
- □ ~と ~라고
- □ 痛感(つうかん) 통감

회화 뽀개기 Conversation

QR Animation

Track 66

さかもと
かいしゃ　しごと
ミンさんは、会社で いやな 仕事を させられた
민 상 와 가이샤 데 이 야 나 시 고또 오 사 세 라 레 따
ことが ありますか。
코 또 가 아 리 마 스 까

ミン
なんど　かいがいしゅっちょう
何度も ありました。たとえば、海外出張とか～。
난 도 모 아 리 마 시 따 다 또 에 바 카이가이 슛 쪼 또 까

さかもと
かいがいしゅっちょう　たいへん
海外出張ですか。大変ですね。
카이가이 슛 쪼 데 스 까 다이 헨 데 스 네

ミン
せんしゅう　おおさか　い
そうです。先週も 大阪へ 行かされました。
소 - 데 스 센 슈 모 오-사까 에 이 까 사 레 마 시 따

さかもと
こくない　らく
でも、国内は 楽でしょう。
데 모 고꾸 나이 와 라꾸 데 쇼-

ミン
しんかんせん　なか　こども
そんな ことないですよ。 新幹線の中で 子供に
손 나 코 또 나 이 데 스 요 신 깐 센 노 나까 데 코 도모 니
な　となり　ひと　さわ
泣かれたり、隣の人に 騒がれたりして……。
나 까 레 따 리 토나리 노 히또 니 사와 가 레 따 리 시 떼

さかもと
そうですか。
소 - 데 스 까

ミン
しんかんせん　なか　まも
新幹線の中では マナーを 守ってほしいですね。
신 깐 센 노 나까 데 와 마 나 - 오 마 못 떼 호 시 - 데 스 네

さかもと
とく　けいたいでんわ　おお　こえ　はな　ひと
特に、携帯電話で 大きい声で 話す人には
도꾸 니 케-따이 뎅 와 데 오- 끼 - 코에 데 하나 스 히또 니 와
はら　た
腹が 立ちますよ。
하라 가 타 찌 마 스 요

ミン
そうですね。
소 - 데 스 네
き
みなさんが もう ちょっと 気をつけてほしいです。
미 나 상 가 모 - 쫏 또 키 오 쯔 께 떼 호 시 - 데 스

저자 직강

사카모토 민 씨는 회사에서 싫은 일을 억지로 한 적이 있습니까?

민 몇 번이나 있었습니다. 예를 들면 해외출장이라던가.

사카모토 해외출장입니까? 힘들겠군요.

민 그렇습니다. 지난 주도 오사카에 억지로 갔습니다.

사카모토 하지만 국내는 편하죠?

민 그렇지 않습니다. 신칸센 안에서 아이가 울거나, 옆 사람이 떠들거나 해서...

사카모토 그렇습니까?

민 신칸센 안에서는 매너를 지켜주기를 원해요.

사카모토 특히, 휴대전화로 큰 소리로 말하는 사람에게는 화가 납니다.

민 맞습니다. 여러분이 좀 더 주의해 주셨으면 합니다.

어휘 표현

- 会社(かいしゃ) 회사
- いやだ 싫다
- 仕事(しごと) 일
- 동사과거형 + ことが ある ~한 적이 있다
- 何度(なんど)も 몇 번이나
- たとえば 예를 들면
- 海外(かいがい) 해외
- 出張(しゅっちょう) 출장
- ~とか ~라던가
- 大変(たいへん)だ 힘들다
- 先週(せんしゅう) 지난 주
- 大阪(おおさか) 오사카
- でも 하지만
- 国内(こくない) 국내
- 楽(らく)だ 편하다
- そんなことないです 그렇지 않습니다
- 新幹線(しんかんせん) 신칸센
- 中(なか) 안
- 子供(こども) 아이
- 泣(な)く 울다
- ~たり ~たり ~하거나 ~하거나
- 隣(となり) 옆, 이웃
- 騒(さわ)ぐ 떠들다
- マナー 예의, 매너
- 守(まも)る 지키다
- ~てほしい ~하기를 바라다
- 特(とく)に 특히
- 携帯電話(けいたいでんわ) 휴대전화
- 大(おお)きい 크다
- 声(こえ) 목소리
- 話(はな)す 이야기하다
- 腹(はら)が 立(た)つ 화가 나다
- みなさん 여러분
- もうちょっと 좀 더
- 気(き)を つける 주의하다

Listening 내 귀에 착착~

01 음성을 듣고 맞는 그림에 번호를 써 넣어 주세요. Track 67

02 음성을 듣고, 문장을 완성해 주세요. Track 68

❶ 親(おや)には よく 変(へん)なTシャツを ________ 。

❷ あの大火事(おおかじ)が 彼女(かのじょ)に ________ 。

❸ 子供(こども)は いい成績(せいせき)を とって、両親(りょうしん)を ________ 。

❹ 出(で)かけるときに ________ デパートに 行(い)けなかった。

❺ お客(きゃく)さんから ________ 。

해석 & 해답 01

❶ ❷ いつも 先生(せんせい)に しかられる。항상 선생님께 혼난다.

❷ ❸ 私(わたし)は 先輩(せんぱい)に 仕事(しごと)を 頼(たの)まれた。나는 선배에게 일을 부탁받았다.

❸ ❶ 社長(しゃちょう)は 秘書(ひしょ)に タイプを 打(う)たせた。사장님은 비서에게 타이프를 치게 했다.

❹ ❺ 学生(がくせい)の ある質問(しつもん)が 先生(せんせい)を 驚(おどろ)かせた。
학생의 어떤 질문이 선생님을 놀라게 했다.

❺ ❹ 私(わたし)は 公演(こうえん)を 見(み)て、ドキドキさせられた。
나는 공연을 보고 두근두근거렸습니다.

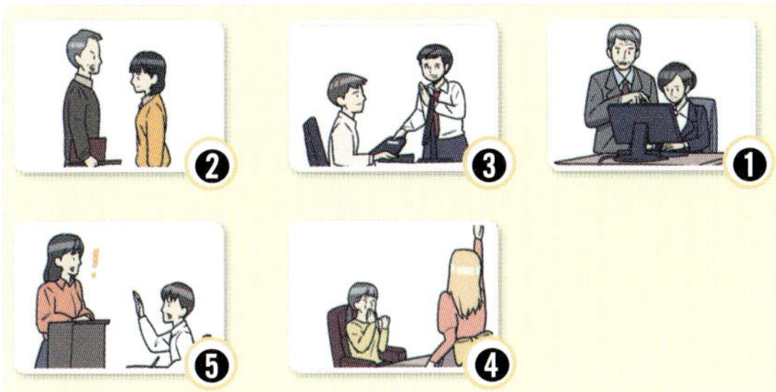

해석 & 해답 02

❶ 親(おや)には よく 変(へん)なTシャツを 着(き)させられた。
부모님께는 자주 이상한 티셔츠를 입혀짐을 당했다.

❷ あの大火事(おおかじ)が 彼女(かのじょ)に やけどを おわせた。
저 대화재가 그녀에게 화상을 입게 했다.

❸ 子供(こども)は いい成績(せいせき)を とって、両親(りょうしん)を 喜(よろこ)ばせた。
아이가 좋은 성적을 받아 부모님을 기쁘게했다.

❹ 出(で)かけるときに お客(きゃく)に 来(こ)られて デパートに 行(い)けなかった。
외출할 때에 손님이 와서 백화점에 갈 수 없었다.

❺ お客(きゃく)さんから 文句(もんく)を 言(い)われた。손님으로부터 불평을 들었다.

- □ いつも 항상
- □ 先生(せんせい) 선생님
- □ しかる 꾸짖다
- □ 先輩(せんぱい) 선배
- □ 仕事(しごと) 일
- □ 頼(たの)む 부탁하다
- □ 社長(しゃちょう) 사장
- □ 秘書(ひしょ) 비서
- □ 打(う)つ 치다
- □ 学生(がくせい) 학생
- □ ある 어떤, 어느
- □ 質問(しつもん) 질문
- □ 驚(おどろ)く 놀라다
- □ 公演(こうえん) 공연
- □ ドキドキする 두근두근하다
- □ 親(おや) 부모
- □ よく 자주
- □ 変(へん)だ 이상하다
- □ Tシャツ 티셔츠
- □ 着(き)る 입다
- □ 大火事(おおかじ) 대화재
- □ やけどを おう 화상을 입다
- □ 成績(せいせき)を とる 성적을 따다
- □ 両親(りょうしん) 부모님
- □ 喜(よろこ)ぶ 기뻐하다
- □ 出(で)かける 외출하다
- □ とき 때
- □ お客(きゃく) 손님
- □ 文句(もんく)を 言(い)う 불평(잔소리)를 하다

unit.14 Test 마무리~ 필기시험

제한 시간 30분

점수 :　　　/ 100

어휘

01 다음의 동사를 변형해 주세요. (1문제 5점)

동사	수동형	사역형	사역수동형
来(く)る			
遊(あそ)ぶ			
飲(の)む			
入(はい)る			
聞(き)く			
する			
学(まな)ぶ			
通(とお)る			
呼(よ)ぶ			

쓰기

01 다음 문장을 일본어로 바꾸어 주세요. (1문제 3점)

① 여동생이 나의 컴퓨터를 망가뜨렸습니다.(수동)

② 사장님께 질문을 받았다.(수동)

③ 아버지는 아이에게 우류를 마시게 했다.(사역)

④ 형은 나에게 운전을 시켰다.(사역)

⑤ 어머니에게 잔소리를 들었습니다. (사역수동)

Test 14

듣기

01 단어를 듣고 받아 써 보세요. (1문제 3점)

① ② ③

④ ⑤

02 문장을 듣고 받아 써 보세요. (1문제 5점)

① 私(わたし)は 恋人(こいびと)に おいしくない ＿＿＿＿＿＿＿＿。

② 子供(こども)に ＿＿＿＿＿＿＿＿。

③ 弟(おとうと)は 母親(ははおや)に ＿＿＿＿＿＿＿＿。

④ 小学校(しょうがっこう)にも 行(い)っていないのに ＿＿＿＿＿＿＿＿。

⑤ 歯医者(はいしゃ)で ＿＿＿＿＿＿＿＿。

어휘

01 다음의 동사를 변형해 주세요.
(1문제 5점)

어휘 01

동사	수동형	사역형	사역수동형
来(く)る	来(こ)られる	来(こ)させる	来(こ)させられる
遊(あそ)ぶ	遊(あそ)ばれる	遊(あそ)ばせる	遊(あそ)ばされる
飲(の)む	飲(の)まれる	飲(の)ませる	飲(の)まされる
入(はい)る	入(はい)られる	入(はい)らせる	入(はい)らされる
聞(き)く	聞(き)かれる	聞(き)かせる	聞(き)かされる
する	される	させる	させられる
学(まな)ぶ	学(まな)ばれる	学(まな)ばせる	学(まな)ばされる
通(とお)る	通(とお)られる	通(とお)らせる	通(とお)らされる
呼(よ)ぶ	呼(よ)ばれる	呼(よ)ばせる	呼(よ)ばされる

쓰기

01 다음 문장을 일본어로 바꾸어 주세요. (1문제 3점)

① 여동생이 나의 컴퓨터를 망가뜨렸습니다.(수동)

____

② 사장님께 질문을 받았다.(수동)

____

③ 아버지는 아이에게 우류를 마시게 했다.(사역)

____

④ 형은 나에게 운전을 시켰다.(사역)

____

⑤ 어머니에게 잔소리를 들었습니다.(사역수동)

____

듣기

01 단어를 듣고 받아 써 보세요. (1문제 3점)

① ____ ② ____

③ ____ ④ ____

⑤ ____

02 문장을 듣고 받아 써 보세요.(1문제 5점)

① ______________________

② ______________________

③ ______________________

④ ______________________

⑤ ______________________

어휘 03

① 私(わたし)は 妹(いもうと)に コンピューターを 壊(こわ)されました。

② 社長(しゃちょう)に 質問(しつもん)された。

③ 父(ちち)は 子供(こども)に 牛乳(ぎゅうにゅう)を 飲(の)ませた。

④ 兄(あに)は 私(わたし)に 運転(うんてん)を させた。

⑤ 母(はは)に 小言(こごと)を 聞(き)かせられました。

Test 14

듣기 01

① 喜(よろこ)ぶ [뜻] 기뻐하다

② 携帯電話(けいたいでんわ) [뜻] 휴대전화

③ 嫌(きら)いだ [뜻] 싫어하다

④ ほめる [뜻] 칭찬하다

⑤ 頼(たの)む [뜻] 부탁하다

듣기 02

① 私(わたし)は 恋人(こいびと)に おいしくない料理(りょうり)を 食(た)べさせられた。
나는 애인에게 맛없는 요리를 먹임을 당했다.

② 子供(こども)に おもちゃを 買(か)わせられた。
아이에게 장난감을 사게함을 당했다.

③ 弟(おとうと)は 母親(ははおや)に 買(か)い物(もの)に 行(い)かせられた。
남동생은 엄마에게 심부름 하게함을 당했다.

④ 小学校(しょうがっこう)にも 行(い)っていないのに 漢字(かんじ)を 書(か)かされている。
초등학교에도 가지 않았는데 한자를 쓰게함을 당하고 있다.

⑤ 歯医者(はいしゃ)で 1時間(じかん)も 待(ま)たされた。
치과의사에게 1시간이나 기다림을 당했다.

unit. 15

도 - 조 오 츠까 이 쿠 다 사 이

どうぞ、お使いください。

つか

QR Animation

이것만은 꼭! **학습사항**

1 일본어의 경어

- 존경어
- 겸양어
- 존중어

나혼자 한다! **혼공 Plan**

학습 체크 1회 2회 3회
포인트 강의 **15** (10분)
튜터 이세진

학습 체크 1회 2회 3회
저자 직강 **15** (15분)
강사 이장우

학습 체크 1회 2회 3회
차곡차곡 내공쌓기 (15분)
Point (312~315p)

학습 체크 1회 2회 3회
바로바로 말해보기 (15분)
Speaking (316~319p)

학습 체크 1회 2회 3회
회화 뽀개기 (15분)
Conversation (320~323p)

학습 체크 1회 2회 3회
내 귀에 착착~ (15분)
Listening (324~325p)

학습 체크 1회 2회 3회
듣고 말하기 훈련 (15분)
MP3 S_15

학습 체크 1회 2회 3회
15과 마무리 평가 (30분)
(326~329p)

차곡차곡 내공쌓기 Point

01

일본어의 경어

도 - 죠 　 오 츠까 이 쿠 다 사 이

どうぞ、お使(つか)いください。

그럼요 (괜찮아요), 　 사용하세요.

일본어의 경어체계는 손윗사람이면 무조건 경어를 쓰는 우리나라의 경어(절대경어)와는 달리, 상대방이 어디에 속하느냐에 따라 경어를 구별해서 써야하는 상대경어랍니다. 그래서 조금 어렵게 느껴지실 수는 있는데요... 일단 걱정은 잠시 미뤄두시고, 차근차근 일본어 경어에 대해 살펴보도록 합시다.

경어(敬語)란 화자, 청자, 화제가 되는 대상인 제 3자의 행위 · 상태 · 소유물 등을 높이는 표현법을 말합니다. 일본어에서는 청자나 제 3자에게 말을 할 경우나 문장을 쓸 경우에 경어를 많이 사용하며, 아래와 같이 존경어, 겸양어, 정중어로 분류할 수 있습니다.

경어의 분류

분 류	의 미
존경어	상대방이나 화제가 되는 대상의 동작·상태·소유물 등을 직접적으로 존경하여 높이는 경어
겸양어	자신의 행위를 낮추거나 겸손하게 말함으로써 상대방이나 화제가 되는 대상을 간접적으로 높이는 경어
정중어	상대방이나 화제가 되는 대상에게 말을 정중하게 표현하여 자신의 정중한 마음을 나타내는 경어

- □ 帰(かえ)る 돌아가다, 돌아오다
- □ 着(つ)く 도착하다
- □ 使(つか)う 사용하다
- □ ~前(まえ)に ~전에
- □ 説明書(せつめいしょ) 설명서
- □ よく 잘
- □ 読(よ)む 읽다
- □ 飲(の)む 마시다
- □ お客(きゃく)さま 손님
- □ 待(ま)つ 기다리다
- □ 出(で)かける 외출하다
- □ 家(いえ) 집
- □ 座(すわ)る 앉다
- □ 担当者(たんとうしゃ) 담당자
- □ たずねる 질문하다, 묻다
- □ 書類(しょるい) 서류
- □ 持(も)つ 들다, 가지다
- □ 先輩(せんぱい) 선배
- □ 留学(りゅうがく) 유학
- □ 参加(さんか) 참가
- □ 予約(よやく) 예약
- □ ハンカチ 손수건
- □ 落(お)とす 떨어뜨리다, 잃어버리다

존경어 만드는 공식

(1) お + 동사ます형 + になる・です・ください	
お + 동사ます형 + になる	先生(せんせい)は お帰(かえ)りに なりました。선생님은 돌아가셨습니다.
	社長(しゃちょう)は お着(つ)きに なりました。사장님은 도착하셨습니다.
	お使(つか)いに なる前(まえ)に 説明書(せつめいしょ)を よく お読(よ)みください。 사용하시기 전에 설명서를 잘 읽어 주세요.
	みなさん、お飲(の)みに なりましたか。여러분, 마셨습니까?
お + 동사ます형 + です	お客(きゃく)さまが お待(ま)ちです。손님이 기다리십니다.
	先生(せんせい)、お出(で)かけですか。선생님, 외출하십니까?
	時間(じかん)は おありですか。시간은 있으십니까?
	石川(いしかわ)さんは いつも 午後(ごご) 6時(じ)に 家(いえ)に お帰(かえ)りです。 이시가와 씨는 항상 오후 6시에 집에 돌아오십니다.
お + 동사ます형 + ください	どうぞ、お座(すわ)りください。자, 앉으세요.
	担当者(たんとうしゃ)に おたずねください。담당자에게 물어주세요.
	書類(しょるい)を お持(も)ちください。서류를 들고 오세요.
	ここで お待(ま)ちください。여기서 기다려 주세요.

(2) ~れる・~られる
先輩(せんぱい)は どちらへ 留学(りゅうがく)されましたか。선배님은 어디로 유학하셨습니까?
先生(せんせい)も 参加(さんか)されます。선생님도 참가하십니다.
お客(きゃく)さまが 予約(よやく)されました。손님이 예약하셨습니다.
あのう、ハンカチを 落(お)とされましたよ。저, 손수건을 떨어뜨리셨습니다.

차곡차곡 내공쌓기 Point

- □ 荷物(にもつ) 짐
- □ 持(も)つ 들다, 가지다
- □ ~について ~에 대해서
- □ 話(はな)す 이야기하다
- □ 先生(せんせい) 선생님
- □ 記念品(きねんひん) 기념품
- □ 渡(わた)す 건네다
- □ 待(ま)つ 기다리다
- □ 係員(かかりいん) 담당자
- □ 身分証(みぶんしょう) 신분증
- □ よろしい 「いい : 좋다」의 정중한 표현
- □ ちょっと 좀
- □ 寒(さむ)い 춥다
- □ 窓(まど) 창문
- □ 閉(し)める 닫다
- □ 急用(きゅうよう) 급한 볼일
- □ 今日(きょう) 오늘
- □ 終(お)わる 끝내다, 끝나다
- □ 上司(じょうし) 상사
- □ 君(きみ) 너, 자네
- □ 頼(たの)む 부탁하다
- □ 部下(ぶか) 부하
- □ ぜひ 꼭, 반드시
- □ やる 하다

✽ 겸양어 만드는 공식

(1) お + 동사ます형 + する・いたす
その荷物(にもつ)を お持(も)ちしましょうか。그 짐을 들어드릴까요?
それに ついて お話(はな)しします。그것에 대해 이야기하겠습니다.
先生(せんせい)に、記念品(きねんひん)を お渡(わた)しした。선생님께 기념품을 드렸다.
それでは ここで お待(ま)ちいたします。그럼 여기서 기다리겠습니다.

(2) 동사사역형 + ~ていただく (~하겠다)	
동의가 있었을 경우	係員(かかりいん):身分証(みぶんしょう)を コピーしても よろしいですか? 당담자 : 신분증을 복사해도 괜찮겠습니까? 客(きゃく):はい、どうぞ。 손님 : 네, 그렇게 하세요. 係員(かかりいん):では、コピーさせていただきます。 당담자 : 그럼, 복사하겠습니다.
죄송한 마음을 담아	ちょっと 寒(さむ)いので 窓(まど)を 閉(し)めさせていただきます。 좀 추운데 창문을 닫겠습니다. 急用(きゅうよう)で、今日(きょう)は これで 終(お)わらせていただきます。 급한 용무로 오늘은 여기서 끝내겠습니다.
상사나 선배로부터 의뢰 받은 것을 영광스럽게 생각하며	上司(じょうし):君(きみ)に 頼(たの)んでも いいかな? 상사 : 자네에게 부탁해도 괜찮을까? 部下(ぶか):はい、ぜひ やらせていただきます。 부하 : 네, 꼭 하겠습니다.

✽ 일본어의 경어는 존경표현을 사용해야 할지, 겸양표현을 사용해야 할 지를 잘 구분해야 하는데, 이때 행위자에 대해서 주목을 해야 합니다. 어떤 행동의 대상이 나일 경우, 나와 관련된 사람(가족이나 직장동료)을 다른 사람에게 표현할 때는 겸양표현을 사용해야 하고, 어떤 행동이 다른 사람일 경우에는 존경표현을 사용하는 식으로 말이죠.

✽ 더불어 어떤 동사의 경우에는 자체적으로 존경어나 겸양어 표현을 갖고 있는데, 그 수는 그리 많지 않습니다. 따라서, 자체 존경어나 겸양어가 나올 때마다 조금씩 암기하는 것이 좋습니다. 323페이지에 〈특별한 형태의 경어표현〉으로 자체 존경어와 겸양어를 정리해 두었으니, 참고해 주시기 바랍니다.

정중어

정중어는 존경어나 겸양어와는 달리 화자의 말투를 정중하게 표현하여 상대방에게 직접적으로 경의를 표하는 경어이며, 대표적인 형태는 「～です」와 「～ます」가 이에 해당합니다. 또한 「～です」의 공손한 말투는 「～でございます」이고, 「～あります」의 공손한 말투는 「～ございます」입니다.

1 정중한 표현

❶ ミンでございます。[～です]
민이라고 합니다.

❷ 私(わたし)にも ございます。[あります]
저에게도 있습니다.

❸ 先生(せんせい)に 本(ほん)を いただきました。[もらう] → [いただく]
선생님께 책을 받았습니다.

2 정중의 접두어 お・ご

미화어는 특별하게 존경의 의미가 있는 말은 아니며, 화자 자신의 말투를 품위있게 하기 위해 사용되고, 일상생활에 보편화되어 관용적으로 사용되는 말입니다. 하지만 모든 어휘에 붙는 것은 아니라, 보통 긴 단어나 자연현상, 공공건물과 같은 경우에는 접속되지 않으므로 주의하시기 바랍니다.

❶ お寿司(すし) 초밥, お刺身(さしみ) 생선회, ご飯(はん) 밥

❷ おほうれんそう 시금치, おじゃがいも 감자 …… (×) : 긴 단어

❸ お雨(あめ) 비, お雪(ゆき) 눈, ご学校(がっこう) 학교 …… (×) : 자연현상, 공공건물

바로바로 말해보기 Speaking

01 아래의 예 와 같이 말해 보세요.

예 坂本(さかもと)さん、そこで 待(ま)ってください。(존경의 お + 동사ます형 + ください)

→ 坂本(さかもと)さん、そこで お待(ま)ちください。

その問題(もんだい)に ついて 答(こた)えます。(겸양의 お + 동사ます형 + する)

→ その問題(もんだい)に ついて お答(こた)えします。

❶ あの本(ほん)は、読(よ)みましたか。(존경의 られる)

→

❷ 安倍(あべ)さんは 5時頃(じごろ) 着(つ)きます。(존경의 お + 동사ます형 + になる)

→

❸ 来週(らいしゅう)までに 返(かえ)してください。(존경)

→

❹ 社長(しゃちょう)、出(で)かけますか。(존경의 お + 동사ます형 + です)

→

❺ どうぞ、入(はい)ってください。(존경의 お + 동사ます형 + ください)

→

해석 & 해답 01 Track 69

듣고말하기훈련 MP3 S_15

예 坂本(さかもと)さん、そこで 待(ま)ってください。(존경의 お + 동사ます형 + ください)
→ 坂本(さかもと)さん、そこで お待(ま)ちください。 사카모토 씨, 거기서 기다려 주세요.

その問題(もんだい)に ついて 答(こた)えます。(겸양의 お + 동사ます형 + する)
→ その問題(もんだい)に ついて お答(こた)えします。 그 문제에 대해서 대답하겠습니다.

❶ あの本(ほん)は、読(よ)みましたか。(존경의 られる)
→ あの本(ほん)は、読(よ)まれましたか。 저 책은 읽으셨습니까?

❷ 安倍(あべ)さんは 5時頃(じごろ) 着(つ)きます。(존경의 お + 동사ます형 + になる)
→ 安倍(あべ)さんは 5時頃(じごろ) お着(つ)きになります。 아베 씨는 5시 경에 도착하십니다.

❸ 来週(らいしゅう)までに 返(かえ)してください。(존경)
→ 来週(らいしゅう)までに お返(かえ)しください。 다음 주까지 돌려주세요.

❹ 社長(しゃちょう)、出(で)かけますか。(존경의 お + 동사ます형 + です)
→ 社長(しゃちょう)、お出(で)かけですか。 사장님, 외출하십니까?

❺ どうぞ、入(はい)ってください。(존경의 お + 동사ます형 + ください)
→ どうぞ、お入(はい)りください。 들어오세요.

□ 待(ま)つ 기다리다
□ 問題(もんだい) 문제
□ ～に ついて ～에 대해서
□ 答(こた)える 대답하다
□ 本(ほん) 책
□ ～時頃(じごろ) ～시 경
□ 着(つ)く 도착하다
□ 来週(らいしゅう) 다음 주
□ ～までに ～까지
□ 返(かえ)す 돌려주다, 갚다
□ 社長(しゃちょう) 사장
□ 出(で)かける 외출하다, 나가다
□ 入(はい)る 들어가다

❻ これは 部長に 借りた本です。(겸양의 お + 동사ます형 + する)

→

❼ 申し訳ございませんが、これを 使っても よろしいでしょうか。
(겸양의 사역형 + ~ていただく)

→

❽ みなさんに 知らせたいことが あります。(겸양의 お + 동사ます형 + する)

→

❾ これが 私が 話した車です。(겸양의 お + 동사ます형 + する)

→

❿ 先生のご実家には 山が あると、聞きました。
(겸양의 お + 동사ます형 + いたす)

→

❻ これは 部長(ぶちょう)に 借(か)りた本(ほん)です。(겸양의 お + 동사ます형 + する)

→ これは 部長(ぶちょう)に お借(か)りした本(ほん)です。이것은 부장님께 빌린 책입니다.

❼ 申(もう)し訳(わけ)ございませんが、これを 使(つか)っても よろしいでしょうか。

(겸양의 사역형 + ~ていただく)

→ 申(もう)し訳(わけ)ございませんが、これを 使(つか)わせていただいても
よろしいでしょうか。죄송합니다만, 이것을 사용해도 되겠습니까?

❽ みなさんに 知(し)らせたいことが あります。

(겸양의 お + 동사ます형 + する)

→ みなさんに お知(し)らせしたいことが あります。
여러분께 알리고 싶은 것이 있습니다.

❾ これが 私(わたし)が 話(はな)した車(くるま)です。(겸양의 お + 동사ます형 + する)

→ これが 私(わたし)が お話(はな)しした車(くるま)です。이것이 제가 말씀드린 자동차입니다.

❿ 先生(せんせい)のご実家(じっか)には 山(やま)が あると、聞(き)きました。

(겸양의 お + 동사ます형 + いたす)

→ 先生(せんせい)のご実家(じっか)には 山(やま)が あると、お聞(き)きいたしました。
선생님의 본가에 산이 있다고 들었습니다.

- □ 部長(ぶちょう) 부장
- □ 借(か)りる 빌리다
- □ 申(もう)し訳(わけ)ない 죄송하다
- □ 使(つか)う 사용하다
- □ みなさん 여러분
- □ 知(し)らせる 알리다
- □ 話(はな)す 이야기하다
- □ 車(くるま) 자동차
- □ 先生(せんせい) 선생님
- □ 実家(じっか) 본가
- □ ~には ~에는
- □ 山(やま) 산
- □ ~と ~라고
- □ 聞(き)く 듣다, 묻다

Conversation 회화 뽀개기

QR Animation

Track 70

さかもと ミンさん、このパソコン、使(つか)わせていただいても いいですか。
민 상 고노 빠소콘 츠카와세떼 이타다이떼모 이- 데스까

ミン どうぞ、お使(つか)いください。
도-조 오츠까이 쿠다사이

さかもと 私(わたし)のパソコンが 昨日(きのう)から ちょっと おかしいです。
와따시노 빠소콩가 키노-까라 쪼또 오카시-데스

ミン 故障(こしょう)ですか。それなら、修理(しゅうり)センターに 連絡(れんらく)した ほうが いいですよ。
고쇼-데스까 소레나라 슈-리 센타-니 렌라꾸시따 호-가 이-데스요

さかもと すみませんが、センターの番号(ばんごう)は ご存(ぞん)じですか。
스미마셍가 센타-노 방고-와 고존지데스까

ミン いいえ。でも、野村(のむら)さんが 知(し)っていますから お聞(き)きします。
이-에 데모 노무라상가 싯떼이마스까라 오키끼시마스

さかもと あ、申(もう)し訳(わけ)ございません。
아 모-시와께 고자이마센

ミン ところで、田舎(いなか)から ご両親(りょうしん)が いらっしゃったそう ですね。
도코로데 이나카까라 고료-싱가 이랏샤따소- 데스네

저자 직강

さかもと はい。昨日(きのう)、来(き)ました。
하 이 키노- 키마 시 따

ミン いつ 帰(かえ)られますか。
이쯔 카에라 레마스 까

さかもと 来週(らいしゅう)の金曜日(きんようび)です。
라이슈- 노 킹요-비 데스

사카모토	민 씨, 이 컴퓨터 사용해도 됩니까?
민	예, 사용해 주세요.
사카모토	저의 컴퓨터가 어제부터 좀 이상합니다.
민	고장났습니까? 그렇다면, 수리센터에 연락하는 편이 좋습니다.
사카모토	미안합니다만, 센터의 번호는 아십니까?
민	아뇨. 하지만, 노무라 씨가 알고 있으니 물어보겠습니다.
사카모토	아, 죄송합니다.
민	그런데 시골에서 부모님이 오셨다고 하던대요.
사카모토	네. 어제 왔습니다.
민	언제 돌아가십니까?
사카모토	다음 주 금요일입니다.

어휘 표현

▫パソコン 컴퓨터 ▫使(つか)う 사용하다 ▫동사사역형＋～ていただく 겸양표현 (~하겠다)
▫お＋동사ます형＋ください 존경표현 ▫昨日(きのう) 어제 ▫ちょっと 좀 ▫おかしい 이상하다
▫故障(こしょう) 고장 ▫それなら 그렇다면 ▫修理(しゅうり)センター 수리센터 ▫連絡(れんらく) 연락
▫～たほうがいい ~하는 편이 좋다 ▫番号(ばんごう) 번호 ▫ご存(ぞん)じだ 「わかる/知(し)る-알다」의 존경표현
▫でも 하지만 ▫～から ~때문에 ▫お＋동사ます형＋する 겸양표현 ▫聞(き)く 묻다, 듣다
▫申(もう)し訳(わけ)ない 죄송하다 ▫ところで 그런데(화제전환) ▫田舎(いなか) 시골 ▫両親(りょうしん) 부모님
▫いらっしゃる [行(い)く-가다/来(く)る-오다/いる-있다] 의 존경표현 ▫昨日(きのう) 어제 ▫いつ 언제
▫帰(かえ)る 돌아가다, 돌아오다 ▫来週(らいしゅう) 다음 주 ▫金曜日(きんようび) 금요일

for 혼공

01 「~てしまう」의 축약형「ちゃう」와「~でしまう」의 축약형「じゃう」

一人で 行ってしまう(行っちゃう)。 혼자서 가버리다.

帰ってしまう(帰っちゃう)。 돌아가 버리다

死んでしまう(死んじゃう)。 죽어버리다.

遊んでしまう(遊んじゃう)。 놀아버리다.

02 「~てしまった」의 축약형「ちゃった」와「~でしまった」의 축약형「じゃった」

一人で 行ってしまった(行っちゃった)。 혼자서 가버렸다.

帰ってしまった(帰っちゃった)。 돌아가 버렸다

死んでしまった(死んじゃった)。 죽어버렸다.

遊んでしまった(遊んじゃった)。 놀아버렸다.

03 「~てしまいました」의 축약형「ちゃいました」와 「~でしまいました」의 축약형「じゃいました」

一人で 行ってしまいました(行っちゃいました)。 혼자서 가버렸습니다.

帰ってしまいました(帰っちゃいました)。 돌아가 버렸습니다

死んでしまいました(死んじゃいました)。 죽어버렸습니다.

遊んでしまいました(遊んじゃいました)。 놀아버렸습니다.

특별한 형태의 경어

기본형	존경어	겸양어
いる 있다	いらっしゃる おいでになる	おる
行く 가다 来る 오다		参る
尋ねる 묻다 訪ねる 방문하다		伺う
聞く 듣다	お聞きになる	伺う お聞きする
はなす 이야기하다 おっしゃる		申す 申し上げる
食べる 먹다 飲む 마시다	召し上がる	いただく
くれる 주다	くださる	
やる 주다 あげる 주다		差し上げる
もらう 받다		いただく
見る 보다	ご覧になる	拝見する
知る 알다・思う 생각하다	ご存じだ	存じる・存ずる
会う 만나다	お会いになる	お目にかかる
見せる 보여주다		お目にかける
する 하다	なさる	致す
借りる 빌리다		拝借する
寝る 자다	お休みになる	

Listening 내 귀에 착착~

01 음성을 듣고 맞는 그림에 번호를 써 넣어 주세요. Track 71

02 음성을 듣고, 문장을 완성해 주세요. Track 72

❶ これが 私(わたし)が [　　　　] スマホです。

❷ すみません。ちょっと 暑(あつ)いので 窓(まど)を [　　　　]。

❸ 辞書(じしょ)を [　　　　] よろしいでしょうか。

❹ いすに [　　　　]。

❺ 何時(なんじ)に [　　　　]。

해석 & 해답 01

❶ ❺ そのかばんは 私が お持ちします。그 가방은 제가 들겠습니다.

❷ ❸ お客さま、ここで 少々 お待ちください。

손님, 여기서 잠시 기다려 주세요.

❸ ❹ すみませんが、窓を 閉めさせていただきます。

죄송합니다만, 창문을 닫겠습니다.

❹ ❷ 田中さんは 毎朝、新聞を お読みに なるそうです。

다나카 씨는 매일 아침 신문을 읽으신다고 합니다.

❺ ❶ 先生が この本を 書かれました。선생님이 이 책을 쓰셨습니다.

해석 & 해답 02

❶ これが 私が お話しした スマホです。이것이 제가 말씀드린 스마트폰입니다.

❷ すみません。ちょっと 暑いので 窓を 開けさせていただきます。

죄송합니다. 좀 더워서 창문을 열겠습니다.

❸ 辞書を 使わせていただいても よろしいでしょうか。

사전을 사용해도 괜찮겠습니까?

❹ いすに おかけください。의자에 앉아 주세요.

❺ 何時に いらっしゃいますか。몇 시에 오십니까?

- □ 持つ 들다
- □ お客さま 손님
- □ 少々 조금, 잠시
- □ 待つ 기다리다
- □ 窓 창문
- □ 閉める 닫다
- □ 毎朝 매일 아침
- □ 新聞 신문
- □ 読む 읽다
- □ 先生 선생님
- □ 本 책
- □ 書く 쓰다
- □ 話す 이야기하다
- □ スマホ 스마트폰
- □ 暑い 덥다
- □ 開ける 열다
- □ 辞書 사전
- □ 使う 사용하다
- □ いす 의자
- □ かける 앉다
- □ 何時 몇 시
- □ いらっしゃる [行く-가다/来る-오다/いる-있다] 의 존경표현

unit.15 Test

마무리~ 필기시험

제한 시간 30분

점수 :　　　/ 100

어휘

01 다음의 동사를 지시대로 변경해 주세요. (1문제 5점)

동사	お + 동사ます형 + します	お + 동사ます형 + ください	お + 동사ます형 + です
飲(の)む			
入(はい)る			
聞(き)く			
呼(よ)ぶ			
待(ま)つ			
読(よ)む			
帰(かえ)る			
持(も)つ			

쓰기

01 다음 문장을 일본어로 바꾸어 주세요. (1문제 5점)

① 내일 전달해 드리겠습니다. (겸양)

② 어머니로부터 시계를 받았습니다. (겸양)

③ 손님이 한 시간 전부터 기다리고 있습니다. (존경)

④ 의자에 앉아 주세요. (존경)

⑤ 12시에 역에서 기다리겠습니다. (겸양)

⑥ 이 책은 선생님이 작년에 쓴 것입니다. (존경)

Test 15

듣기

01 단어를 듣고 받아 써 보세요. (1문제 3점)

① ② ③

④ ⑤

02 문장을 듣고 받아 써 보세요. (1문제 3 점)

① 荷物(にもつ)を トラックに ________。

② 先生(せんせい)の話(はなし)を ________。

③ 今日(きょう)は これで ________。

④ 部長(ぶちょう)も ________。

⑤ 明日(あした) ________。

unit 15 문제 풀이

어휘

01 다음의 동사를 지시대로 변경해 주세요.
(1문제 5점)

어휘 01

동사	お + 동사ます형 + します	お + 동사ます형 + ください	お + 동사ます형 + です
飲む	お飲みします	お飲みください	お飲みです
入る	お入りします	お入りください	お入りです
聞く	お聞きします	お聞きください	お聞きです
呼ぶ	お呼びします	お呼びください	お呼びです
待つ	お待ちします	お待ちください	お待ちです
読む	お読みします	お読みください	お読みです
帰る	お帰りします	お帰りください	お帰りです
持つ	お持ちします	お持ちください	お持ちです

쓰기

01 다음 문장을 일본어로 바꾸어 주세요. (1문제 5점)

① 내일 전달해 드리겠습니다. (겸양)

② 어머니로부터 시계를 받았습니다. (겸양)

③ 손님이 한 시간 전부터 기다리고 있습니다. (존경)

④ 의자에 앉아 주세요. (존경)

⑤ 12시에 역에서 기다리겠습니다. (겸양)

⑥ 이 책은 선생님이 작년에 쓴 것입니다. (존경)

듣기

01 단어를 듣고 받아 써 보세요. (1문제 3점)

① ②

③ ④

⑤

02 문장을 듣고 받아 써 보세요. (1문제 3점)

①

②

③

④

⑤

어휘 03

①明日(あした)、お伝(つた)えします。

②母(はは)から 時計(とけい)を いただきました。

③お客(きゃく)さまが 1時間前(じかんまえ)から お待(ま)ちです。

④椅子(いす)に おかけください。

⑤12時(じ)に 駅(えき)で お待(ま)ちします。

⑥この本(ほん)は 先生(せんせい)が 去年(きょねん) 書(か)かれた(お書(か)きになった)ものです。

Test 15

듣기 01

①両親(りょうしん) [뜻] 부모님

②田舎(いなか) [뜻] 시골

③ところで [뜻] 그런데(화제전환)

④申(もう)し訳(わけ)ない [뜻] 죄송하다

⑤毎朝(まいあさ) [뜻] 매일 아침

듣기 02

①荷物(にもつ)を トラックに おのせします。 짐을 트럭에 싣겠습니다.

②先生(せんせい)の話(はなし)を お聞(き)きください。 선생님의 말씀을 들어주세요.

③今日(きょう)は これで 帰(かえ)らせていただきます。 오늘은 이것으로 돌아가겠습니다.

④部長(ぶちょう)も いらっしゃるそうです。 부장님도 오신다고 합니다.

⑤明日(あした) お手伝(てつだ)いいたします。 내일 도와드리겠습니다.

인스타그램 인생샷 베스트 셀카존10

여행에서 남는 게 사진밖에 없다는 말이 있듯... 일본 여행에서 빠트릴 수 없는~ 셀카존 스폿을 한번 모아봤어요. 일본하면 누구나 떠올릴법한 흔하디 흔한 장소들보다는... 특히 인스타그램 등 SNS에서 각광받고 있는 다소 특색있고 예쁜 배경들 위주로 물색해 보았습니다. 연인과의 여행에서도, 혼자만의 여행에서도 찍는대로 인생샷~!!

あおもりけん とわだしげんだいびじゅつかん

青森県 十和田市現代美術館
아오모리현 도와다시 현대미술관

전시실을 개별적으로 독립시켜 구성한 개성적인 〈아트를 위한 집〉과 〈아트 광장〉이 있습니다. 마을 전체가 현대적 아트 미술관으로 되어 있어요. 일본 국내 작가뿐아니라, 세계 33명의 아티스트에 의한 작품들이 전시되어 있는 아오모리 굴지의 인기를 자랑하는 미술관입니다.
(위치:아오모리현 / 주소: **青森県十和田市西二番町10-9**)

いわてけん みやざわけんじどうわむら

岩手県 宮沢賢治童話村
이와테현 미야자와겐지 동화마을

일본의 유명작가 미야자야겐지의 동화 세계를 체험할 수 있는 시설입니다. 메인은〈미야자와겐지의 학교〉로 〈환타지 홀, 우주, 천공, 대지, 물〉이라는 5개의 존으로 나뉘어져 있어 마치 동화속 이야기 세계에 빠져들어가는 듯한 신기한 세계관의 사진들을 카메라에 담을 수 있답니다.
(위치:이와테현 / 주소: **岩手県花巻市高松第26地割19**)

みやぎけん かんかく

宮城県 感覚ミュージアム
미야기현 감각 박물관

일본에서 처음으로 생긴 시각, 청각, 후각, 촉각 등의 〈감각〉을 테마로한 박물관입니다. 다양한 감각 체험을 통해 인간의 감성과 상상력을 키워줄 수 있다고 하니, 어린이들의 교육 장소로도 좋을 것 같습니다.
(위치:미야기현 / 주소: **宮城県大崎市岩出山字下川原町100**)

いばらきけん ざか

茨城県 さくら坂 VIVACE
이바라키현 벚꽃언덕 VIVACE

이탈리아풍의 고건물들이 늘어선 시설입니다. 시설 안에는 이탈리안 레스토랑이 들어서 있습니다. 이탈리안 오너가 직접 운영하고 있다는 레스토랑의 경우, 세세한 소품과 배경 하나 하나가 이탈리안풍으로 매우 특색있다고 합니다. 마치 이탈리아에 여행온 기분을 느낄 수 있어 일본 현지인들에게 사랑받는 시설입니다.
(위치:미야기현 / 주소: **茨城県守谷市板戸井1751-1**)

群馬県 ロックハート城

군마현 록하트성

1982년 스코트랜드에 건설한 록하트 집의 성을 일본에 그대로 옮겨와 지어진 성입니다. 일본에서 유일한 유서있는 고성으로, 드라마 촬영지로도 매우 유명합니다. 3만평의 대지에 고성뿐아니라, 레스토랑과 유럽풍 잡화 가게들도 즐비하여 식사와 쇼핑 모두 즐길 수 있습니다.
(위치:군마현 / 주소: **群馬県吾妻郡高山村中山5583-1**)

三重県 志摩地中海村

미에현 시마 지중해 마을

스페인의 분위기를 느낄수 있는 리조트 시설입니다. 약 10,000평의 넓은 시설 내에 객실과 레스토랑, 카페, 숍들이 자리하고 있어요. 흰색 배경의 지중해 마을을 배경으로 예쁜 사진들을 찍을 수 있어 일본 SNS상에서도 인기가 급상중이라고 합니다.
(위치:미에현 / 주소: **三重県志摩市浜島町迫子2619-1**)

大阪府 Ristorante Stazione

오사카 Ristorante Stazione

바로 옆에 철도 노선이 있는 것으로 유명한 이탈리아 요리 & 네팔 요리 레스토랑입니다. 여행 기분을 만끽할 수 있도록 전국 각지의 식재료를 요리에 사용하고 있다고 하네요. 뭐니뭐니해도 일본에서 인스타샷 스폿으로 입소문을 타서 유명해진 레스토랑입니다. (위치:오사카 / 주소: **大阪府八尾市西高安町2-8**)

鳥取県 恋山形駅

돗토리현 고이야마가타역

「사랑이 이루어진다」라는 소문의 핑크 하트가 특징인 돗토리현의 고이야마가타역입니다. 온통 핑크색의 벽과 의자, 하트마크를 배경으로 귀여운 사진을 찍을 수 있어 SNS상에서 화제가 된 곳이기도 합니다. 바닥에 그려진 하트마크 위에서 사진을 찍으면 전체적으로 예쁜 사진을 담을 수 있다고 하네요. 셀카를 찍을 수 있도록 포토스탠드도 설치되어 있다고 하니 혼자만의 여행에서도 예쁜 사진을 담아볼 수 있습니다.
(위치:돗토리현 / 주소: **鳥取県八頭郡智頭町大内**)

島根県 カラコロ工房 ピンクのポスト

시마네현 가라코로 공방 핑크 우체통

가라코로 공방에 설치되어 있는 핑크 우체통은 행운을 가져다주는 우체통으로 주목을 받고 있습니다. 또한, 우체통 바로 근처에 위치한 〈염원을 비는 샘〉은 많은 사람들이 염원을 담아 동전을 던지는 스폿이기도 해요. 1938년 일본의 쇼와 시대에 세워진 역사적인 건축물 〈구일본은행 마츠에지점〉이 레트로하면서도 모던한 분위기를 자아내고 있습니다. 악세사리 체험 공방과 일본 전통 과자 만들기 등도 체험할 수 있습니다.(위치:군마현 / 주소: **島根県松江市殿町43**)

広島県 未来心の丘

히로시마현 미래심 언덕

면적 5,000 평방 미터에 이르는 백색의 대리석 정원입니다. 온통 백색의 대리석으로 이루어진 카페에서 우아한 여유를 맘껏 즐기실 수도 있고, 미래심 언덕의 입장료에는 미술관 입장료가 함께 포함되어 있다고 하니, 미술 컬렉션 감상도 함께 하실 수 있는 1석 2조의 장소가 아닐까 합니다.
(위치:히로시마현 / 주소: **広島県尾道市瀬戸田町瀬戸田553-2**)

다이입뻐

독학 일본어 첫걸음

초판인쇄_ 2019년 1월 2일

초판발행_ 2019년 1월 2일

저자 이장우

펴낸이 이장우

기획 / 총괄 편집 민준홍

애니메이션 제작 황원준

펴낸곳 도서출판 예빈우

등록일자 2014년 1월 17일

등록번호 제 398 - 2014 - 000001호

주소 경기도 구리시 동구릉로 129번길 24

전화 070-7531-1582 (편집부)

이메일 yebinwoobooks@gmail.com

ISBN 979-11-86337-37-0 (13730)

도서출판 예빈우 www.yebinwoo.com
이장우닷컴 www.leejangwoo.com